Soziologische Theorien von Auguste Comte bis Talcott Parsons

Einführung

von
Prof. em. Dr. Ditmar Brock
Technische Universität Chemnitz

Prof. Dr. Matthias Junge
Universität Rostock

Dr. Uwe Krähnke
Universität Leipzig

3., aktualisierte Auflage

Oldenbourg Verlag München

Bibliografische Information der Deutschen Nationalbibliothek

Die Deutsche Nationalbibliothek verzeichnet diese Publikation in der Deutschen
Nationalbibliografie; detaillierte bibliografische Daten sind im Internet über
http://dnb.d-nb.de abrufbar.

© 2012 Oldenbourg Wissenschaftsverlag GmbH
Rosenheimer Straße 145, D-81671 München
Telefon: (089) 45051-0
www.oldenbourg-verlag.de

Das Werk einschließlich aller Abbildungen ist urheberrechtlich geschützt. Jede Verwertung außerhalb der Grenzen des Urheberrechtsgesetzes ist ohne Zustimmung des Verlages unzulässig und strafbar. Das gilt insbesondere für Vervielfältigungen, Übersetzungen, Mikroverfilmungen und die Einspeicherung und Bearbeitung in elektronischen Systemen.

Lektorat: Christiane Engel-Haas, M.A.
Herstellung: Constanze Müller
Titelbild: thinkstockphotos.de
Einbandgestaltung: hauser lacour
Gesamtherstellung: Grafik & Druck GmbH, München

Dieses Papier ist alterungsbeständig nach DIN/ISO 9706.

ISBN 978-3-486-71699-3
eISBN 978-3-486-71761-7

Inhalt

Über das Lehrbuch 5
Wozu ein Lehrbuch über Klassiker lesen? 5
Warum lohnt es sich, dieses Lehrbuch zu benutzen? 6
Wie ist das Lehrbuch aufgebaut? 7

Erstes Kapitel
Vorläufer des soziologischen Denkens bis zum 18. Jahrhundert 10

1.	Denken über gesellschaftliche Ordnung bis zur Neuzeit	11
2.	Neuzeitliches Denken über gesellschaftliche Ordnung bis zum 18. Jahrhundert . . .	12
2.1	Volkssouveränität und Herrschaftsvertrag	12
2.1.1	Die religiöse und die naturrechtliche Begründung der Volkssouveränität	14
2.1.2	Menschliche Leidenschaften und staatliches Gewaltmonopol	15
2.2	Grundelemente des gesellschaftlichen Zusammenlebens in der Neuzeit	17
2.3	Konzeptionen über gesellschaftliche Entwicklung	22
2.4	Die Französische Revolution als Zäsur im theoretischen Denken über Gesellschaft .	25
2.5	Gesellschaftliche Ordnung und industrieller Fortschritt	28
2.5.1	Gesellschaft als zentraler Integrationsfaktor	28
2.5.2	Klassen und industrielle Gesellschaft	30
3.	Zusammenfassung	32
4.	Kontrollaufgaben	33
5.	Zeittafel	34
6.	Literaturverzeichnis	35

Übergang I: Von der Vorgeschichte zu den Wegbereitern der Soziologie 36

Zweites Kapitel
Wegbereiter der Soziologie im 19. Jahrhundert 37

Auguste Comte

1.	Einleitung	39
1.1	Biographie und Zeitbezug	39
1.2	Positivistisches Denken	42
2.	Comtes Beitrag zur Soziologie	43
2.1	Einheit und Integration der Gesellschaft	43
2.2	Positivismus als Methode	44
2.3	Das Enzyklopädische Gesetz	45
2.4	Das Dreistadiengesetz	48
2.5	Comtes Zeitdiagnose: Statik und Dynamik	49
3.	Rezeption und Wirkungsgeschichte	51
4.	Zusammenfassung	52
5.	Kontrollaufgaben	53
6.	Literaturverzeichnis	53

Karl Marx

1.	Einleitung	57
1.1	Biographie und Zeitbezug	57
1.2	Der historische Materialismus	58
2.	Marx' Beitrag zur Soziologie	63
2.1	Gesellschaft als Produktionsweise	63
2.2	Analyse der Industrialisierung	65
2.2.1	Industrialisierung als Entwicklung des gesellschaftlichen Arbeitsprozesses	65
2.2.2	Industrialisierung als spezifisches Produkt des Kapitalismus	66
2.3	Kritik der Industrialisierung	67
2.3.1	Entfremdung	67
2.3.2	Die Ausbeutungsthese	68
2.4	Analyse der Klassen und Revolutionstheorie	69
2.4.1	Klassen	69
2.4.2	Revolution	70
3.	Rezeption und Wirkungsgeschichte	73
4.	Zusammenfassung	75
5.	Kontrollaufgaben	75
6.	Literaturverzeichnis	76

Herbert Spencer

1.	Einleitung	79
1.1	Biographie und Zeitbezug	79
1.2	Das evolutionstheoretische Denken	81
2.	Spencers Beitrag zur Soziologie	86
2.1	Gesellschaft als sozialer Organismus	86
2.1.1	Struktureller Aufbau der Gesellschaft	86
2.1.2	Genese und die Evolutionstypen der Gesellschaft	88
2.2	Ansätze eines systemtheoretischen Denkens	92
2.3	Sozialdarwinismus	93
3.	Rezeption und Wirkungsgeschichte	95
4.	Zusammenfassung	96
5.	Kontrollaufgaben	97
6.	Literaturverzeichnis	98

Übergang II: Von den Wegbereitern zu den Gründungsvätern der Soziologie 99

Drittes Kapitel
Gründungsväter der Soziologie um 1900 107

Emile Durkheim

1.	Einleitung	109
1.1	Biographie und Zeitbezug	109
1.2	Durkheims Denkweise	111

2.	Durkheims Beitrag zur Soziologie	113
2.1	Gesellschaft als Moralordnung	113
2.2	Die Regeln der soziologischen Methode	119
2.3	Eine Typologie der Ursachen von Selbstmorden	120
2.4	Religionssoziologie	124
2.5	Moral und Moralerziehung	125
2.6	Durkheims Diagnose über den Zustand der gesellschaftlichen Solidarität	127
3.	Rezeption und Wirkungsgeschichte	128
4.	Zusammenfassung	129
5.	Kontrollaufgaben	130
6.	Literaturverzeichnis	130

Georg Simmel

1.	Einleitung	133
1.1	Biographie und Zeitbezug	134
1.2	Denken in Wechselwirkungen	136
2.	Simmels Beitrag zur Soziologie	137
2.1	Nicht Gesellschaft, sondern Vergesellschaftung	137
2.2	Phänomenologische Beschreibung und Formenanalyse	141
2.3	Die soziologischen Apriori	144
2.4	Die Kreuzung sozialer Kreise	147
2.5	Zeitdiagnose der kulturellen Moderne	151
3.	Rezeption und Wirkungsgeschichte	154
4.	Zusammenfassung	155
5.	Kontrollaufgaben	157
6.	Literaturverzeichnis	157

Max Weber

1.	Einleitung	161
1.1	Biographie und Zeitbezug	162
1.2	Rationalität und Verstehen	163
2.	Webers Beitrag zur Soziologie	165
2.1	Verstehende Soziologie	165
2.1.1	Idealtypen	167
2.1.2	Orientierung an der Legitimität von Ordnung	169
2.2	Gesellschaftliche Ordnungen	170
2.2.1	Herrschaftsordnungen	170
2.2.2	Verwaltungsordnungen	172
2.2.3	Ungleichheitsordnungen	172
2.2.4	Ordnungen in der modernen Massendemokratie	173
2.3	Die Deutung des Kapitalismus als okzidentaler Rationalismus	173
2.3.1	Ausdifferenzierung der Privatwirtschaft	173
2.3.2	Die ‚Protestantismus-These'	175

Inhalt

2.3.3	Die Wirtschaftsethik der Weltreligionen	177
2.4	Zeitdiagnose des modernen Kapitalismus	179
3.	Rezeption und Wirkungsgeschichte	181
4.	Zusammenfassung	183
5.	Kontrollaufgaben	183
6.	Literaturverzeichnis	184
	Übergang III: Parsons' Ablösung vom Denken der Gründungsväter	185

Viertes Kapitel
Ein Hauptvertreter der Soziologie im 20. Jahrhundert 189

Talcott Parsons

1.	Einleitung	191
1.1	Biographie und Zeitbezug	191
1.2	Parsons' Denkweise	192
2.	Parsons' Beitrag zur Soziologie	194
2.1	Gesellschaft als Ordnung von Handlungssystemen	194
2.2	Die analytisch-klassifikatorische Methode	200
2.3	Parsons' Formulierung und Lösung des Ordnungsproblems	200
2.4	Die pattern variables	203
2.5	Parsons' Zeitdiagnose	205
3.	Rezeption und Wirkungsgeschichte	213
4.	Zusammenfassung	215
5.	Kontrollaufgaben	216
6.	Literaturverzeichnis	216

Personenregister 221

Glossar 224

Bildnachweise 228

Uwe Krähnke

Über das Lehrbuch

Wozu ein Lehrbuch über Klassiker lesen?

Dieses Lehrbuch richtet sich an Studierende mit dem Haupt- oder Nebenfach Soziologie. Es soll vor allem dazu dienen, sich mit den Denkweisen, Konzeptionen und Schlüsselbegriffen wichtiger soziologischer Klassiker vertraut zu machen. Die Beschäftigung mit Klassikern ist notwendig, um die Geschichte dieser Wissenschaftsdisziplin nachzuvollziehen. Vor allem jedoch wird die Orientierung innerhalb dieser Disziplin erleichtert. Eine solche scheint tatsächlich angebracht, da die Soziologie eine weit gefächerte Wissenschaft ist. Das Spektrum reicht von der Erforschung individueller Verhaltensweisen der Menschen (Mikrosoziologie) bis zur Untersuchung gesamtgesellschaftlicher Strukturen und Veränderungen im globalen Weltmaßstab (Makrosoziologie). Zudem fehlt der Soziologie – etwa im Vergleich zu anderen Disziplinen wie Medizin, Jura oder Mathematik – bis heute ein kanonisiertes Wissen, d. h. didaktisch aufbereitete Wissensbestände, die an allen Universitäten in gleicher Weise gelehrt werden. Angesichts des weiten Spektrums und der fehlenden Kanonisierung macht jede/r Studierende der Soziologie früher oder später einmal die Erfahrung, „den Wald vor lauter Bäumen nicht mehr zu sehen".

Inwiefern kann nun gerade die Beschäftigung mit Klassikern tatsächlich helfen, den Überblick im „Dschungel" der Soziologie nicht zu verlieren? Als Klassiker gelten jene Theoretiker, die maßgeblich die Geschichte eines Faches mitbestimmt haben. Soziologische Klassiker trugen zur Etablierung der Soziologie als eigenständige Wissenschaft bei. Sie sorgten dafür, dass sich die Soziologie gegenüber anderen Wissenschaftsdisziplinen (wie z. B. Sozialphilosophie, Geschichtswissenschaften, Nationalökonomie oder Psychologie) behaupten konnte.

Die Fragestellungen und Probleme der soziologischen Klassiker markieren zentrale Leitlinien in der empirischen Forschung und in der wissenschaftlichen Theoriebildung. Es sind aber nicht nur ihre aufgeworfenen Frage- und Problemstellungen, an denen sich die folgenden Wissenschaftlergenerationen maßgeblich orientieren. Ein Klassiker zeichnet sich dadurch aus, dass er auch konzeptionelle Lösungsansätze gefunden und Begrifflichkeiten entwickelt hat, die paradigmatisch geworden sind, d. h. auf die spätere Forschungs- und Theorieansätze immer wieder zurückgreifen. Indem man sich mit den Klassikern vertraut macht, können – um das bereits verwendete Bild noch einmal aufzugreifen – die ausgetretenen Hauptpfade des weiten und unübersichtlich erscheinenden „Soziologie-Dschungels" gezielt beschritten werden.

Einleitung

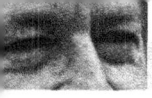

Warum lohnt es sich, dieses Lehrbuch zu benutzen?

Dieses Lehrbuch ist so geschrieben, dass es voraussetzungslos zu verstehen ist. Damit eignet es sich sowohl für ein Selbststudium als auch für eine Vertiefung des Stoffes aus entsprechenden Lehrveranstaltungen.

Das Lehrbuch kann konsequent „von vorn bis hinten" durchgelesen werden. Es soll aber auch einladen zum „Querlesen", d. h. man kann an einer beliebigen Stelle mit der Lektüre beginnen und auch zwischen den einzelnen Theoretikern hin und her springen. Hierbei ermöglichen der einheitliche und übersichtliche Aufbau der Kapitel sowie die Zusammenfassungen der Absätze durch Schlagworte am äußeren Rand eine schnelle Orientierung. Zudem wird das Querlesen durch ein Stichwortregister am Innenrand der Seiten unterstützt. Das Besondere dieses fortlaufenden Registers ist, dass die Stichworte (ähnlich wie Links im Internet) den Lesenden zu weiteren Anschlussstellen innerhalb des Lehrbuches führen. Wenn Sie z. B. gerade auf das Wort ‚Differenzierung' stossen und neugierig geworden sind, so können Sie auf den angegebenen Seiten (S. 82, 88, 114 ff., 147, 208 und Gl, dem Glossar) nachschlagen. Durch das Querlesen entdecken Sie fast spielerisch gedankliche Verbindungslinien und theoretische Bezüge zwischen einzelnen Klassikern. Sie werden angeregt, die Klassiker auch vergleichend zu betrachten, was das Verständnis ihrer Theorien deutlich erhöht.

	Differenzierung: 82, 88, 114ff., 147, 208, Gl

In diesem Lehrbuch sollen die behandelten Klassiker auch „selbst zu Wort" kommen. Indem in den Darstellungen jeweils eine Reihe von Zitaten aus ihren Werken auftauchen, können Sie als Lesende/r einen Eindruck über den spezifischen Sprachstil des Klassikers gewinnen. Wird eine Schlüsselstelle zitiert (also eine Passage, die von zentraler Bedeutung für das Verständnis des Klassikers ist), finden Sie als Hilfestellung eine ausführliche Interpretation.

Die Lektüre unterstützt die effektive Vorbereitung auf eine Zwischenprüfung (vor allem im Bereich Allgemeine Soziologie bzw. Theorie der Soziologie). Anhand von Kontrollaufgaben am Ende jeder Lektion kann der eigene Wissensstand überprüft werden. Aber auch den rein interessengeleiteten Studierenden hat das Lehrbuch einiges zu bieten. So laden Hintergrundinformationen, detaillierte Beschreibungen, aufgeworfene Problemstellungen und konkrete Übungsfragen zu einem intensiven Weiter- und Nachdenken ein. Hilfreiche Literaturhinweise werden an passender Stelle gegeben.

Schließlich spricht für das Buch auch, dass es vor der Veröffentlichung von denen getestet wurde, für die es geschrieben ist. Die Anmerkungen, Kritiken und Ratschläge der evaluierenden Studierenden verhinderten, dass der Text vollkommen „an ihnen vorbei" geschrieben wurde. Durch die Rückmeldungen war es uns Autoren möglich, die eigene Darstellungsweise zu überprüfen und an einem klarer gegliederten Aufbau zu feilen.

Einleitung

Wie ist das Lehrbuch aufgebaut?

Dieses Lehrbuch besteht aus vier Kapiteln, in denen die Theorien der soziologischen Klassiker und ihrer Vorläufer behandelt werden. Wie der Titel bereits deutlich macht, stehen die Klassiker von AUGUSTE COMTE bis TALCOTT PARSONS im Mittelpunkt der Darstellung. Insofern werden deren Vorläufer bis zum 18. Jahrhundert nur kurz und zusammenfassend im ersten Kapitel behandelt. Heutige, wichtige soziologische Theoretiker bleiben ganz aus der Betrachtung ausgespart.

Der Anspruch dieses Lehrbuches ist es also nicht, *alle* Klassiker des soziologischen Denkens vorzustellen. Solch ein Versuch müsste unweigerlich scheitern, da aufgrund der großen Anzahl der abzuhandelnden Theoretiker die Darstellung nur oberflächlich sein könnte. Die Auswahl der hier vorgestellten soziologischen Klassiker umfasst:

AUGUSTE COMTE
KARL MARX
HERBERT SPENCER
EMILE DURKHEIM
GEORG SIMMEL
MAX WEBER
TALCOTT PARSONS.

Trotz (zum Teil erheblicher) Unterschiede in ihren Themen- und Problemstellungen, methodischen Herangehensweisen und Zeitdiagnosen weisen diese sieben Klassiker eine wichtige Gemeinsamkeit auf, die es erlaubt, andere Soziologen bei der Auswahl für das Lehrbuch zu vernachlässigen. In ihren Theorien spielt nämlich die Frage eine maßgebliche Rolle, wie die moderne Gesellschaft aufgebaut ist, was sie zusammenhält und wie sie sich entwickelt. Gerade die soziologische Fragestellung nach den Bedingungen gesellschaftlicher Ordnung bzw. Integration und gesellschaftlicher Entwicklung ist eine bis heute zentrale Fragestellung geblieben.

Um eine systematische Einführung zu gewährleisten, sind die sieben soziologischen Klassiker in drei *Generationsblöcke* eingeteilt:

- *Wegbereiter* der Soziologie im 19. Jahrhundert: COMTE, MARX, SPENCER (Zweites Kapitel);

- *Gründungsväter* für die Soziologie als eigenständige Wissenschaft um 1900: DURKHEIM, SIMMEL, WEBER (Drittes Kapitel);

- ein *Hauptvertreter* der im 20. Jahrhundert etablierten Soziologie: PARSONS (Viertes Kapitel).

Durch diese chronologische Einteilung werden die Klassiker nicht einfach nur nebeneinander gestellt und deren Theorien schematisch „abgehandelt". Vielmehr soll verdeutlicht werden, dass die jeweiligen Klassiker ein und derselben Generation gewisse Ähnlichkeiten in soziologischen Problemstellungen, Theorieanlage und Wissenschaftsverständnis aufweisen. Anhand dieser Ähnlichkei-

Einleitung

ten lässt sich zeigen, dass jede Klassikergeneration einen wichtigen Meilenstein in der Entstehungsgeschichte der Soziologie markiert:

- Ein wesentliches Verdienst der Wegbereiter des soziologischen Denkens besteht darin, dass sie Überlegungen über das politische und soziale Zusammenleben der Menschen systematisch zusammengeführt haben, die ihre Vorläufer aus Theologie, Sozialphilosophie, Ökonomie und Naturwissenschaften hinterließen. Vor allem jedoch leiteten sie die systematische Betrachtung der gesellschaftlichen Ordnung und Entwicklung auf der Grundlage einer wissenschaftlichen Perspektive ein.

- Der durch die Gründungsväter der Soziologie erreichte Wissenschaftsfortschritt besteht darin, die analytische Betrachtung der Gesellschaft von dem noch vorhandenen Restbestand an teleologischen Grundannahmen (d. h. Annahmen von der strengen Zielgerichtetheit der gesellschaftlichen Entwicklung) befreit zu haben. Sie orientieren auf eine erfahrungswissenschaftliche Perspektive, die es erlaubt, gesellschaftliche Probleme und Krisensymptome wertfrei zu analysieren. Ihre konzeptionellen Überlegungen zum spezifischen Gegenstand und zur methodischen Herangehensweise der Soziologie trugen maßgeblich zur Etablierung als eigenständige Wissenschaftsdisziplin bei.

- TALCOTT PARSONS gilt als ein wichtiger Hauptvertreter der Soziologie in der zweiten Hälfte des 20. Jahrhunderts, weil er einen bis dato unerreichten Grad an Systematisierung und theoretischer Abstraktion erreicht hat. Er entwickelte einen analytischen Begriffsrahmen, der sich auf beliebige soziale Zusammenhänge (angefangen von einfachen Handlungssituationen bis hin zur komplexen Gesellschaft) anwenden lässt. Seine Theorie galt vor allem in den 50er und 60er Jahren als „Königsweg" für eine systematische Betrachtung der komplexen und ausdifferenzierten sozialen Welt.

Da dieses Lehrbuch als eine Einführung in die Theorien der soziologischen Klassiker konzipiert ist, bleiben wichtige sozialhistorische Voraussetzungen und Bedingungszusammenhänge der Theorieentwicklung ausgespart. Gegen ihre Berücksichtigung in diesem Lehrbuch sprach, dass die Komplexität und der Umfang der Darstellung über das didaktisch vertretbare Maß hinaus angewachsen wären. Statt dessen resümieren Überleitungsabschnitte, die am Ende des ersten, zweiten und dritten Kapitels platziert sind, die Bedeutung jeder Klassikergenerationen für die Soziologieentwicklung.

Neben der chronologischen Einteilung in Generationsblöcke trägt auch zur übersichtlichen Darstellung im Lehrbuch bei, dass alle behandelten Klassiker nach einem einheitlichen Gliederungsraster präsentiert werden:

1. Einleitung (mit den Aspekten: Biographie des Klassikers und historischer Zeitbezug, relevante Theorietraditionen und spezifische Denkart).

2. Beitrag des Klassikers für die Soziologie (mit den Schwerpunkten: Theoretisches Modell von Gesellschaft, methodische Überlegungen sowie weitere thematisch spezifische Beiträge für die Soziologie, Zeitdiagnose).

Einleitung

3. Rezeption und Wirkungsgeschichte
4. Zusammenfassung
5. Kontrollaufgaben
6. Literaturverzeichnis.

An dieser Stelle sei im Namen der drei Autoren all jenen gedankt, die einen großen Anteil am Gelingen dieses Lehrbuchprojekts haben. Allen voran Anja Zschirpe für die Ausdauer bei der Durchführung und Auswertung der Evaluation, aber auch für das beharrliche Drängen, Unzulänglichkeiten des Lehrbuches auszumerzen sowie für die konstruktiven Korrektur- und Verbesserungsvorschläge am Text. Letzteres gilt auch für Sabine Kunze. Ohne die kreative graphische Gestaltungskonzeption von Ines Schiffel und deren professionelle Umsetzung durch Robert Olesch hätten die Lehrbuchinhalte nicht in der vorliegenden Form präsentiert werden können. Brigitte Schmiedel entlastete uns durch die Transkription von Rohfassungen und Rita Krätzer durch ihr Korrekturlesen. Stellvertretend für die 85 Studierenden, die an der Lehrbuchevaluation teilnahmen und uns durch Rückmeldungen des öfteren „auf die Sprünge" halfen, seien namentlich genannt: Lysann Braune, Diana Brückner, Katharina Cramer, Martin Fritz, Daniela Häusler, Anja Kannegießer, Anja Kretzschmar, Yvonne Magwas, Monique Matz, Carolin Nendel, Sören Petzold, Nadine Sack, Alexander Schenk, Susanne Schmidt, Jana Suckow, Daniel Unverricht, Ina Wechsung und Caroline Wesenberg.

Erstes Kapitel

Vorläufer des soziologischen Denkens bis zum 18. Jahrhundert

Ditmar Brock

1.	Denken über gesellschaftliche Ordnung bis zur Neuzeit	11
2.	Neuzeitliches Denken über gesellschaftliche Ordnung bis zum 18. Jahrhundert	12
2.1	Volkssouveränität und Herrschaftsvertrag	12
2.1.1	Die religiöse und die naturrechtliche Begründung der Volkssouveränität	14
2.1.2	Menschliche Leidenschaften und staatliches Gewaltmonopol	15
2.2	Grundelemente des gesellschaftlichen Zusammenlebens in der Neuzeit	17
2.3	Konzeptionen über gesellschaftliche Entwicklung	22
2.4	Die Französische Revolution als Zäsur im theoretischen Denken über Gesellschaft	25
2.5	Gesellschaftliche Ordnung und industrieller Fortschritt	28
2.5.1	Gesellschaft als zentraler Integrationsfaktor	28
2.5.2	Klassen und industrielle Gesellschaft	30
3.	Zusammenfassung	32
4.	Kontrollaufgaben	33
5.	Zeittafel	34
6.	Literaturverzeichnis	35

Matthias Junge

Übergang I: Von der Vorgeschichte zu den Wegbereitern der Soziologie . 36

1. Denken über gesellschaftliche Ordnung bis zur Neuzeit

Auch wenn die Soziologie recht jung ist, weil sie sich als Wissenschaft erst vor ca. 150 Jahren zu formieren begann, ist sie dennoch keine geschichtslose Disziplin. Die soziologischen Wegbereiter und Gründungsväter konnten auf eine Ideengeschichte zurückgreifen, die weit in die Geschichte des Abendlandes hineinreicht. Überlieferte Gedanken über das soziale und politische Zusammenleben der Menschen bis zur Neuzeit (bis zum 15. Jahrhundert) finden sich insbesondere in

Ursprung des soziologischen Denkens

- mythischen Erzählungen,
- philosophischen Konzeptionen der Antike,
- christlichen Ordnungs- und Herrschaftsvorstellungen des Mittelalters.

Mythische Erzählungen, wie z. B. das *BABYLONISCHE GILGAMESCH EPOS* (um 2100-1800 v. Chr.) oder die *ILLIAS* und *ODYSSEE* (um 800 v. Chr.) von HOMER, thematisieren Fragen zum geschichtlichen Sinn der menschlichen Existenz und Deutungen über die eigene (stammesgeschichtliche) Herkunft und Zukunft. Mythen hatten unter anderem die Funktion eines kollektiven Gedächtnisses (für einen Stamm, eine Ethnie oder ein Volk). Sie wurden von Generation zu Generation überliefert und konnten somit die Erinnerung an geschichtliche Ereignisse bewahren. Der Erklärungsrahmen verblieb allerdings im spekulativen, magischen Denken.

Mythische Erzählungen

Mit dem Ablösen des traditionalen mythischen Denkens durch das philosophische Denken im antiken Griechenland (insbesondere im 5.-3. Jahrhundert v. Chr.) entstanden konzeptionelle Überlegungen mit relativ hohem systematischen Gehalt über Grundstrukturen politischer Ordnungen und Herrschaftsausübung. Hier ragen die Staats- und Gesellschaftslehren von PLATON (427-347 v. Chr.) und ARISTOTELES (384-322 v. Chr.) heraus.

Philosophische Konzeptionen der Antike

Prägend für das Geistesleben des Mittelalters (500-1500) war die Autorität der römisch-katholischen Kirche mit ihrer scholastischen Philosophie und Theologie. Zwar wurde auf die antike Philosophie zurückgegriffen (insbesondere durch AURELIUS AUGUSTINUS [354-430] und später THOMAS VON AQUIN [1225-1274]), aber vor allem sollten die christliche Dogmatik und die aus ihr abgeleiteten Ordnungs- und Herrschaftsvorstellungen durchgesetzt werden. Dies verhinderte eine erfahrungswissenschaftlich orientierte Analyse der politischen und sozialen Ordnung.

Christliche Vorstellungen des Mittelalters

Vorläufer

2. Neuzeitliches Denken über gesellschaftliche Ordnung bis zum 18. Jahrhundert

Zäsur der Neuzeit

Die Vorläufer des soziologischen Denkens, die nachfolgend ohne Anspruch auf Vollständigkeit dargestellt werden, schöpfen zwar noch aus den oben genannten ideengeschichtlichen Traditionsbeständen. Sie entwickeln aber auch neue Denkansätze bei der Analyse und Bewertung gesellschaftlicher Probleme. Hierbei gewinnen die Maßstäbe der Vernunft und der Effektivität im gesellschaftlichen Zusammenleben (Rationalität) an Bedeutung. Diese neuen Maßstäbe erfordern es zugleich, sich ausgeprägter als zuvor mit der gesellschaftlichen Realität zu beschäftigen.

Ideengeschichtlicher und sozialstruktureller Hintergrund

Im Rahmen dieser kurzen Einführung über die soziologischen Vorläufer müssen der ideengeschichtliche und der sozialstrukturelle Hintergrund für diese mit der Neuzeit einsetzenden Veränderungen im Denken über das gesellschaftliche Zusammenleben weitgehend ausgeblendet bleiben. Als ideengeschichtlicher Hintergrund wären vor allem Renaissance, Rationalismus, Empirismus und Aufklärung zu nennen, in sozialstruktureller Hinsicht Reformation, Aufstieg der Städte und die einsetzende Ausdifferenzierung unterschiedlicher Sozialsysteme.

2.1 Volkssouveränität und Herrschaftsvertrag

Politische Herrschaft als Forderung des Bürgertums

Mit Beginn der Neuzeit änderten sich die Problemstellungen im Denken über die gesellschaftliche Ordnung. Die politische Herrschaft, an der das aufstrebende Bürgertum angemessen beteiligt werden wollte, wurde zu einem zentralen Thema, da hiervon seine wirtschaftlichen Möglichkeiten abhingen.

Was machte den Anspruch des Bürgertums auf politische Teilhabe so problematisch? Warum konnte es nicht in das bisherige staatliche Herrschaftssystem integriert werden? Das lag daran, dass die politische Herrschaft hierarchisch organisiert war. Der König hatte als absoluter Monarch das alleinige Sagen. Zum anderen beruhte die Herrschaftsorganisation auf einem feudalen Lehenssystem, das die Vergabe von Lehen, also von Grund und Boden, im Austausch gegen persönliche Loyalität und militärischen Beistand vorsah. Dieses System wurde durch Erbfolge und Heirat fortgeschrieben und religiös gerechtfertigt.

Interessenpolitik der freien Städte

Anders als die auf die Bewirtschaftung von Grund und Boden angewiesenen Bauern waren die Handel und Gewerbe treibenden Bürger nicht fest in diesen Sozialverband integriert. Ihr Wohlergehen beruhte in stärkerem Maße auf eigenem Geschick und eigener Leistung. Es gründete sich zudem auf freiwillige Zusammenschlüsse und staatlichen Schutz. Überall dort, wo mittelalterliche Städte ein gewisses Maß an Unabhängigkeit erlangten, etablierten sich Institutionen, die auf freiwilliger Mitgliedschaft (d. h. Bürgerrecht kann erworben und aufgegeben werden) basierten. Ihre militärische und politische Macht beruhte auf dem freiwilligem Zusammenschluss von möglichst vielen eigenständigen

Herrschaft: 13, 14f., 170, Gl

Volkssouveränität und Herrschaftsvertrag

Rechtspersonen und darauf, dass die Ratsversammlungen politische und militärische Strategien entwickeln, die die wirtschaftliche Prosperität förderten. Anders als mittelalterliche Monarchen mussten die Stadtrepubliken mit der Mobilität der Bürger rechnen. Deswegen betreiben sie eine relativ nüchterne Interessenpolitik, die von dem feudalen Ziel höfischer Prunkentfaltung weit entfernt war.

Schon das Nebeneinander von Stadtrepubliken und feudalen Monarchien aktualisierte die bereits in der griechischen Philosophie gestellten Fragen nach der angemessensten Gesellschafts- und Herrschaftsform. Insbesondere die diesbezüglichen Überlegungen von PLATON und ARISTOTELES, die seit dem Zeitalter der Renaissance wieder in West- und Mitteleuropa bekannt und geschätzt waren, lieferten Anknüpfungspunkte für eine Debatte über die Berechtigung und die angemessene Ausübung politischer Herrschaft.

Renaissance

Die im 16. und 17. Jahrhundert einsetzenden Theorien eines Gesellschaftsvertrages setzen an die Stelle einer als unvergänglich angesehenen Sozialordnung den fiktiven Naturzustand gleichberechtigter und gleichrangiger Menschen. Durch diese Verschiebung gewinnt das theoretische Denken über Gesellschaft eine neue Richtung. Es geht nun nicht mehr darum, Menschen auf eine fraglos gegebene traditionale Ordnung einzuschwören. Vielmehr soll geklärt werden, welche politische Ordnung sich zwanglos und rational aus einem fiktiven Naturzustand freier und gleichberechtigter Menschen ergibt. Obwohl es sich hier um eine analytische Fiktion handelt, knüpft diese dennoch direkt an das Politikverständnis der aufstrebenden Schicht des Bürgertums an. Zentrale vom Bürgertum erhobene politische Forderungen waren:

Gesellschaftstheorien des 16. Jahrhunderts

▸ Unterordnung darf nur freiwillig erfolgen. Gefordert werden individuelle Freiheits- und Entscheidungsrechte. Der Einzelne muss wählen können, ob er einem Herrschaftsverband angehört oder nicht.

Politische Forderungen des Bürgertums

▸ Herrschaft muss für die Beherrschten vorteilhaft sein. Die Suche nach einer optimalen politischen Ordnung muss am Gesamtnutzen und -zweck des Herrschaftsverbandes orientiert sein.

▸ Die Beherrschten müssen gleiche politische Rechte haben. Bei dem Herrschaftsverband kann es sich nur um eine Art des freiwilligen Zusammenschlusses Gleichberechtigter handeln.

Diese Vorstellungen sind gegen die traditionelle Auffassung gerichtet, dass jemand aufgrund seiner Herkunft bzw. durch göttlichen Ratschluss zur Herrschaftsausübung legitimiert sei. Es sind vor allem zwei neuartige Gesichtspunkte, um die die weitere Debatte des 16. und 17. Jahrhunderts kreist:

Legitimierung der Herrschaftsausübung

▸ Welche *Vernunftgründe* kann es geben, sich *freiwillig* einer politischen Herrschaftsinstanz zu unterwerfen und ihr ein Gewaltmonopol zuzubilligen?

▸ Wenn aber die politische Herrschaft aus rationalen Gründen freiwillig abgetreten wird, dann muss auch die *Herrschaftsausübung* auf eine *rationale Grundlage* gestellt werden, nicht zuletzt, um sie *kontrollierbar* zu machen und Auswüchse zu vermeiden.

Vorläufer

Idee der Volkssouveränität

Wie auch immer im Einzelnen argumentiert wird, klar ist, dass in jedem Fall die Staatsgewalt nicht mehr von Gott, sondern nur noch vom Volk an einen Herrscher übertragen werden kann. Deswegen ist es auch nicht verwunderlich, dass die Ideen, die nun in einer auf die wichtigsten Autoren beschränkten Auswahl vorgestellt werden, in einem Punkt übereinstimmen, nämlich in der Idee der Volkssouveränität.

2. 1. 1 Die religiöse und die naturrechtliche Begründung der Volkssouveränität

Religiöse Begründung der Volkssouveränität

Spanische Jesuiten, insbesondere FRANCO SUAREZ (1548-1617), ROBERTO BELLARMIN (1543-1621), JUAN MARIANA (1536-1623) widersprachen der religiösen Begründung absoluter monarchischer Herrschaft. Es sei nicht so, dass alle Staatsgewalt, die ursprünglich von Gott ausgehe, direkt an einen Herrscher übertragen worden sei. Vielmehr habe zunächst das Volk die politische Gewalt von Gott, der Menschen wie Staaten erschaffen habe, empfangen. Daher könne auch nur das Volk Herrschaftsrechte an einen Herrscher übertragen. Allein aus *Zweckmäßigkeitsgründen* gebe das Volk die oberste Gewalt an eine wie auch immer geartete Obrigkeit ab.

Herrscher als Beauftragter des Volkes

Wichtig an dieser These ist einmal, dass der Herrscher keine religiöse Sonderstellung beanspruchen kann, sondern in derselben Weise den göttlichen Gesetzen unterworfen ist wie das Volk. Darüber hinaus ist er in seiner Eigenschaft als Inhaber der politischen Gewalt *Beauftragter des Volkes*. MARIANA hat diese These so verstanden, dass das Volk den Herrscher kontrollieren müsse. Missbrauche er seine Macht zur Unterdrückung des Volkes, dann müsse es in einer öffentlichen Versammlung dem Herrscher die ihm übertragenen Rechte wieder entziehen und ein förmliches Todesurteil über ihn fällen. Sei dies nicht möglich, komme auch der Tyrannenmord durch einen Einzelnen in Frage.

Naturrechtliche Begründung der Volkssouveränität

Naturrechtstheoretiker bauen diese These so um, dass sie auch ohne die Annahme einer ursprünglichen göttlichen Schöpfung tragfähig wurde. HUGO DE GROOT (1583-1645) – ähnlich auch SAMUEL PUFENDORF (1632-1694) – leitet die Notwendigkeit rechtlicher Regelungen primär *aus der vernünftigen und geselligen Natur des Menschen* ab. Auch wenn kein Gott existiere, so argumentiert er, erfordere die menschliche Natur rechtliche Regelungen (Naturrecht). Dementsprechend liegt es hier in der menschlichen Natur begründet, dass das Volk Herrschaftsrechte überträgt und dass diese Herrschaftsrechte zum Aufbau einer Rechtsordnung zu benutzen sind. Auf dieser Grundlage entwickelt DE GROOT Grundzüge der modernen Natur- und Völkerrechtslehre, wobei allerdings sein Fundament, die soziale Natur des Menschen, nur in Form von angeblich evidenten Postulaten (d. h. unabweisbare und unentbehrliche Annahmen) gelegt worden ist.

Idee des Herrschaftsvertrages

An diesem Begründungsversuch staatlicher Herrschaft durch die Vertragstheoretiker sind zwei Dinge wichtig. Einmal die These, dass das Verhältnis zwischen Herrscher und Beherrschten zumindest prinzipiell als Vertragsverhältnis unter gleichrangigen Rechtspersonen anzusehen sei. Zum anderen ergab sich

Volkssouveränität und Herrschaftsvertrag

aus dieser Vertragskonstruktion, dass es nicht mehr Herrschaft um ihrer selbst Willen geben kann, sondern nur eine vernünftige Handhabung der abgetretenen Rechte.

> Mit der utopischen Konstruktion eines Naturzustandes wurde ein Verständnis politischer Herrschaft erreicht, das direkt an die praktischen Interessen des Bürgertums anknüpfte und das die weitere Entwicklung, nämlich den Umbau von der absoluten Monarchie zur Demokratie einschließlich staatlich garantierter Freiheits- und Selbstbestimmungsrechte vorwegnahm. Die Schwäche der Vertragstheoretiker lag zweifellos in ihrem nicht näher ausformulierten Hinweis auf die menschliche Natur.

2. 1. 2 Menschliche Leidenschaften und staatliches Gewaltmonopol

Hobbes: 16, 26, 201

THOMAS HOBBES (1588-1679) stieß mit seiner 1651 erstmals erschienenen Abhandlung über den *LEVIATHAN* (so bezeichnet HOBBES den Staat) in diese offene Flanke der vertragstheoretischen Argumentation. Er verwarf alle idyllischen oder harmonischen Vorstellungen vom ursprünglichen Naturzustand und zeichnete ein dunkles Bild von der menschlichen Natur. Die Rationalität des Menschen sei durch seine zügellosen Leidenschaften aufs Engste begrenzt.

Hobbes' Leviathan

Dieses pessimistische Menschenbild geht bei HOBBES nicht nur auf theoretische Überlegungen, sondern auch auf politische Erfahrungen zurück. HOBBES lebte in der Zeit des englischen Bürgerkrieges, in der politische Wirren und blutige Parteienkämpfe nicht abebbten, bis schließlich die Rückkehr zu einer konstitutionellen Monarchie wieder zu stabileren Verhältnissen führte. Angesichts dieser geschichtlichen Erfahrungen ist nicht nur HOBBES' pessimistisches Menschenbild plausibel, sondern auch die Folgerungen, die er hieraus für die politische Gewalt zieht.

Krieg aller gegen alle

> *„Die Absicht und Ursache, warum die Menschen bei all ihrem natürlichen Hang zur Freiheit und Herrschaft sich dennoch entschließen konnten, sich gewissen Anordnungen ... zu unterwerfen, lag in dem Verlangen ... aus dem elenden Zustande eines Krieges aller gegen alle gerettet zu werden. Dieser Zustand ist aber notwendig wegen der menschlichen Leidenschaften mit der natürlichen Freiheit so lange verbunden, als keine Gewalt da ist, welche die Leidenschaften durch Furcht vor Strafe gehörig einschränken kann"* (Hobbes 1651, S. 151).

HOBBES argumentiert also folgendermaßen: Überließe man die Menschen sich selbst, so wären sie auf Grund ihrer Leidenschaften nicht in der Lage, friedlich miteinander zu kooperieren und den allseitigen Wohlstand zu befördern. Erst eine staatliche Gewalt mit einer straffen Law-and-Order-Politik könnte die menschlichen Leidenschaften zähmen und verhindern, dass die Menschen wie Wölfe übereinander herfallen.

Macht der staatlichen Gewalt

Vorläufer

Wissenschaftliche Begründung für die Beherrschung der menschlichen Leidenschaften

Die menschliche Natur macht ein Gewaltmonopol erforderlich, das von einem Herrscher ausgeübt wird. Diese einfache und klare Grundthese versucht HOBBES im *LEVIATHAN* systematisch zu entwickeln. Seine Abhandlung befasst sich zunächst mit der menschlichen Natur und beleuchtet vor diesem Hintergrund dann in einem zweiten Teil die gesellschaftlichen Institutionen, insbesondere den Staat. Er begnügt sich bei seiner Abhandlung über die menschliche Natur nicht mit allgemeinen Sätzen, sondern strebt wissenschaftliche Standards im Geiste seiner Zeit an. Metaphysische Postulate (z. B. religiöse Glaubenssätze) sollen vermieden werden und statt dessen eine materialistische, vom menschlichen Organismus ausgehende Betrachtungsweise entwickelt werden. Alle inneren Prozesse, angefangen von der menschlichen Sinneswahrnehmung, über das Denken, Erinnern, ja bis hin zum Begehren und den Leidenschaften werden von ihm als natürliche, mechanische Reaktionen beschrieben. Die aus diesen Prozessen resultierenden Verhaltensweisen könne der Mensch nicht – wie die Scholastiker oder auch später IMMANUEL KANT (1724-1804) behaupten – vernünftig steuern.

Weil die Menschen ihre individuelle Willensfreiheit auch vernunftswidrig nutzen, kann nur ein staatliches Gewaltmonopol den ‚Kampf aller gegen alle' verhindern. Mit seiner Vertragstheorie vollzieht HOBBES einen Übergang von rechtsphilosophischen Überlegungen zu einer erfahrungswissenschaftlich orientierten Gesellschaftsanalyse, die sich an Entwicklungen in den damaligen Naturwissenschaften orientiert. Der entscheidende Punkt ist, dass die Vergesellschaftung mit der physischen Ausstattung der Menschen und ihren kausal bestimmten Reaktionsweisen erklärt wird. Um soziale Strukturen in dieses Theoriegebäude mit einbeziehen zu können, entwickelt HOBBES den Begriff des künstlichen Körpers. Der Staat ist demnach zwar vergleichbar mit dem menschlichen Verhaltenskörper, aber er ist eine durch den Menschen erst geschaffene Institution.

Institution: 25, GI

Bedeutung von Hobbes

Auch wenn er noch eine ganze Reihe anderer Schriften veröffentlichte, kennen wir heute HOBBES vorwiegend als Autor des *LEVIATHAN*. Dieses Werk hat ihn zu einem wichtigen Klassiker der Politikwissenschaft gemacht. Aber auch Soziologen setzten sich mit ihm immer wieder auseinander. Neben FERDINAND TÖNNIES (1855-1936) muss hier vor allem TALCOTT PARSONS (1902-1979) erwähnt werden. Gerade die von HOBBES aufgeworfene Fragestellung, was eigentlich die Gesellschaft zusammenhält, bildet für seinen strukturfunktionalistischen Erklärungsansatz der Gesellschaft einen Dreh- und Angelpunkt.

 Vertiefende Literatur: Krockow 1962, S. 11-78.

Gesellschaftliches Zusammenleben in der Neuzeit

Thema	Denker	Grundaussage
Volkssouveränität und Herrschaftsvertrag	Franco Suarez (1548-1617) Roberto Bellarmin (1543-1621) Juan Mariana (1536-1623)	Herrschaft wird nicht von Gott, sondern vom Volk übertragen
	Hugo de Groot (1583-1645) Samuel Pufendorf (1632-1694)	Menschliche Natur erfordert einen Herrschaftsvertrag
	Thomas Hobbes (1588-1679)	Staatliches Gewaltmonopol verhindert Kampf aller gegen alle

2.2 Grundelemente des gesellschaftlichen Zusammenlebens in der Neuzeit

Eine für die Entwicklung der Soziologie bedeutsame Folge der Renaissance wie auch der Aufklärung war, dass die Institutionen der mittelalterlichen Gesellschaft als irrational kritisiert wurden. Diese Kritik wurde über Jahrhunderte hinweg vor allem in der Form von Gesellschaftsutopien, d. h. fiktiven Vorstellungen einer „guten" oder „idealen" Gesellschaft, formuliert. Bedeutsame Entwürfe dieser Art waren *Utopia* (1516) von Thomas Morus (1480-1535) und *Civitas solis* (*Der Sonnenstaat*; 1602) von Tommaso Campanella (1568-1639). Während hier jeweils ein *fiktiver* Gesellschaftszustand als Alternative zu den bestehenden mittelalterlichen Verhältnissen entwickelt wurde, verarbeiteten andere Autoren die seit den großen Entdeckungen des 16. Jahrhunderts immer weiter zunehmende Bekanntschaft mit *realen* Stammesgesellschaften (den „edlen Wilden") in Amerika und in Südostasien. Jene Reise- und Forschungsberichte über das wesentlich weniger konventionelle und deswegen aus Sicht der Autoren auch erheblich menschlichere Zusammenleben dieser Stammesgesellschaften diente als Kontrastfolie, um an der höfischen Gesellschaft Kritik zu üben. Entsprechende Arbeiten hatten insbesondere im 17. und 18. Jahrhundert in Frankreich Konjunktur. Zu nennen ist hier vor allem *Vom Gesellschaftsvertrag oder Grundlagen des Staatsrechts* (1762) von Jean-Jacques Rousseau (1712-1778).

Kritik wurde nicht nur an dem in Konventionen erstarrten Hofleben des Feudaladels geübt, sondern auch an der Verschwendungssucht der Herrschenden und anderer nicht arbeitender Klassen, die im Frankreich des 17. und 18. Jahrhunderts weit verbreitet war. Zudem wurden die Zunftgebräuche und andere mittelalterliche Verbotsordnungen, beginnend mit Erasmus von Rotterdam (1469-1536), immer wieder als irrational kritisiert.

Gesellschaftsutopien und -kritik

Vorläufer

> Die verschiedenen Vertreter einer aufklärerischen Sozialkritik stimmen in einem Punkt überein: sie beklagen die geringe Zweckmäßigkeit in den Formen des gesellschaftlichen Zusammenlebens und bei der Verteilung und Nutzung des gesellschaftlichen Reichtums.

Einfluss der Naturwissenschaft auf die Gesellschaftskritik

Sobald diese Gesellschaftskritik nicht mehr von normativen Kontrastbildern getragen wird, sondern auf analytische Überlegungen zurückgeführt wird, erreicht die Beschäftigung mit gesellschaftlichen Fragen eine neue Qualität. Besondere Bedeutung hat in diesem Zusammenhang das Bestreben nach wissenschaftlicher Durchdringung aller Bereiche. Ein besonders einflussreiches Vorbild war die Entwicklung der modernen Naturwissenschaften, insbesondere die mit dem Namen ISAAC NEWTON (1643-1727) eng verbundene Orientierung der Physik auf eine experimentelle, d. h. methodisch kontrollierte, Untersuchung der elementaren Gegebenheiten des empirischen Gegenstandsbereichs. In ähnlicher Weise sollte auch das gesellschaftliche Zusammenleben studiert werden. Deswegen sprach man auch, bevor das Wort ‚Soziologie' allgemein gebräuchlich wurde, von einer ‚physique sociale' (sozialen Physik). Wie aber kann man das Vorbild der Naturwissenschaften auf den Bereich des Sozialen übertragen?

Grundelemente des Sozialen

Dazu ist es erforderlich, zunächst einmal die elementaren Gegebenheiten des Untersuchungsfeldes auszumachen und nach Gesetzmäßigkeiten zu suchen, um bestimmte Erscheinungen wissenschaftlich erklären zu können. Was sind nun aber die elementaren Gegebenheiten des zwischenmenschlichen Zusammenlebens? Bedeutsam sind vor allem:

▸ die menschliche Natur;

▸ die Lebensqualität und der materielle Reichtum;

▸ das soziale Prinzip der Gegenseitigkeit.

Menschliche Natur

Eine elementare Gegebenheit des menschlichen Zusammenlebens wurde in der menschlichen Natur gesucht. So hat NICCOLÒ MACHIAVELLI (1469-1527) grundlegende menschliche Verhaltensweisen unabhängig von ihrer Formung durch Sitte und Moral herauszupräparieren versucht. Auch im liberalen Denken im 17. und 18. Jahrhundert wird das zwischenmenschliche Zusammenleben dann als rational angesehen, wenn es der menschlichen Natur entspricht. Obwohl die menschliche Natur vermutlich um einiges komplexer ist als physikalische Grundkategorien, gibt sie auch heute noch einen wichtigen Bezugspunkt für soziologische Theorien bzw. für Folgerungen über soziologische Sachverhalte ab.

> Die Formen gesellschaftlichen Zusammenlebens sollten die menschliche Natur berücksichtigen.

Gesellschaftliches Zusammenleben in der Neuzeit

Aufklärung: 39, GI	Ein zweiter elementarer Gesichtspunkt für die Betrachtung und vor allem die Bewertung von Formen des zwischenmenschlichen Zusammenlebens ist die Lebensqualität bzw. der materielle Reichtum (Güterproduktion und Güterverteilung). Dieser Gesichtspunkt tritt zunehmend an die Stelle religiöser Heilserwartungen. Seit dem Zeitalter der Aufklärung ist, zumindest für die geistigen Eliten, die Religion und vor allem das religiöse Heilsversprechen eines besseren Lebens im Jenseits kein fester Bezugspunkt ihres Denkens mehr. Der alte Traum von einer besseren Welt im Jenseits beginnt allmählich an Bedeutung zu verlieren zugunsten eines Postulats für das Diesseits.

Lebensqualität und materieller Reichtum

Die Frage ist nun, wie die menschliche Vernunft dazu benutzt werden kann, das diesseitige Leben materiell zu verbessern. Dazu bedarf es nicht nur des technisch-wissenschaftlichen Fortschritts, sondern auch geeigneter Formen des zwischenmenschlichen Zusammenlebens. Soziale Beziehungsformen müssten daraufhin untersucht werden, ob sie die Wohlstandsentwicklung (Prosperität) eher fördern oder eher hemmen. Mit dem Gesichtspunkt der gesellschaftlichen Prosperität bekommt darüber hinaus auch die aufklärerische Kritik an den nicht arbeitenden Herrschaftsklassen eine rationale Grundlage: nur arbeitende und produktiv tätige Klassen können zur Wohlstandsentwicklung beitragen.

Klasse: 62, GI

Hobbes: 15f.

Unter diesem Gesichtspunkt der Wohlstandsentwicklung haben insbesondere die Liberalen seit HOBBES die Rolle des Staates untersucht. Sie sind zu der Ansicht gekommen, dass ohne ein staatliches Gewaltmonopol kein friedlicher Austausch und damit auch keine positive Wohlstandsentwicklung zustande kommen kann. Auf der anderen Seite dürfe der Staat jedoch durch seine Aktivitäten nicht die freie Entfaltung der Gesellschaftsmitglieder behindern, da dies nur zu Wohlstandseinbußen führen könne. Besonders prägnant hat ADAM SMITH (1723-1790) diese Zusammenhänge in seiner erstmals 1776 erschienenen Untersuchung über die Natur und die Ursachen des Wohlstands der Nationen dargelegt (*DER WOHLSTAND DER NATIONEN*).

Smith: 20f., 60, 65

> Der Staat kann die Wohlstandsentwicklung fördern, wenn er durch sein Gewaltmonopol den friedlichen Austausch garantiert und wenn er die freie Entfaltung der Gesellschaftsmitglieder nicht behindert.

Das soziale Prinzip der Gegenseitigkeit

Ein dritter elementarer Gesichtspunkt, vor allem für die Bewertung der Zweckmäßigkeit gesellschaftlicher Institutionen, ist das Prinzip der Gegenseitigkeit (Reziprozität). Die Annahme ist, dass gesellschaftliches Zusammenleben dann eine stabile Grundlage aufweist, wenn es auf der Grundlage eines gegenseitigen Gebens und Nehmens funktioniert. Worin diese Gegenseitigkeit besteht, kann sehr unterschiedlich sein. Im 18. Jahrhundert haben sich vor allem zwei Aspekte herauskristallisiert:

▶ der Tausch von Waren und Leistungen, der freiwillige gesellschaftliche Arbeitsteilung ermöglicht, und

Vorläufer

▸ die Gleichheit bzw. die Gleichartigkeit gesellschaftlicher Anforderungen und moralischer Verpflichtungen.

Arbeitsteilung und Tausch

Arbeitsteilung und Tausch sind insbesondere im liberalen Denken grundlegende Begriffe. Besonders instruktiv ist die folgende Erläuterung der sozialen Grundlagen der Arbeitsteilung, die SMITH im zweiten Kapitel seiner bereits erwähnten Untersuchung DER WOHLSTAND DER NATIONEN gibt:

> „Die Arbeitsteilung, die so viele Vorteile mit sich bringt, ist in ihrem Ursprung nicht etwa das Ergebnis menschlicher Erkenntnis ... Sie entsteht vielmehr zwangsläufig, wenn auch langsam und schrittweise aus einer natürlichen Neigung des Menschen zu handeln und Dinge gegeneinander auszutauschen ... Fast jedes Tier ist völlig unabhängig und selbständig, sobald es ausgewachsen ist und braucht in seiner natürlichen Umgebung nicht mehr die Unterstützung anderer. Dagegen ist der Mensch fast immer auf Hilfe angewiesen, wobei er jedoch kaum erwarten kann, daß er sie allein durch das Wohlwollen der Mitmenschen erhalten wird. Er wird sein Ziel wahrscheinlich viel eher erreichen, wenn er deren Eigenliebe zu seinem Gunsten zu nutzen versteht" (Smith 1776, S. 16).

Smiths Begründung der Arbeitsteilung und des Tauschs

SMITH begründet hier Arbeitsteilung und Tausch mit der Natur des Menschen. Beides sei notwendig angesichts der menschlichen Hilfsbedürftigkeit. Er bringt aber auch moralische Gesichtspunkte ins Spiel. Gegenseitiger Austausch sei aus Gründen der Selbstachtung und des Eigeninteresses einer nur einseitigen und rein mildtätigen Unterstützung vorzuziehen. Folgerichtig formuliert SMITH für jeden, „der einem anderen irgendeinen Tausch anbietet" als Verhaltensmaxime: „Gib mir, was ich wünsche, und du bekommst, was du benötigst" (ebd.). Auf diese Weise, so SMITH weiter,

> „erhalten wir nahezu alle guten Dienste, auf die wir angewiesen sind. Nicht vom Wohlwollen des Metzgers, Brauers und Bäckers erwarten wir das, was wir zum Essen brauchen, sondern davon, daß sie ihre eigenen Interessen wahrnehmen. Wir wenden uns nicht an ihre Menschen-, sondern an ihre Eigenliebe, und wir erwähnen nicht die eigenen Bedürfnisse, sondern sprechen von ihrem Vorteil. Niemand möchte weitgehend vom Wohlwollen seiner Mitmenschen abhängen" (Smith 1776, S. 17).

In diesem Argument spiegelt sich die für das liberale Denken charakteristische Betonung der individuellen Bedürfnisse und Interessen des Bürgers wider. Eine als Tauschhandel praktizierte Form der gesellschaftlichen Arbeitsteilung basiert demnach auf den egoistischen Interessen der Tauschpartner und genau dies mache ihre Robustheit und Zuverlässigkeit aus. Im Anschluss an jene Überlegungen stellt SMITH noch weitere Vorzüge dieser Form der Arbeitsteilung heraus. Insbesondere werde sie auch der von Natur aus gegebenen Unterschiedlichkeit menschlicher Begabungen und Talente gerecht.

Das Recht auf Chancengleichheit

Das soziale Prinzip der Gegenseitigkeit als elementare Gegebenheit nachfeudaler Gesellschaften manifestiert sich nicht nur in der modernen Form der Arbeitsteilung, sondern auch im universellen Anspruch auf Chancengleichheit. Wer für sich selbst das Recht beansprucht, seine eigenen Lebensziele verfolgen

Arbeitsteilung: 64f., 82, 115, Gl Smith: 19, 65, 115

Gesellschaftliches Zusammenleben in der Neuzeit

Kant: 39

zu dürfen, der muss aus Gründen der Reziprozität allen anderen dieselben Rechte zugestehen. Die berühmte Formulierung in der Verfassung der Vereinigten Staaten, dass jeder Mensch frei geboren sei und das Recht habe, sein Glück anzustreben, drückt diesen Gesichtspunkt nachdrücklich aus.

Ein anderer wichtiger Anwendungsfall des Reziprozitätsprinzips im 18. Jahrhundert ist KANTs kategorischer Imperativ. „Handle so, daß die Maxime Deines Willens jederzeit zugleich als Prinzip einer allgemeinen Gesetzgebung gelten könne" (Kant 1788, A 54). Bei diesem moralischen Prinzip ist der Gesichtspunkt der Reziprozität gewissermaßen auf die Spitze getrieben. Individuelle Handlungsziele und -motivationen dürften nämlich nur dann akzeptiert werden, wenn sie zur Grundlage des Handelns aller anderen Menschen gemacht werden können, also vollständig universalistisch sind.

Kants kategorischer Imperativ

Die Bemühungen, über gesellschaftliche Sachverhalte wissenschaftlich nachzudenken, und das hieß zunächst ja, sich am Vorbild der Naturwissenschaften zu orientieren, hatten im 17. und 18. Jahrhundert dazu geführt, dass Gesichtspunkte herauspräpariert wurden, an denen man die Zweckmäßigkeit oder Unzweckmäßigkeit gesellschaftlicher Institutionen zu beurteilen versuchte. Zwar ist es nicht gelungen, Grundaxiome des zwischenmenschlichen Zusammenlebens in ähnlicher Weise wie in der NEWTONschen Mechanik dingfest zu machen, jedoch wurden Grundelemente des zwischenmenschlichen Zusammenlebens (die menschliche Natur; die Lebensqualität und der materielle Reichtum; das soziale Prinzip der Gegenseitigkeit) erfasst.

Thema	Denker	Grundaussage
Gesellschaftliches Zusammenleben	THOMAS MORUS (1480-1535) TOMMASO CAMPANELLA (1568-1639) ERASMUS VON ROTTERDAM (1469-1536)	Kritik am gesellschaftlichen Zusammenleben
	NICCOLÒ MACHIAVELLI (1469-1527) THOMAS HOBBES (1588-1679) ADAM SMITH (1723-1790)	Der menschlichen Natur muss Rechnung getragen werden
	ADAM SMITH THOMAS HOBBES	Lebensqualität und Reichtum gelten als Maßstab für den gesellschaftlichen Zustand
	ADAM SMITH IMMANUEL KANT (1724-1804)	Gegenseitigkeit ist ein tragendes Prinzip des sozialen Zusammenlebens

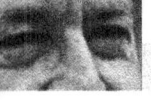

Vorläufer

2.3 Konzeptionen über gesellschaftliche Entwicklung

Im Zuge des neuzeitlichen Nachdenkens über gesellschaftliche Ordnung wurden mehr und mehr Verbesserungen an den gesellschaftlichen Zuständen gefordert. Dazu war es aber erforderlich, Vergleiche anzustellen. Insofern ist es nicht weiter verwunderlich, dass bei Versuchen, das Wissen über die Gesellschaft zu systematisieren, häufig zivilisationsgeschichtliche Entwicklungsschemata eine Rolle gespielt haben.

Montesquieus Entwicklungsschema

Ein Beispiel hierfür ist CHARLES DE MONTESQUIEU (1689-1755) mit seinem Werk *VOM GEIST DER GESETZE* (1748). MONTESQUIEUS Hauptthese lautet, dass im Verlaufe der Zeit die geographische Lage und das Klima immer mehr an Bedeutung für die gesellschaftliche Entwicklung verlieren zugunsten der von den Menschen selbstgeschaffenen Institutionen. Diese These mündet schließlich in der Auffassung, dass von einem bestimmten Entwicklungsstadium an eine für die Menschen „günstige" Gesellschaftsstruktur durch vernünftige politische Entscheidungen bewusst verbessert werden kann. MONTESQUIEU hebt vor allem die positive Bedeutung der politischen Institutionen in den entwickelteren Gesellschaften hervor. Er unterzieht die Formen politischer Institutionen Despotie, Monarchie, Aristokratie und Republik einem systematischen Vergleich und kommt dabei zu dem Ergebnis, dass die institutionelle Form der Republik vorzuziehen sei, weil sie ein hohes Maß an Gleichheit unter den Gesellschaftsmitgliedern ermögliche.

Montesquieus Konzept der Gewaltenteilung

MONTESQUIEUS Diskussion der politischen Institutionen führt aber noch zu weiteren Ergebnissen. Aus heutiger Sicht das wichtigste ist zweifellos sein Konzept der Gewaltenteilung. Unter dem Gesichtspunkt, das Risiko des Missbrauchs politischer Gewalt zu minimieren, fordert er eine institutionelle Trennung zwischen Gesetzgebung (Parlament), ausführender Gewalt (Regierung und Verwaltung) und der Rechtsprechung (Gerichtsbarkeit). Wenn diese drei Bereiche staatlicher Gewalt voneinander unabhängig sind, dann sind sie in der Lage, sich gegenseitig zu kontrollieren und damit das Risiko des Machtmissbrauchs einzudämmen.

Turgots Dreistadiengesetz

Ein weitergehendes und für die Entwicklung der Soziologie sehr bedeutsames Entwicklungsschema stammt von ANNE ROBERT JACQUES TURGOT (1727-1781). Auch TURGOT ist weder Soziologe im heutigen Sinne noch beschäftigte er sich ausschließlich mit Fragen der Gesellschaftsentwicklung. Er war vor allem Staatsmann und wurde als der für Reformen eintretende Finanzminister LUDWIG XVI. (Regierungszeit 1774-1792) bekannt. Ein Ergebnis seiner wissenschaftlichen Überlegungen ist das sogenannte „Dreistadiengesetz". Dieses Gesetz besagt, dass die Entwicklungsgeschichte der Menschheit durch drei Epochen (historische Entwicklungsstadien) hindurch verlief, wobei jeweils der Übergang von einer zur nächsten Epoche eine drastische gesellschaftliche Umwälzung darstellt:

▸ Theologische Epoche: Personifizierendes Denken und mythologische Erzählungen. Den Dingen selbst werden göttliche Kräfte und Eigenschaften zugeschrieben bzw. Phänomene werden durch Rückführung auf ihren göttlichen Ursprung erklärt.

Gesellsch. Entw.: 48, 59, 96

Institution: 25, 93, 113, 169, Gl

Turgot: 23, 25, 40

Dreistadiengesetz: 23, 40, 48f.

Gesellschaftliche Entwicklung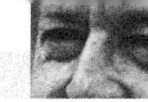

- Metaphysische Epoche: Systeme aus metaphysischen Begriffen, die zu in sich geschlossenen und konsistenten religiösen oder philosophischen Weltbildern führen.

- Epoche des positiven Denkens: Kritisch-wissenschaftliches Denken, welches es ermöglicht, die Erscheinungen auf ihre wahren Ursachen zurückzuführen, d. h. auf die Gesetzmäßigkeiten der Natur und der Geschichte.

TURGOTS Dreistadiengesetz ist deswegen soziologisch interessant, weil es nahe legt, dass ein eigengesetzlicher und in sich begründeter Zivilisationsprozess und nicht etwa die Ausweitung der göttlichen Heilslehre eine Vermehrung des menschlichen Wissens bewirke. Dieser Gedanke wird später vor allem von KARL MARX (1818-1883) im Rahmen seines historischen und dialektischen Materialismus aufgegriffen und weiter entwickelt. Die Grundidee des Dreistadiengesetzes, die Einteilung der Zivilisationsgeschichte in Entwicklungsstadien (bzw. Epochen), findet sich – wenn auch in unterschiedlicher Ausprägung – bei den anderen beiden Wegbereitern der Soziologie, AUGUSTE COMTE (1798-1857) und HERBERT SPENCER (1820-1903).

Marx: 61ff.

Comte: 48 Spencer: 89ff. Saint-Simon: 24, 30, 40 Fortschr.: 31, 49f. Integration: 43f., 114, 124f., GI

Wie TURGOT unterscheidet auch ein weiterer einflussreicher Vorläufer des soziologischen Denkens, CLAUDE-HENRI, COMTE DE SAINT-SIMON (1760-1825), zwischen drei Stadien der gesellschaftlichen Entwicklung, die sich aus Formen des menschlichen Denkens ergeben. Da für ihn jedoch gesellschaftliche Entwicklung nicht mehr ausschließlich auf den kognitiven Fortschritt zurückgeführt werden kann, sondern immer auch davon abhängt, dass die soziale Integration einer Gesellschaft gelingt, kommt er jedoch zu ganz anderen Unterscheidungen:

Saint-Simons zyklisches Entwicklungsmodell

- Stadium der mittelalterlichen Gesellschaft: Das erste Entwicklungsstadium ist die durch den Katholizismus integrierte (organisch gefestigte) mittelalterliche Gesellschaft, bei der es zu einer Differenzierung zwischen geistlicher und weltlicher Gewalt gekommen ist.

- Stadium der Kritik und Auflösung: Das zweite Entwicklungsstadium wird durch eine Periode der Kritik und Auflösung charakterisiert, die mit der Reformationszeit einsetzt und mit der Französischen Revolution endet. Aufgrund des intellektuellen Atomismus und Individualismus habe nur noch eine absolutistische Staatsgewalt der gesellschaftlichen Auflösung entgegen treten können.

Industrieges.: 30f., Positivismus: 30, 44, GI

- Stadium der industriellen Gesellschaft: Das dritte Entwicklungsstadium wird durch den Positivismus charakterisiert, der nun zu einer neuen, industriellen Gesellschaft führt. Die geistige Elite dieser fortschrittlichen (d. h. das Glück der Menschen beförderenden) Gesellschaft sind die Wissenschaftler und Gelehrten, die weltliche Elite, die Industriellen. Zur sozialen Integration tragen Fähigkeiten und Arbeitsleistung als entscheidende Leistungskriterien bei.

Wie alle historischen Stadiengesetze so geht auch SAINT-SIMON von einem zyklischen Entwicklungsmodell aus. Gesellschaften mit biologischen Organis-

Vorläufer

men vergleichend zieht er den Schluss, dass Gesellschaften ebenso wie diese altern und feststehende Entwicklungsphasen (Kindheit, Jugend, Reife und Vergreisung) durchmachen.

 ***Vertiefende Literatur:* Aron 1979, S. 23-70.**

Thema	Denker	Grundaussage
Gesellschaftliche Entwicklung	CHARLES DE MONTESQUIEU (1689-1755)	Die gesellschaftlichen Institutionen bestimmen immer mehr das Wohlergehen der Menschen
	ANNE ROBERT JACQUES TURGOT (1727-1781)	Die Zivilisationsgeschichte verläuft durch das theologische, metaphysische und positive Entwicklungsstadium hindurch
	CLAUDE-HENRI, COMTE DE SAINT-SIMON (1760-1825)	Die industrielle Gesellschaft markiert die höchste Stufe des gesellschaftlichen Fortschritts

2.4 Die Französische Revolution als Zäsur im theoretischen Denken über Gesellschaft

Institution: 22f., 93, 113, 196, Gl

Stark vereinfacht kann man den Stand des sozialphilosophischen Denkens bis zur Französischen Revolution (1789-1794) folgendermaßen charakterisieren: Die Formen des gesellschaftlichen Zusammenlebens, insbesondere die gesellschaftlichen Institutionen, können und müssen durch Anwendung menschlicher Vernunft verbessert werden. Dazu ist es notwendig, zunächst die elementaren Gegebenheiten des Sozialen (die menschliche Natur; die Lebensqualität und den materiellen Reichtum; das soziale Prinzip der Gegenseitigkeit) zu beachten und eingehend zu analysieren. Es etablierte sich ein kritisches Denken, welches nicht mehr auf die religiöse Erlösung im Jenseits, sondern auf das Glück und Wohlstand im Diesseits orientierte. Den gesellschaftlichen Institutionen wurde von zentralen Theoretikern ein hoher Wert beigemessen. Institutionen wurden als Ordnungsrahmen angesehen, innerhalb dessen sich die Individuen entfalten können, ohne ihre Möglichkeiten gegenseitig zu zerstören.

Rationalisierung des sozialen Zusammenlebens und der Institutionen

Turgot: 22

Diese Institutionen hatten nahezu ausschließlich mit dem Staat zu tun. Sieht man einmal vom Dreistadiengesetz TURGOTS ab, dann zielt das aufklärerische Denken über das gesellschaftliche Zusammenleben bis ins 18. Jahrhundert in erster Linie auf den Staat und die Rationalisierung seiner Herrschaftsaktivitäten. Das liegt vor allem daran, dass dem staatlichen Handeln keine Grenzen gezogen waren und es zum Beispiel auch noch als Aufgabe eines Herrschers angesehen wurde, seine Untertanen zu klassifizieren, also die Feudalordnung schriftlich zu fixieren.

Die Französische Revolution bot nun die Möglichkeit, die sozialphilosophischen Überlegungen zur Verbesserung der gesellschaftlichen Verhältnisse in einem der fortschrittlichsten und bevölkerungsreichsten Staaten der damaligen Welt praktisch umzusetzen. Aufgrund der Schwäche des französischen Königtums unter LUDWIG XVI., die mit der Erstürmung der Bastille am 14. Juli 1789 offenkundig wurde, errang das französische Bürgertum im Ständeparlament eine zahlenmäßige Übermacht, die es schließlich erlaubte, im September 1791 eine neue Verfassung im Geiste der Aufklärung einzuführen. Diese Verfassung sah vor allem vor,

Sozialphilosophische Zäsur der Französischen Revolution

Aufklärung: 19, 39, Gl

- die Kirche zu entmachten: zwar sollte die religiöse Freiheit der Bürger gewahrt bleiben, aber es sollte sowohl die weltliche Macht der Kirche beseitigt werden (durch Einzug aller Kirchengüter) als auch die uneingeschränkte geistige Macht der Kirche (z. B. indem alle Geistlichen einen Eid auf die neue Verfassung leisten mussten);
- den Adel und die Adelsprädikate abzuschaffen: die als künstlich angesehenen Standesunterschiede sollten beseitigt werden. So wurde etwa aus dem König der Bürger Capet, da er der Dynastie der Capetinger entstammte;
- die Verwaltung und Gerichtsbarkeit auf neue Grundlagen zu stellen: sie sollten von nun an durch gewählte Vertreter des Volkes ausgeübt werden in Ter-

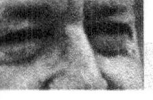

Vorläufer

ritorien, die sich nicht mehr aus der feudalen Tradition definierten, sondern streng rational gebildet wurden. Dazu wurde das gesamte Land in 83 in etwa gleichgroße Teile eingeteilt – wie auf dem Reißbrett.

Grenzen der Rationalität durch die republikanische Politik

Der von MONTESQUIEU aufgestellte Grundsatz der Gewaltenteilung wurde von der verfassungsgebenden Versammlung auch insofern streng beachtet, als die Mitglieder der verfassungsgebenden Versammlung nicht in die gesetzgebende Nationalversammlung gewählt werden konnten, die nach Ausrufung der neuen Verfassung die Politik bestimmen sollte.

Sobald die neu ins Leben gerufene gesetzgebende Nationalversammlung der französischen Republik ihre Arbeit aufnahm, zeigten sich Probleme, die die Aufklärer so nicht vorhergesehen hatten, und die eher HOBBES' skeptisches Menschenbild zu bestätigen schienen. In der Nationalversammlung bildeten sich nämlich sehr rasch feste soziale Gruppierungen mit Meinungsführern, die ihre politischen Überzeugungen gegen Andersdenkende nicht allein mit rationalen Argumenten durchzusetzen versuchten. Zunehmend trat an die Stelle des rationalen Arguments die Guillotine. Zunächst traf die Hinrichtung Andersdenkender die Anhänger des alten Regimes, die ihre Herrschaftsprivilegien nicht verlieren wollten. Nachdem die Anhänger des alten Regimes hingerichtet worden waren oder sich dem Zugriff der Republikaner entzogen hatten, lichtete die Guillotine auch die Reihen der Republikaner selbst. Vage Vermutungen und der bloße Verdacht, jemand würde von der vorgegebenen politischen Ideologie abweichen, konnten zur schnellen Hinrichtung führen. Die tägliche Hinrichtung von Dutzenden von Menschen wurde schließlich zum Alltagsritual, das den angeblichen Siegeszug der Vernunft begleitete. Diese Eigendynamik der Vernichtung politischer Gegner erreichte am 27. Juli 1794 ein gewisses Ende, als MAXIMILIEN DE ROBESPIERRE (1758-1794), der jakobinische Revolutionsführer, welcher kurzzeitig eine diktatorische Alleinherrschaft in Paris ausübte, mit hundert Anhängern selbst guillotiniert wurde.

Die französischen Revolutionäre hatten eine Praxis der physischen Vernichtung Andersdenkender entwickelt, die in den beiden folgenden Jahrhunderten immer wieder nachgeahmt wurde und von den entsprechenden Machthabern als notwendig zu entrichtender Preis für den Fortschritt angesehen wurde.

Montesquieu: 22

Hobbes: 15f.

▶ Diese Praxis übersieht, dass niemand den Beweis antreten kann, dass seine Vorstellungen gesellschaftlicher Modernisierung die optimalen sind. Sie ist Ausdruck eines politischen Prophetentums, das nur Freunde und Feinde kennt und einer Haltung, die alle Ideale politischer Freiheit und Gleichheit mit Füssen tritt.

Realpolitik und Entfaltung des soziologischen Denkens

Spätestens mit der politisch motivierten Gewaltanwendung wurde offenbar, dass die Französische Revolution nicht zur Steigerung der Rationalität in der Gesellschaft führen konnte. Vielmehr diente sie den entsprechenden Akteuren dazu, ihre eigenen schichtspezifischen Interessen und Ziele durchzusetzen.

Die Französische Revolution als Zäsur

In der ersten Phase der Revolution dominierten noch die wirtschaftlich erfolgreichen Bürger die politische Ausrichtung. Sie traten vorrangig gegen den Klerikalismus, für die Abschaffung von Standesprivilegien und für die Förderung der wirtschaftlichen Verhältnisse durch den Staat anstelle höfischer Prunkentfaltung ein. Ihre Forderungen schlugen sich in der Verfassung nieder. Später gewinnen jedoch die Interessen der arbeitenden Schichten immer stärker an Bedeutung. Dies äußerte sich zunächst nur in umfangreichen Subventionen für Grundnahrungsmittel und führte später zu Maßnahmen, die letztendlich auf eine sozialistische Staatswirtschaft hinausliefen. Ein Vordenker solcher Vorstellungen war GRACCHUS BABEUF (1760-1797), der mit seinen Anhängern 1796 einen vergeblichen Putschversuch („Verschwörung für die Gleichheit") startete. BABEUF strebte die Nationalisierung allen Besitzes an, propagierte Gütergemeinschaft und eine arbeitsteilige nationale Arbeitsgesellschaft.

Für die Entwicklung des soziologischen Denkens markiert die Französische Revolution einen wichtigen Wendepunkt. Sie ist zwar nicht gescheitert, aber ihr Verlauf war äußerst ernüchternd und hat alle Blütenträume eines auch das Zusammenleben der Menschen bestimmenden Zeitalters der Vernunft nachdrücklich dementiert.

> In soziologischer Hinsicht gewinnt die Erkenntnis an Bedeutung, dass die politischen Ziele und Überzeugungen der Menschen interessenabhängig sowie von ihrer sozialen Lage bestimmt sind und sich nicht mehr durch die Kraft der Vernunft in Übereinstimmung bringen lassen.

◀

Turgot: 22f.
Saint-Simon: 23f.

Entsprechend dieser Erkenntnis ließen sich die unterschiedlichen Positionen der wohlhabenden Bürger, der besitzlosen städtischen Bevölkerung, der Bauern oder des grundbesitzenden Adels gleichermaßen als „rational" verstehen. Waren Denker wie TURGOT oder der frühe SAINT-SIMON noch überzeugt, dass sich die moderne Gesellschaft unter wissenschaftlicher Anleitung wie ein soziales Großexperiment nach *einem einheitlichen* rationalen Plan organisieren ließe, so wird diese Rationalitäts- und Planungseuphorie nun auch hinterfragt. Das gesellschaftliche Wissen des nachmetaphysischen, positiven Zeitalters erscheint nicht mehr als eine konsistente, gesellschaftsumspannende Denkform. Vielmehr gerät das Problem ins Blickfeld, dass aufgrund der unterschiedlichen Sozial- und Interessenlagen der Schichten verschiedene gesellschaftspolitische Positionen entstehen, was zu Konflikten in der Gesellschaft führen kann. Die Problematisierung der Pluralität von Anschauungen bringt zu Tage, dass das Wissen sozial produziert wird. Es entsteht aus dem Geflecht zwischenmenschlichen Verhaltens und gesellschaftlicher Praxis, welches weder von der vernünftigen menschlichen Natur noch vom Staat hinreichend bestimmt wird.

Konfliktpotential unterschiedlicher sozialer Interessen

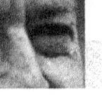

Vorläufer

> Vor der Französischen Revolution dachte man über die Gesellschaft ähnlich wie Ingenieure nach, die besonders zweckdienliche Maschinen konstruieren wollten. Aus dieser Einstellung heraus wollten gerade die entschiedenen Revolutionäre der Französischen Revolution die Gesellschaft verbessern. Die politischen Ereignisse demonstrierten dann aber ganz nachhaltig, dass sich vernünftige Gesellschaften nicht vom theoretischen Reißbrett her dekretieren lassen.

Das Problem der gesellschaftlichen Eigendynamik

Insbesondere die diktatorischen Verhältnisse haben gezeigt, dass sich konsequente und radikale Revolutionsentwürfe nicht ohne weiteres durchsetzen lassen. Die praktische Durchsetzung solcher Entwürfe spaltet unweigerlich das Lager der Revolutionsanhänger und vermehrt die Zahl der Gegner. Diese Erfahrung der schwindenden Unterstützung geht unmittelbar in das sozialphilosophische und politische Denken ein. Das Problem der sozialen Ordnung und Integration wird neben dem Problem des sozialen Fortschritts zu einem bestimmenden Gesichtspunkt entsprechender theoretischer Reflexionen. Es verändert sich das Nachdenken über die Gesellschaft. Man beginnt gesellschaftliche Entwicklung als eine eigendynamische Entwicklung aufzufassen, die eigenen Regeln folgt, so dass auch jeder politische Eingriff in das gesellschaftliche Geschehen nur unter Beachtung dieser Regeln sinnvoll sein kann.

Vertiefende Literatur: Lieber 1991, S. 238 ff.

2.5 Gesellschaftliche Ordnung und industrieller Fortschritt

2.5.1 Gesellschaft als zentraler Integrationsfaktor

Rousseaus Konzeption des volontée générale

In diesem Abschnitt soll gezeigt werden, in welcher Weise der im Verlauf der Französischen Revolution evident gewordene Gedanke des Eigenwerts gesellschaftlicher Ordnung nun Einfluss auf das sozialwissenschaftliche Denken gewinnt. Einen wichtigen theoretischen Anknüpfungspunkt für diese Versuche stellen die bereits vor der Französischen Revolution erschienenen Schriften ROUSSEAUS dar. Ein zentraler Gedanke von ROUSSEAU ist, dass alle Staatsgewalt direkt aus dem Prinzip der Volkssouveränität hervorgehen muss. In seiner Schrift von 1762 VOM GESELLSCHAFTSVERTRAG ODER GRUNDSÄTZE DES STAATSRECHTS unterscheidet er zwischen der bloßen Summe willkürlicher Einzelinteressen („volontée de tous") und einem sozialintegrierten Gesamtinteresse („volontée générale").

Gesellschaftliche Ordnung und industrieller Fortschritt

„Meinungen und subjektiv-partikulare Interessen sind ihrer Natur nach asozial: sie tendieren dahin, das System der einheitlichen und auf die Erhaltung des Kollektivs gerichteten Beziehungen zu sprengen. Ein ... Willensbildungsprozeß muß diese divergierenden Meinungen ... auf eine relativ gemeinsame Plattform ... bringen. Durch diesen Appell an ihre Vernunft werden sich die Menschen der Gemeinsamkeit ihrer Interessenlage bewußt: durch ständige Versammlungen wird der einheitliche Wille immer profilierter herausgestellt, der auf die gemeinsame Erhaltung des sozialen Körpers und die allgemeine Wohlfahrt gerichtet ist" (Kiss 1977 Bd. 1, S. 32).

Der auf diesem Wege herstellbare Gemeinschaftswillen schafft soziale Verbindlichkeiten, denen alle Gesellschaftsmitglieder sich zu unterwerfen haben. Abweichend von den Traditionslinien der Aufklärung und des Liberalismus betont ROUSSEAU, dass ein solcher Gesamtwille sich nicht einfach aus der Natur des Menschen und der Rationalität je individueller Vorteile ableiten lässt.

> ROUSSEAU verwirft den bis zur Französischen Revolution dominierenden Gedanken, dass der Staat und andere gesellschaftliche Institutionen im Hinblick auf ihre Zweckmäßigkeit frei gestaltbar und rationalisierbar seien. Zwar kritisiert er die herrschenden Institutionen als der Natur des Menschen nicht angemessen. Er verbindet diese Kritik aber mit der Auffassung, dass der Mensch aufgrund seiner Natur auf die Gesellschaft angewiesen sei.

Der Gedanke, dass der Mensch auf die Gesellschaft angewiesen ist, wird nach der Französischen Revolution im frühen 19. Jahrhundert mit unterschiedlicher politischer Präferenz aufgegriffen. Für das soziologische Denken ist vor allem LOUIS GABRIEL AMBROISE VICOMTE DE BONALD (1754-1840) wichtig. Er knüpft an ROUSSEAU an, aber er löst das Spannungsverhältnis zwischen Individuum und Gesellschaft einseitig zugunsten letzterer auf. Sein gedanklicher Ausgangspunkt ist, ganz ähnlich wie später bei EMILE DURKHEIM (1858-1917), die Notwendigkeit der Vergesellschaftung des Individuums.

Gesellschaft als Integrationsfaktor

Durkheim: 113ff.

Das menschliche Zusammenleben mit dem Zusammenleben der Ameisen und Bienen vergleichend, meint DE BONALD, dass es für das menschliche Zusammenleben strenge Verhaltensregeln und eine Machthierarchie geben müsse. Die Machthierarchie sei geprägt durch drei Personen: den Machthaber, dessen Souveränität absolut und unteilbar ist; den Minister als Diener des Machthabers und den Untertan. Der Wille dieses Untertans kann nur in einer Gesellschaft, die ungeordnet ist, weil sie keine Verfassung hat, eine Rolle spielen.

Vorläufer

▶ Für DE BONALD ist die Gesellschaft kein zweckmäßiger Zusammenschluss von Menschen mehr, sondern eine naturgegebene Voraussetzung des menschlichen Lebens, aus der sich Unterordnung und soziale Integration folgerichtig ergibt. Gesellschaft verkörpert moralische Autorität.

Integration: 43f., 194, Gl

 Vertiefende Literatur: Kiss 1977 Bd. 1, S. 25-34.

2. 5. 2 Klassen und industrielle Gesellschaft

De Bonald und Saint-Simon

Während DE BONALD aus der These gesellschaftlicher Eigengesetzlichkeit vor allem (reaktionäre) *politische* Konsequenzen zog und als Politiker deswegen u. a. für das Verbot der Ehescheidung gekämpft hat, zieht SAINT-SIMON *analytische* Konsequenzen aus dieser These. Insofern leisten seine Überlegungen einen ungleich wichtigeren Beitrag für die Herausbildung des wissenschaftlichen soziologischen Denkens.

Saint-Simon: 23f., 40

Saint-Simon und der Positivismus

Bedeutsam sind einmal seine methodischen Überlegungen, die ihn zu einem wichtigen Vertreter des Positivismus werden ließen. Wenn die Gesellschaft tatsächlich nicht dem göttlichen Heilsplan entspringt und auch nicht das künstliche Machwerk der menschlichen Vernunft darstellt, dann sollte man sie nur wie ein Stück Natur streng wissenschaftlich beobachten und analysieren. Die Zielsetzung der „positiven" Methode geht über den reinen Empirismus, also das Festhalten bloßer Tatsachen, hinaus. Genauso, wie es den Naturwissenschaften darum geht, durch Beobachtung und Experimente die Gesetzmäßigkeiten des jeweiligen Untersuchungsgegenstandes zu entschlüsseln, so fordert SAINT-SIMON auch von der positivistischen Gesellschaftsbetrachtung, dass sie Gesetzmäßigkeiten des Gegenstandsbereiches Gesellschaft sichtbar machen soll. Gesellschaftliche Ordnung wäre demnach kein rein moralisches Postulat mehr, sondern ein Bezugspunkt der empirischen Analyse. Diese wegweisenden Überlegungen werden später von seinem Schüler COMTE zur Methode des Positivismus ausgearbeitet und systematisch angewandt. Anders als COMTE ist SAINT-SIMON weniger Systematiker denn Impulsgeber.

Positivismus: 23, 42ff., 80, Gl

Positivismus als praxisnahe Wissenschaft

Bei SAINT-SIMON umfasst die positive Methode auch die praktische Nutzanwendung der wissenschaftlichen Ergebnisse. Der Wissenschaftler solle nicht bloße Kontemplation betreiben, sondern sich das Ziel setzen, mit seinen Analysen zur „Vermehrung des gesellschaftlichen Glücks" beizutragen. Trotz der Erfahrung aus der Französischen Revolution, dass politische Programme zur gesellschaftlichen Umgestaltung sehr eng mit den Interessen gesellschaftlicher Großgruppen verknüpft sind, und zu diktatorischen Verhältnissen führen können, hält er eine Sozialtechnologie, also eine an wissenschaftlichen Erkenntnissen orientierte optimale Steuerung sozialer Prozesse, für möglich. Die industrielle Gesellschaft, rational geplant und geleitet von der Elite der Wissenschaftler und Industriellen, ermögliche, so SAINT-SIMON, eine endgültige Lösung der mit der Französischen Revolution aufgeworfenen sozialen Probleme.

Industrieges.: 23, 40, 48, 90

Gesellschaftliche Ordnung und industrieller Fortschritt

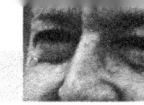

SAINT-SIMON gilt als erster Theoretiker der Industriegesellschaft. Er geht davon aus, dass nicht mehr die Landwirtschaft, sondern Industrie und Gewerbe die Grundlage der zukünftigen Gesellschaften sein werden. Er identifiziert den sozialen Fortschritt mit dem Übergang von der Agrar- zur Industriegesellschaft. Auch dies ist ein neuer Akzent im vorsoziologischen Denken der Neuzeit, da Fortschritt zuvor entweder direkt mit den politischen Institutionen (vor allem bei MONTESQUIEU und HOBBES) oder den menschlichen Denkformen (TURGOT) verknüpft wurde.

Theorie der Industriegesellschaft

Fortschritt: 23, 49f., 62f., 92

Im Gegensatz zu den sogenannten „Physiokraten", insbesondere FRANÇOIS QUESNAY (1694-1774), die davon ausgingen, dass alle sesshaften Gesellschaften auf der Landwirtschaft basieren, zeigt SAINT-SIMON, dass nicht die Bauern, sondern die in der Industrie Beschäftigten („industriels") den emanzipatorischen Fortschritt (vor allem Emanzipation von Herrschaftsverhältnissen; Völkerverständigung) moderner Gesellschaften hervorbringen. Erst der Industrialismus führe zur allgemeinen Assoziation, nämlich Vergesellschaftung aller Menschen auf der ganzen Erde in allen ihren Wechselbeziehungen. SAINT-SIMON hat damit bereits die Globalisierung als Konsequenz einer immer weiter um sich greifenden Industrialisierung vorher gesehen.

Vorhersage der Globalisierung

> Mit der Industrialisierung ist eine unaufhaltsame Höherentwicklung der Gesellschaft verbunden, die zum einen in der allmählichen Durchsetzung des wissenschaftlichen Denkens, zum anderen in der Steigerung der sozialen Integration, d. h. der funktionalen und moralischen Kooperation und schließlich in der Rationalisierung der Herrschaft besteht.

◀

Marx: 89, 92

Klasse: 62f., Gl

Die Grundlage des Industriesystems ist bei SAINT-SIMON ähnlich wie bei den englischen Ökonomen (vgl. SMITH) zuvor und später bei MARX die produktive Arbeit. Unter diesem Gesichtspunkt kommt er zu einem dichotomischen Klassenmodell. Er unterscheidet zwischen müßiggehenden und produktiven Klassen. Die produktive Klasse ist aber weiter gefasst als die Arbeiterklasse bei MARX. Sie umfasst auch Tätigkeitskategorien (wie Unternehmer und freie Berufe), die MARX später der Kapitalistenklasse zurechnet.

Bedeutung Saint-Simons

Sein dichotomisches Klassenmodell vertritt SAINT-SIMON unter anderem auch in sehr polemischer Form öffentlich, weil er seinen Zeitgenossen klarmachen möchte, dass die politische Herrschaftsschicht den neuen industriellen Gegebenheiten nicht mehr entspricht. Wie viele andere Intellektuelle in der damaligen Zeit muss er sich dafür auch vor Gericht verantworten. Der Prozess endet aber mit einem Freispruch.

Vertiefende Literatur: Kiss 1977 Bd. 1, S. 226; Korte 1993, S. 18 ff.

Vorläufer

Thema	Denker	
Bedeutung der gesellschaftlichen Ordnung und des Fortschritts	Jean-Jacques Rousseau (1712-1778)	Gesellschaftliches Gesamtinteresse muss sozial hergestellt werden
	Louis Gabriel Ambroise Vicomte de Bonald (1754-1840)	Menschen müssen sich der Gesellschaft unterordnen, weil sie auf sie angewiesen sind
	Claude-Henri, Comte de Saint-Simon (1760-1825)	Industriegesellschaft ist die fortschrittliche Gesellschaft der Zukunft, basierend auf Wissenschaft, Industrie und neuen Eliten. Die Gesellschaft lässt sich unterteilen in produktive und unproduktive Klassen

3. Zusammenfassung

In diesem Kapitel wurden Vorläufer des soziologischen Denkens bis zum 18. Jahrhundert vorgestellt. Die Einstiege dieser Theoretiker in das moderne Denken über gesellschaftliches Zusammenleben lassen sich anhand von drei Postulaten zusammenfassen:

Wissenschaftlichkeit

▸ Das Gebot der Wissenschaftlichkeit. Über eine Gesellschaft soll nicht mehr normativ geurteilt werden, sondern ebenso wie in den Naturwissenschaften soll es auch im Bereich des zwischenmenschlichen Zusammenlebens um Daten, Fakten und elementare Gesetzmäßigkeiten gehen.

Gesellschaftliches Zusammenleben und Rationalisierung

▸ Wenn man die elementaren Gegebenheiten des zwischenmenschlichen Zusammenlebens erkennt, hat man den Schlüssel für eine Rationalisierung der gesellschaftlichen Institutionen gefunden. Mit anderen Worten: Es sollen Einsichten in die grundlegenden Realitäten des zwischenmenschlichen Zusammenlebens gewonnen werden, die man dafür benutzen sollte, die Gesellschaft selbst rationaler zu gestalten (Berücksichtigung der menschlichen Natur, der Lebensqualität und des materiellen Reichtums einer Gemeinschaft, des sozialen Prinzips der Gegenseitigkeit). Durch eine Rationalisierung des gesellschaftlichen Zusammenlebens (staatliches Gewaltmonopol, Mehrung des gesellschaftlichen Wohlstands) kann das Leben im Diesseits verbessert werden.

Gesellschaftliche Eigenlogik und -dynamik

▸ Man muss zunächst die gesellschaftlichen Eigenlogiken studieren, wenn man zu einer vernünftigeren Gesellschaftsordnung kommen will. Dieses Postulat stellt eine Korrektur der ersten beiden dar und wurde erst nach der Französischen Revolution, zu Beginn des 19. Jahrhunderts, entwickelt. Erst mit diesem

Postulat entsteht ein eigenständiger soziologischer Gegenstandsbereich. Die Aufgabe der Wissenschaft ist es ja immer, Regelmäßigkeiten und Ordnungsstrukturen in einem genau abgesteckten Gegenstandsbereich zu erforschen, um daraus auch die praktische Nutzanwendung zu ziehen. Solange man aber keine Eigengesetzlichkeiten des Sozialen annimmt, geht es bei dem Nachdenken um Gesellschaft eher um „Sozialtechnik", also eine Kunstlehre, die nur mit externen Eigengesetzlichkeiten rechnet, ähnlich einem Ingenieur, der eine besonders lange oder schöne oder tragfähige Brücke bauen möchte.

Dieses dritte Postulat bildet den Ausgangspunkt für die in der zweiten Hälfte des 19. Jahrhunderts verstärkt einsetzenden Bemühungen, die Eigengesetzlichkeiten der gesellschaftlichen Entwicklung mit wissenschaftlichen Mitteln zu rekonstruieren. Von ihnen handelt das zweite Kapitel.

4. Kontrollaufgaben

- Erläutern Sie an einem selbst gewählten Beispiel den Unterschied zwischen einer normativen Bewertung gesellschaftlicher Sachverhalte und ihrer Analyse!
- Wieso setzte ein analytisches Nachdenken über das zwischenmenschliche Zusammenleben zunächst an der Frage politischer Herrschaft an?
- Mit welchen Argumenten machten zunächst die Vertragstheoretiker und dann Thomas Hobbes die Notwendigkeit staatlicher Gewalt plausibel? Mit welchen Argumenten brachten sie die mittelalterliche Vorstellung eines von Gott gegebenen Herrschers zu Fall?
- Über welche elementaren Gesichtspunkte wurde eine Verwissenschaftlichung des Nachdenkens über Gesellschaft wie auch eine Rationalisierung der bestehenden Gesellschaften angestrebt?
- Welche Erfahrungen aus der Französischen Revolution zeigten, dass sich Gesellschaften nicht ähnlich einer Maschine rationaler gestalten lassen? Wieso ist ein Konsens über eine „optimale Gesellschaft" kaum herstellbar?
- In diesem Kapitel haben Sie drei Versuche kennen gelernt, allgemeine Entwicklungsgesetze von Gesellschaften zu benennen. Sie stammen von Montesquieu, Turgot und Saint-Simon. Vergleichen Sie diese drei Konzepte! Worauf basiert jeweils der soziale Fortschritt? Wie kann der Übergang in die höchste Entwicklungsstufe erreicht werden?
- Welche Klassen unterscheidet Saint-Simon in der Industriegesellschaft?

Vorläufer

5. Zeittafel

Jahr-hundert	Daten aus Politik, Kultur, Wissenschaft und Technik	Daten zur Vorgeschichte der Soziologie
15.	Buchdruck mit beweglichen Lettern: 1447 Belagerung und Fall Konstantinopels: 1453 Entdeckung Amerikas durch CHRISTOPH KOLUMBUS: 1492	1440 platonische Akademie in Florenz ERASMUS VON ROTTERDAM 1469-1536
16.	Beginn der Reformation: Thesenanschlag MARTIN LUTHERS an der Kirche zu Wittenberg: 1517 Krönung KARL V. zum Kaiser des Heiligen Römischen Reiches Deutscher Nation: 1519 Weltumsegelung FERNÃO DE MAGALHÃES: 1519-1522 Belagerung Wiens durch die Türken: 1529 Heliozentrisches Weltbild von NIKOLAUS KOPERNIKUS: 1543	MACHIAVELLI: *DER FÜRST* 1513 MORUS: *UTOPIA* 1516
17.	Verbrennung GIORDANO BRUNOS als Ketzer in Rom: 1600 Gesetze der Planetenbewegung von JOHANNES KEPLER: 1609 Begründung der modernen Naturwissenschaft durch GALILEO GALILEI: 1610 30-jähriger Krieg: 1618-1648 Regierungsübernahme LUDWIG XIV. in Frankreich: 1661 Begründung der modernen Physik durch ISAAC NEWTON: 1687 Regierungsübernahme PETER DES GROSSEN in Russland: 1689	CAMPANELLA: *SONNENSTAAT* 1602 DE GROOT: *ÜBER DAS KRIEGS- UND FRIEDENSRECHT* 1625 HOBBES: *LEVIATHAN* 1651 PUFENDORF: *ÜBER DAS NATUR- UND VÖLKERRECHT* 1672
18.	Gründung der Berliner Akademie der Wissenschaften: 1700 Krönung FRIEDRICH II. zum König von Preußen: 1740 Siebenjähriger Krieg: 1756-1763 Herrschaftsbeginn KATHARINA DER GROSSEN in Russland: 1762 Erfindung der Dampfmaschine durch JAMES WATT: 1769 Amerikanische Unabhängigkeitserklärung: 1776 GEORGE WASHINGTON wird erster Präsident der USA: 1789 Französische Revolution: 1789-1794 Staatsstreich NAPOLEON BONAPARTES: 1799	MONTESQUIEU: *DER GEIST DER GESETZE* 1748 ROUSSEAU: *VOM GESELLSCHAFTSVERTRAG ODER PRINZIPIEN DES STAATSRECHTS* 1762 TURGOT: *BETRACHTUNGEN ÜBER DIE BILDUNG UND VERTEILUNG DES REICHTUMS* 1766 SMITH: *DER WOHLSTAND DER NATIONEN* 1776 DE BONALD: *THEORIE ÜBER DIE POLITISCHEN UND RELIGIÖSEN MÖGLICHKEITEN IN DER ZIVILISIERTEN GESELLSCHAFT* 1796
19.	Auflösung des Heiligen Römischen Reiches Deutscher Nation: 1806 Befreiungskriege gegen NAPOLEON; Völkerschlacht Leipzig: 1813 Abdankung NAPOLEONS: 1815 Theorie des Elektromagnetismus ANDRÉ MARIE AMPÈRES: 1824	SAINT-SIMON: *KATECHISMUS DER INDUSTRIELLEN* 1823/24 und *NEUES CHRISTENTUM* 1825

6. Literaturverzeichnis

Aron, Raymond (1979): Hauptströmungen des soziologischen Denkens. Reinbek.

Bolte, Karl Martin (1966): Deutsche Gesellschaft im Wandel. Opladen.

Habermas, Jürgen (1963): Theorie und Praxis. Frankfurt/M.

Hirschberger, Johannes (1976): Geschichte der Philosophie. Bd. 2. Freiburg, Basel, Wien.

Hobbes, Thomas (1651): Leviathan. Zitiert nach der deutschen Ausgabe von 1980. Stuttgart.

Jonas, Friedrich (1980): Geschichte der Soziologie. Bd. 1. Aufklärung, Liberalismus, Idealismus, Sozialismus, Übergang zur industriellen Gesellschaft. Mit Quellentexten. Opladen.

Kant, Immanuel (1788): Kritik der praktischen Vernunft. Zitiert nach der Ausgabe von 1978. Leipzig.

Kiss, Gabor (1977): Einführung in die soziologischen Theorien. Bd. 1. Opladen.

Klages, Helmut (1972): Geschichte der Soziologie. München.

Korte, Hermann (1993): Einführung in die Geschichte der Soziologie. Opladen.

Krockow, Christian Graf von (1962): Soziologie des Friedens. Gütersloh.

Lieber, Hans Joachim [Hrsg.] (1991): Politische Theorien von der Antike bis zur Gegenwart. Bonn.

Salomon-Delatour, Gottfried (1962): Die Lehre Saint-Simons. Neuwied.

Smith, Adam (1776): Der Wohlstand der Nationen. Zitiert nach der Ausgabe von 1996. München.

Matthias Junge

Übergang I: Von der Vorgeschichte zu den Wegbereitern der Soziologie

Anknüpfung der Soziologie an Vorläufer

Blickt man an dieser Stelle auf die Vorgeschichte der Soziologie zurück, so ist festzuhalten, dass die Soziologie drei gedankliche Entwicklungen aus dieser Phase der Ideengeschichte aufgegriffen und weitergeführt hat. Zu nennen ist hier zuerst das vertragstheoretische Denken (a). Zweitens ist wichtig, dass in der Vorgeschichte der Soziologie die Suche nach systematischen Zugängen zur Gesellschaft einsetzt (b). Drittens ist an dieses Moment anschließend die in der Vorgeschichte der Aufklärung entstehende Idee der Eigenlogik der gesellschaftlichen Verhältnisse und die damit verbundene Frage nach dem Verhältnis von Ordnung und Fortschritt zu erwähnen (c).

Vertragstheoretisches Denken

Ad a)
Das vertragstheoretische Denken ist als Ausgangsbasis für die Soziologie unverzichtbar. Denn es stellt ein gedankliches Modell bereit, welches die Stabilität gesellschaftlicher Zusammenhänge und des sozialen Zusammenlebens als rational verstehbar werden lässt.

Systematische Analyse der gesellschaftlichen Ordnung

Ad b)
In der Vorgeschichte der Soziologie wird zunehmend unter einer analytischen Perspektive nach systematischem Wissen über die gesellschaftliche Ordnung gesucht. Die Vorläufer streben eine Beschreibung der sozialen und politischen Realität an. Der Vorteil eines solchen Vorgehens ist, dass damit die Aufmerksamkeit auf Erfahrungswissen gerichtet wird. Ein solcher Ansatz lässt das spekulative Denken hinter sich.

Beachtung der gesellschaftlichen Interessenskonflikte und Eigendynamiken

Ad c)
Durch die Erfahrungen der Französischen Revolution rückt das gesellschaftliche Problem der Vereinbarkeit unterschiedlicher Interessen in den Mittelpunkt des Nachdenkens über Ordnung und Fortschritt. Dabei zeigt sich, dass Handlungen oftmals nicht die beabsichtigte Wirkung zeigen, weil die soziale Realität einer eigenen Dynamik folgt. Das Problem ist damit: Wie kann man die soziale Ordnung gestalten, obwohl sie doch einer eigenen Dynamik folgt?

Weiterführende Fragen der soziologischen Wegbereiter

Hier setzen die in der nächsten Lektion vorzustellenden Wegbereiter der Soziologie an, indem sie drei an diese Vorgeschichte anschließende und weiterführende Fragen verfolgen.
1. Wie kann die Beschreibung der Gesellschaft auf eine wissenschaftliche, d. h. methodisch abgesicherte Grundlage gestellt werden?
2. Wie kann der Entwicklungsprozess der entstehenden Industrie- und Klassengesellschaft verstanden, beschrieben und möglicherweise prognostiziert werden?
3. Wie kann die Entstehung einer gesellschaftlichen Ordnung jenseits einer staatlichen Zwangsordnung erklärt werden?

Zweites Kapitel

Wegbereiter der Soziologie im 19. Jahrhundert

Auguste Comte

Karl Marx

Herbert Spencer

Auguste Comte

1.	Einleitung	39
1.1	Biographie und Zeitbezug	39
1.2	Positivistisches Denken	42
2.	Comtes Beitrag zur Soziologie	43
2.1	Einheit und Integration der Gesellschaft	43
2.2	Positivismus als Methode	44
2.3	Das Enzyklopädische Gesetz	45
2.4	Das Dreistadiengesetz	48
2.5	Comtes Zeitdiagnose: Statik und Dynamik	49
3.	Rezeption und Wirkungsgeschichte	51
4.	Zusammenfassung	52
5.	Kontrollaufgaben	53
6.	Literaturverzeichnis	53

Matthias Junge

AUGUSTE COMTE

geboren am 19. 1. 1798 in Montpellier; gestorben am 5. 9. 1857 in Paris.

Mit einem Wort, die grundlegende Revolution, die das Mannesalter unsres Geistes charakterisiert, besteht im wesentlichen darin, überall anstelle der unerreichbaren Bestimmung der eigentlichen Ursachen die einfache Erforschung von Gesetzen, d. h. der konstanten Beziehungen zu setzen, die zwischen den beobachteten Phänomen bestehen. (Comte 1844, S. 16)

1. Einleitung

Mit AUGUSTE COMTE wird nun der Denker unter den Wegbereitern der Soziologie vorgestellt, der der Wissenschaft Soziologie ihren Namen gab. Für die weitere Entwicklung der Soziologie ist COMTE vor allem deshalb wegweisend, weil er die Entwicklung der neuen Wissenschaft an den Methodenvorstellungen der Naturwissenschaften ausrichtete. Er hat daneben in inhaltlicher Hinsicht die Bedeutung von Statik und Dynamik für die Beschreibung gesellschaftlicher Prozesse herausgestellt und damit der Soziologie einen Weg zur Erforschung gesellschaftlicher Veränderungsprozesse gewiesen.

Comtes Bedeutung für die Soziologie

Statik/Dynamik: 49f.

1.1 Biographie und Zeitbezug

Die Entstehung der Soziologie hängt eng mit der historischen Epoche der Aufklärung zusammen. Sie stellt eine umfassende Umwälzung der menschlichen Vorstellungen über die Möglichkeiten der Erkenntnis, über die Natur des Menschen und der Gesellschaft dar, weil ihre Ordnung als von Menschen gemacht betrachtet wurde. IMMANUEL KANT (1724-1804) definierte in seiner Schrift BEANTWORTUNG DER FRAGE: WAS IST AUFKLÄRUNG? (1784) diese als den „Ausgang des Menschen aus selbst verschuldeter Unmündigkeit". Schrittweise setzt sich die Einsicht durch, dass die gesellschaftliche Ordnung nicht mehr als unbeeinflussbare göttliche Fügung angesehen, sondern als Ergebnis die soziale Ordnung verändernder, menschlicher Handlungen interpretiert werden konnte.

Epoche der Aufklärung

Aufklärung: 19, 25, Gl

Kant: 21

Soz. Ordnung: 93, 146, 196, 200f., Gl

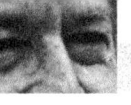

Auguste Comte

Comtes Bezug zur Französischen Revolution

Die Ideen von COMTE müssen vor diesem Hintergrund der Aufklärung und der an deren Grundintention anknüpfenden Französischen Revolution verstanden und historisch interpretiert werden. Auch wenn die Französische Revolution vom Volk Frankreichs als positiver Schritt der Zerstörung des alten Regimes begrüßt wurde, so gelang es doch nicht, unmittelbar daran anschließend eine stabile neue Ordnung aufzubauen. Denn so umfassend die Revolution auch die alte Gesellschaft zerstört hatte, zur Entwicklung einer neuen stabilen Ordnung trug sie wenig bei. Aber auch die Bewegung der Restauration war nicht an der Entwicklung einer neuen Ordnung, sondern am Wiederaufbau der gerade zerstörten Ordnung interessiert. So hinterließ die Französische Revolution eine unaufgelöste Spannung zwischen der Zerstörung einer gesellschaftlichen Ordnung und dem Aufbau einer neuen Ordnung. Die dringliche Frage für die französische Gesellschaft war deshalb, wie man den Übergang von einer Ordnung zu einer anderen Ordnung gestalten kann.

 Vertiefende Literatur: Wagner 2001, S. 9-22.

Theoretische Anknüpfungspunkte der Aufklärung

Einen Ansatzpunkt zur Beantwortung dieser Frage bot ein Gedanke der Aufklärung. Ihr galt menschliches Handeln für die Gestaltung der Gesellschaft als ausschlaggebend. Eine wichtige Voraussetzung zur bewussten handelnden Gestaltung der Gesellschaft ist Wissen über die Gesellschaft und die in ihr wirkenden Mechanismen. Nur mit Wissen ist planvolles Handeln und Eingreifen in gesellschaftliche Verhältnisse denkbar.

In der Zeit der Aufklärung wurden für die Entwicklung der Soziologie wichtige Grundideen entwickelt. So wurde beispielsweise durch CHARLES DE MONTESQUIEU (1689-1755) in seinem Buch *VOM GEIST DER GESETZE* von 1748 sowohl die Idee der Eigenständigkeit des Sozialen entwickelt als auch eine erste erfahrungswissenschaftlich fundierte Theorie der Beeinflussung der konkreten Ausgestaltung sozialer Regelmäßigkeiten durch bestimmende Umwelteinflüsse vorgelegt. Neben dieser Quelle der Entstehung der Soziologie ist vor allem noch ANTOINE NICOLAS DE CARITAT, MARQUIS DE CONDORCET (1743-1794) zu nennen. Er entwickelte, unter Rückgriff auf das bereits von ANNE ROBERT JACQUES TURGOT (1727-1781) vorgeschlagene Dreistadiengesetz der gesellschaftlichen Entwicklung – vom animistischen über ein spekulatives zum wissenschaftlichen Stadium der Gesellschaft – einen allgemeinen Begriff des Fortschritts. Als wichtiger Anknüpfungspunkt muss schließlich noch CLAUDE-HENRI, COMTE DE SAINT-SIMON (1760-1825) genannt werden. SAINT-SIMON wollte die Gestaltbarkeit und Planbarkeit gesellschaftlicher Verhältnisse begründen. Er befasste sich als Sozialreformer mit den Problemen der heraufziehenden Industriegesellschaft und sah vor allem die entstehende Spannung zwischen Arbeitern und Fabrikbesitzern als sozialen Konfliktstoff an, dessen Bewältigung er sich durch eine Stärkung der moralischen Integration der Gesellschaft und die Lenkung der wirtschaftlichen Entwicklung versprach. Insgesamt entwickelte sich die Idee einer ihrer Eigengesetzlichkeit folgenden Gesellschaft, die jedoch zugleich durch vernünftig geplante menschliche Eingriffe in die jeweiligen Entwicklungsgesetze verändert und bewusst gestaltet

Montesquieu: 22f.

Dreistadiengesetz: 22f., 48f.
Saint-Simon: 23f., 30f.

Industrieges.: 23, Integration: 43f., 115, Gl

werden kann. Aufbauend auf diesen Vorarbeiten entwickelte nun COMTE ein erstes wegweisendes Modell für die historisch neue Wissenschaft der Soziologie.

Übung: Fassen Sie die für die Entwicklung der Soziologie wichtigen Ideen der Aufklärung zusammen.

COMTE – sein vollständiger Name lautet ISIDORE AUGUSTE MARIE FRANCOIS XAVIER COMTE – wurde am 19. Januar 1798 im französischen Montpellier geboren. Von 1814 bis 1816 studierte er Mathematik und Naturwissenschaften an der École Polytechnique in Paris. Durch dieses Studium wird sein Denken durch eine Orientierung an naturwissenschaftlichen Denkmodellen geprägt und die Grundlage für sein späteres positivistisches Denken gelegt. 1817 wird er Sekretär des Sozialreformers und Frühsozialisten SAINT-SIMON. Aus der anfänglich fruchtbaren Zusammenarbeit, die sich auch in der großen Ähnlichkeit grundlegender Ideen beider Denker äußert – ohne dass entschieden werden könnte, wer denn nun der Urheber einzelner Konzepte gewesen ist – entwickelte sich im Laufe der Jahre zunehmend deutlicher eine Rivalität, in deren Gefolge es 1824 zu einem Bruch in der persönlichen Beziehung zwischen beiden kommt. Dieser Bruch entstand vor allem aus der Auseinandersetzung um die angemessene Strategie zur Veränderung der Gesellschaft. Bereits 1822 veröffentlichte COMTE eine Studie, in der er eine Bewältigung der gesellschaftlichen Krise mit Hilfe des durch sozialwissenschaftliche Analysen gewonnenen Wissens vorschlägt. Diese Arbeit enthält bereits den Kern seiner später umfassend ausgeführten Gedanken zum Positivismus und zur Gesellschaftsentwicklung. Dieser Vorschlag markiert auch die Differenz zu den Ideen von SAINT-SIMON, der im Gegensatz zu COMTE den entscheidenden Ansatzpunkt zur Bewältigung der Krise in sozialreformerischen Veränderungen der aus der industriegesellschaftlichen Struktur resultierenden Spannungen zwischen Arbeitern und Fabrikbesitzern sah.

Comtes Leben

Dieser Bruch veränderte das Leben von COMTE grundlegend. Nicht nur war er von nun an auf die Sicherung des Lebensunterhaltes durch Privatvorlesungen angewiesen, denn seine Berufungswünsche als Professor an der École Polytechnique ließen sich nicht realisieren; später scheiterte auch sein eheliches Verhältnis mit CAROLINE MASSIN. Die 1830-1842 in sechs Bänden erschienene *POSITIVE PHILOSOPHIE*, deren letzten drei Bände auch die *SOZIOLOGIE* enthalten, entfaltete das soziologische System von COMTE. Mit der 1844 erschienenen *REDE ÜBER DEN GEIST DES POSITIVISMUS* suchte er die grundlegenden Merkmale und Vorteile der positiven Methode im Vergleich zu anderen wissenschaftlichen Methoden herauszuarbeiten und zu popularisieren. Den Abschluss seines Lebenswerks bildet schließlich das 1851-1854 in vier Bänden (in stark veränderter und erweiterter Form) erneut erschienene *SYSTEM DER POSITIVEN POLITIK*. COMTE verstarb am 5. September 1857 in Paris.

Comtes Hauptwerke

Positivismus: 42, GI

Vertiefende Literatur: Lepenies 1985, S. 15-48.

Auguste Comte

1.2 Positivistisches Denken

Vier Theoriekonzepte

COMTE entwickelte vier miteinander zusammenhängende und die Einheit seines Werkes herstellende Konzepte – Positivismus, enzyklopädisches Gesetz, Dreistadiengesetz und die Gegenüberstellung von Statik und Dynamik. Diese Konzepte verweisen wechselseitig aufeinander und bilden eine Einheit. Eine herausgehobene Bedeutung hat dabei der Positivismus. Damit wird eine neuartige Denkweise beschrieben, die alle Erkenntnisse auf Beobachtungen von Tatsachen zu gründen sucht. Er weist damit einen Weg zur Entwicklung methodisch abgesicherten Wissens und legt einen Grundstein für den Aufbau der Soziologie als einer systematischen Wissenschaft.

> Die Einheit des Werkes von COMTE besteht im inneren Zusammenhang der Konzepte des Positivismus, des enzyklopädischen Gesetzes, des Dreistadiengesetzes und des Begriffspaares Statik-Dynamik.

Positivismus

Um das sich auf die Gesellschaft beziehende Denken zu bezeichnen, prägte COMTE den Begriff der Soziologie in sprachlicher Absetzung von der bis zu diesem Zeitpunkt gängigen Bezeichnung als soziale Physik, „physique sociale" bei LAMBERT ADOLPHE JACQUES QUÉTELET (1798-1874). Die zu entwickelnde Soziologie sollte erstens eine Wissenschaft sein, die in der Lage war, positives Wissen über die Gesellschaft zur Verfügung zu stellen, um mit diesem Wissen die Gesellschaft planvoll gestalten zu können. Um diese Leitidee einzulösen, musste zweitens ein methodologisches, d. h. die Grundlagen wissenschaftlicher Erkenntnis untersuchendes Programm für die Wissenschaft von der Gesellschaft entwickelt werden. Es sollte mit den erkenntnistheoretischen Mitteln des Positivismus, d. h. der Annahme, dass soziale Tatsachen genauso wie Naturtatsachen allgemein gültigen Gesetzen unterworfen sind und dem gemäß auch wie diese zu beobachten seien, arbeiten. Hingegen sucht die positivistische Methode vor allem mit der Technik, dem Verfahren des Vergleichs, Gesetzmäßigkeiten gesellschaftlicher Vorgänge aufzudecken.

Positivismus: 30, 44, 80, Gl

> „Es wird mir nun leicht sein, das Wesen der positiven Philosophie darzulegen. Für diese Philosophie sind alle Vorgänge unveränderlichen Gesetzen unterworfen ...; man untersucht nur die Umstände, unter denen sie entstanden sind, und verknüpft sie durch die Beziehung im Nacheinander und durch ihre Ähnlichkeit untereinander" (Comte 1830-1842, S. 5).

Entindividualisierung der Wahrheitsfindung

Zentral für die weitere Entwicklung der Soziologie ist die in diesem Zusammenhang entwickelte Idee der Entindividualisierung der Wahrheitsfindung. Diese Idee bedeutet, dass Wahrheit nicht mehr für ein nur subjektives „fürwahrhalten" in Anspruch genommen werden kann, sondern Wahrheit kann nur noch von Aussagen beansprucht werden, die durch andere, d. h. intersubjektiv überprüft und nachvollzogen werden können.

Einheit und Integration der Gesellschaft

Diese Denkweise verfolgt auch pragmatische Intentionen, um gesellschaftlich wirksam werden zu können. Positive Methode bedeutet dann vor allem, dass es der entstehenden Wissenschaft der Soziologie um die Kontrolle der gesellschaftlichen Entwicklung ging. Die Soziologie von COMTE wollte damit einen Beitrag zur Steuerung der gesellschaftlichen Entwicklung und des gesellschaftlichen Fortschritts leisten. Sie versteht in diesem Sinne Soziologie als Sozialtechnologie, d. h. als Hilfsmittel zur Gestaltung der weiteren gesellschaftlichen Entwicklung.

Soziologie als Sozialtechnologie

Vertiefende Literatur: Fetscher 1956, S. XV-XLIV.

Übung: Warum verändert sich mit dem Positivismus der Weg der Wahrheitsfindung?

2. Comtes Beitrag zur Soziologie

Ausgehend vom positivistischen Denken als einer eigenständigen Denkweise entfaltet COMTE nun zuerst die Idee der Soziologie als einer Einheitswissenschaft, um sodann die Voraussetzung gesellschaftlicher Einheit im Konsens und der Solidarität der Mitglieder einer Gesellschaft zu identifizieren.

2.1 Einheit und Integration der Gesellschaft

COMTE wollte zur Entwicklung einer Wissenschaft beitragen, die mit dem Mittel „vernünftiger Voraussicht" zur Kontrolle der gesellschaftlichen Entwicklung beitragen sollte. Er entwickelte zu diesem Zweck die Vorstellung einer Einheitswissenschaft. Das Konzept der Einheitswissenschaft wird dabei in zwei Bedeutungen verwendet. Einerseits ist die Soziologie deshalb eine Einheitswissenschaft, weil sie eine die Komplexität aller anderen Wissenschaften überschreitende Weiterentwicklung des wissenschaftlichen Wissens und Erkennens darstellen soll. Die Soziologie gilt als der Höhepunkt und Abschluss der Wissenschaftsentwicklung, der das wissenschaftliche Wissen abrundet und vereinheitlicht. Andererseits aber ist die Soziologie auch deshalb eine Einheitswissenschaft, weil es ihr zentral um die Einheit der Gesellschaft, die Integration der Gesellschaft und die Integration der gesellschaftlichen Entwicklung in eine geordnete Abfolge von gesellschaftlichen Zuständen geht.

Soziologie als Einheitswissenschaft

Einheitswissenschaft: 80, 194

Integration: 23, 114f., GI

> Die Soziologie ist in den Augen COMTEs eine Einheitswissenschaft, weil sie einerseits die abschließende und integrierende Krönung der Wissenschaftsentwicklung ist, andererseits, weil es ihr um die Einheit der Gesellschaft geht.

Auguste Comte

Übung: Welche Vor- und Nachteile hat die Idee der Einheitswissenschaft?

Die zweite Bedeutung von „Einheitswissenschaft", die Beschäftigung der Soziologie mit der Frage der gesellschaftlichen Integration, des gesellschaftlichen Zusammenhangs, führt COMTE dazu, Vermutungen über die Ursachen gesellschaftlicher Einheit anzustellen. Er ging dabei von der Grundannahme aus, dass gesellschaftliche Integration, d. h. die Einheit und Ordnung der gesellschaftlichen Beziehungen, über einen bestehenden sozialen und moralischen Konsens hergestellt wird.

> „Das Prinzip für die statischen Gesetze des sozialen Organismus besteht in dem Consensus, der bei allen Vorgängen der lebenden Körper besteht und den das soziale Leben im höchsten Grade offenbart" (Comte 1830-1842, S. 83).

Comtes holistisches Denken

Der erwähnte „Consensus" steht für die solidarischen Beziehungen zwischen den Mitgliedern einer Gesellschaft. Deshalb wird der Schwerpunkt der Erklärung der gesellschaftlichen Integration auf die Existenz vorgegebener geteilter Überzeugungen und geteilten Wissens der Mitglieder einer Gesellschaft gelegt. Diese Idee einer über gemeinsame Werte hergestellten gesellschaftlichen Integration wird zur Grundlage der sich auf gesellschaftliche Strukturen konzentrierenden holistischen Tradition soziologischen Denkens. Sie geht vom gesellschaftlichen Ganzen, deshalb holistisch oder auch kollektivistisch genannt, aus und fragt nach der Beeinflussung der Individuen durch das Gesellschaftsganze.

Vertiefende Literatur: **Vanberg 1975, S. 5 f.**

2.2 Positivismus als Methode

Comtes Erkenntnisprogramm

Im Werk COMTEs lassen sich über das bereits Gesagte hinaus Überlegungen zur methodischen Umsetzung des Positivismus, das Enzyklopädische Gesetz und die theoretischen Annahmen über ein gesellschaftliches Entwicklungsgesetz, das Dreistadiengesetz, unterscheiden. Diese beiden Gesetze wiederum sind durch zeitdiagnostisch intendierte Überlegungen zum Verhältnis von Statik und Dynamik miteinander verbunden.

Positivismus als Methode und seine Merkmale

Das Erkenntnisinteresse, das Ziel der neuen Wissenschaft Soziologie richtet sich auf die Bereitstellung von Wissen für Eingriffe in die gesellschaftlichen Prozesse. Um dies realisieren zu können, reicht aber der Rückgriff auf die positivistische Methodologie allein nicht aus. Vielmehr muss sie durch den Aufbau eigener Forschungsmethoden für die Soziologie ergänzt werden, um die Grundlage für die Entstehung eines systematischen und erst dadurch wissenschaftlichen Wissens zu ermöglichen.

Der Positivismus als „positive" Methode wird von COMTE durch zwei Merkmale gekennzeichnet. Seine Methode bezeichnet er als positiv, weil sie methodisch, d. h. unter Verzicht auf Spekulation und ihre Aussagen durch gegebene

Positivismus: 23, 42f., 80, Gl

Statik/ Dynamik: 49f.

Methode: 46, Gl

44

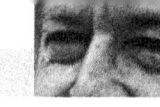

Das Enzyklopädische Gesetz

Tatsachen begründend, vorzugehen versprach. Die Methode wird aber auch deshalb positiv genannt, weil sie in pragmatischer Hinsicht ein für nützlich gehaltenes notwendiges Wissen für eine geordnete gesellschaftliche Entwicklung in Aussicht stellte.

Das methodische Vorgehen des Positivismus besteht insbesondere in der Annahme, dass wissenschaftliches Arbeiten auf unüberprüfbare Begriffe zu verzichten habe. Zu diesen unüberprüfbaren Begriffen und Konzepten gehören vor allem Aussagen, die das „Wesen" oder das „Eigentliche" sozialer Sachverhalte zu beschreiben suchen. Dazu gehört aber auch die vergebliche, weil im Prinzip unabschließbare, Suche nach „letzten" Ursachen für soziale Erscheinungen.

Verzicht auf unüberprüfbare Begriffe

> *„Theoretisch unterscheidet sich die positive Philosophie durch das Bestreben, alle Begriffe, die im Anfang als unbedingt gelten, als bedingt aufzufassen. ... Jede Erforschung der inneren Natur der Dinge, der letzten Ursachen und deren Endziele ist etwas Unbedingtes; jede Erforschung der Gesetze der Vorgänge ist eine bedingte, denn sie unterwirft den spekulativen Fortschritt der vervollkommneten Beobachtung, ohne daß jedoch die bestimmte Wirklichkeit in irgendeinem Gebiet vollkommen enthüllt werden kann"* (Comte 1830-1842, S. 79-80).

„Ursachen" sind schon für COMTE gedankliche Konstruktionen eines Beobachters, die für den jeweiligen Zweck der Erkenntnisgewinnung pragmatisch konstruiert werden. Mit diesen Überlegungen wird deutlich, dass wissenschaftliche Begriffe nach Zweckmäßigkeitsgesichtspunkten zu wählen sind. Damit wird indirekt darauf hingewiesen, dass alle Erkenntnis immer nur vorläufige Erkenntnis ist, die von der jeweiligen Wahl der Begrifflichkeit abhängt.

Zweckmäßigkeit der Begriffsbildung

> Die Methode positivistischen Denkens besteht im Verzicht auf die Suche nach letzten Ursachen und unüberprüfbaren Begriffen und setzt an deren Stelle intersubjektiv überprüfbares Wissen, welches mit nach Zweckmäßigkeitsgesichtspunkten definierten Begriffen aufgesucht wird.

Übung: Versuchen Sie einige Begriffsdefinitionen nach Gesichtspunkten der Zweckmäßigkeit für die erfahrungswissenschaftliche Erforschung von „gesellschaftlichem Fortschritt" zu erstellen und diskutieren Sie dann Vor- und Nachteile solcher Definitionen.

2.3 Das Enzyklopädische Gesetz

COMTE hielt die Zunahme von Wissen und wissenschaftlichem Wissen für die Steuerung und Planung der weiteren gesellschaftlichen Entwicklung für ausschlaggebend. In dieser Annahme folgt er der Tradition der Aufklärung, wie sie insbesondere von den Enzyklopädisten, den Herausgebern und Mitarbeitern der unter der Leitung von DENIS DIDEROT (1713-1784) und JEAN-BAPTISTE

Wissen als Voraussetzung der Gesellschaftsgestaltung

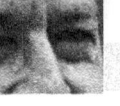

Auguste Comte

D'ALEMBERT (1717-1783) erschienenen berühmten französischen Enzyklopädie vertreten wurde. In der Idee der Enzyklopädisten kommt der Kumulation, der Ansammlung von Wissen für die Möglichkeiten der Gesellschaftsgestaltung, herausgehobene Bedeutung zu. Erst auf der Basis des gesammelten Wissens der Menschheit – und dies wollte die „Encyclopédie" in vielen Bänden zusammenfassen – scheint das Streben nach Fortschritt erfolgversprechend realisierbar zu sein. Dieser Rückgriff auf eine der Grundideen der Aufklärung macht verständlich, warum COMTE die Entfaltung seiner Idee von der Gestaltbarkeit der Gesellschaft mit der Ausarbeitung des auf die Entwicklung des Wissens bezogenem enzyklopädischem Gesetz beginnen lässt. Denn erst daran anschließend ist die Skizze der realgesellschaftlichen Entwicklung in Form des Dreistadiengesetzes verständlich.

Das Enzyklopädische Gesetz

Die historische Reihenfolge der Entstehung der einzelnen Wissenschaften und ihres Ranges innerhalb der Wissenschaften wird durch das Enzyklopädische Gesetz beschrieben. Dieses Gesetz besagt, dass sich die Wissenschaften im Grade ihrer Gegenstandskomplexität voneinander unterscheiden. Dabei fügt jede neu entstehende Wissenschaft dem Kanon wissenschaftlicher Methoden eine weitere Methode hinzu und vergrößert den Umfang erkennbarer Tatsachen. In einer solchen Reihung steht in den Augen von COMTE die Mathematik am Anfang der Reihe, während die Soziologie den Abschluss und Höhepunkt der Entwicklung der Wissenschaften darstellt.

Hierarchie der Wissenschaften

Das Enzyklopädische Gesetz geht von einer Hierarchie der Wissenschaften aus. Die Wissenschaften stehen dabei nicht gleichrangig nebeneinander – das entspricht unserer heutigen Vorstellung vom Verhältnis der Wissenschaften untereinander – sondern die Wissenschaften bauen wie die Ebenen einer Pyramide aufeinander auf und folglich bildet eine von ihnen, beispielsweise im Mittelalter die Theologie, den krönenden Abschluss der Ordnung der Wissenschaften. Diese oberste Wissenschaft dominiert alle anderen Wissenschaften und bietet die „sichersten" Erkenntnisse.

Methode als Kriterium der Rangstufe

Schematisch ist das Enzyklopädische Gesetz folgendermaßen aufgebaut: Die einzelnen Wissenschaften – Mathematik, Astronomie, Physik, Chemie, Biologie und abschließend Soziologie – verwenden jeweils unterschiedliche methodische Verfahren, um sich ihrem Gegenstand anzunähern. Die Mathematik arbeitet mit der Methode der Logik, die Astronomie benötigt für ihre Arbeit über die Logik hinaus auch das Verfahren der Beobachtung. Die Physik greift zusätzlich auf das Experiment zurück und die Chemie führt darüber hinaus noch das Verfahren der Klassifikation in die wissenschaftliche Methodik ein. Mit der Biologie wird das Methodenspektrum um den Vergleich erweitert und schließlich fügt die Soziologie dem Methodenspektrum den historischen Vergleich hinzu.

Methode: 44f., Gl

Das Enzyklopädische Gesetz

Wissenschaft	Methode
Mathematik	Logik
Astronomie	+ Beobachtung
Physik	+ Experiment
Chemie	+ Klassifikation
Biologie	+ Vergleich
Soziologie	+ historischer Vergleich

Der historische Vergleich kontrastiert verschiedene gesellschaftliche Zustände im Zeitablauf miteinander. Erst er erlaubt es, mögliche gesellschaftliche Entwicklungsgesetzlichkeiten zu entdecken und zu rekonstruieren. Die Soziologie gilt als die komplexeste Wissenschaft, weil sie die anderen Verfahren voraussetzt und erst entstehen kann, wenn die Entwicklung der anderen Wissenschaften abgeschlossen ist. Mit der Entstehung der Soziologie setzt das positive Zeitalter ein, das nach Ansicht von COMTE zur Beherrschung und Steuerung seiner eigenen Entwicklung mit Hilfe der Soziologie in der Lage ist.

Soziologie als höchstentwickelte Wissenschaft

Vertiefende Literatur: **Kempski 1974, S. XX-XXIV.**

> Mit der Entwicklung der Soziologie findet die Wissenschaftsentwicklung ihren Abschluss und das positive Zeitalter wird damit eingeleitet, weil mit diesem Wissen die Gestaltung der Gesellschaft erfolgreich in Angriff genommen werden kann.

Übung: Gehen Sie von der Stellung der Soziologie im Kanon der Wissenschaften nach dem Enzyklopädischen Gesetz aus und vergleichen Sie dies mit der heutigen Stellung der Soziologie.

2.4 Das Dreistadiengesetz

Aktive Gesellschaftsgestaltung

Die Soziologie ist in diesem Modell der Entwicklung der Wissenschaft die höchstentwickeltste und folglich dazu berufen, eine führende Rolle in der Gesellschaftsgestaltung einzunehmen. COMTE drückt dies als seine Wunschvorstellung unmissverständlich aus:

> *„Die theologische und metaphysische Philosophie streiten sich um die Aufgabe, die Gesellschaft neu zu gestalten; die positive Philosophie hat sich in diesen Streit bisher nur eingemischt, um an beiden Kritik zu üben; setzen wir sie doch nun endlich in den Stand, eine tätige Rolle zu spielen"* (Comte 1830-1842, S. 15).

Das Dreistadiengesetz

Dazu ist in den Augen von COMTE nun die Voraussetzung gegeben: Das Wissen über die Eigengesetzlichkeiten der gesellschaftlichen Entwicklung ist, so das Enzyklopädische Gesetz, weit genug vorangekommen, um unter der Anleitung der Soziologie planend und gestaltend in die Gesellschaft eingreifen zu können und so vor allem metaphysisches, d. h. spekulatives Denken über die gesellschaftliche Ordnung hinter sich zu lassen. Diese Feststellung führt direkt zum Dreistadiengesetz, das sowohl die gesellschaftliche Entwicklung wie auch die Entwicklung der gesellschaftlichen Wissensstrukturen begreifen hilft. Das Dreistadiengesetz geht einerseits davon aus, dass sich das Wissen über die Wirklichkeit notwendigerweise von einer theologisch geprägten Deutung der Welt über ein metaphysisch geprägtes Weltverständnis zu einer positivistischen Weltbetrachtung fortentwickelt. Andererseits behauptet das Dreistadiengesetz, dass jedem Schritt der Wissensentwicklung eine Veränderung der gesellschaftlichen Struktur und eine jeweils andere Herrschaftselite korrespondiert.

Gesellsch. Entw.: 22f., 59, 96, 115

Dreistadiengesetz: 22f., 40

Theologisches, metaphysisches, positives Gesellschaftsstadium

Im ersten Stadium ist die Gesellschaft durch die Vorherrschaft von Priestern und Kriegern gekennzeichnet und wird daher auch als das militärische Zeitalter bezeichnet. In dieser Entwicklungsstufe dominieren Erklärungen der Welt, die deren jeweiligen Zustand durch Eingriffe übernatürlicher Wesen zu erklären versuchen. Im metaphysischen Stadium geben Philosophen und Rechtsgelehrte den Ton an und der Feudalismus charakterisiert die gesellschaftliche Grundstruktur – hier dominieren in den Erklärungen abstrakte Begriffe, die als wirkungsmächtige Ursachen aufgefasst, also reifiziert werden. Und schließlich setzt sich im positiven Zeitalter die Industriegesellschaft durch und die Führung der Gesellschaft geht an Wissenschaftler und Wirtschaftsführer über, die ihr Wissen nur noch unter Rückgriff auf beobachtbare Tatsachen gewinnen.

Industriegesellsch.: 23, 30, 89f.

Wissensstruktur	theologisch	metaphysisch	positiv
Gesellschaftsstruktur	militärisch	feudalistisch	industriegesellschaftlich
Herrschaftseliten	Priester und Krieger	Philosophen und Rechtsgelehrte	Wissenschaftler und Wirtschaftsführer

Comtes Zeitdiagnose: Statik und Dynamik

Vertiefende Literatur: Kempski 1974, S. XXIV-XXVII.

Dieses Dreistadiengesetz bezieht sich allerdings nicht auf die Entwicklung einer einzelnen Gesellschaft. COMTE wollte damit vielmehr die Entwicklung der gesamten Menschheit beschreiben. Deshalb gelang ihm auch keine Erklärung dafür, dass einzelne Gesellschaften andere oder abweichende Entwicklungspfade genommen haben und dass sich verschiedene Gesellschaften innerhalb derselben historischen Epoche in unterschiedlichen Stadien der gesellschaftlichen Entwicklung befinden. Diese Überlegungen machen deutlich, dass das Dreistadiengesetz im strengen nomologischen, d. h. gesetzeswissenschaftlichen Sinn, kein Gesetz ist, sondern eine Typologie zur Beschreibung gesellschaftlicher Formationen. Andere wichtige Typologien gesellschaftlicher Entwicklungen auf einer anderen gedanklichen Grundlage finden sich u. a. bei KARL MARX (1818-1883) und HERBERT SPENCER (1820-1903).

Gesetz als Typologie gesellschaftlicher Formationen

Marx: 62, 92, Spencer: 89f.

Übung: Diskutieren Sie, ob die gegenwärtige Gesellschaftsstruktur, die gelegentlich als durch Information geprägte Wissensgesellschaft bezeichnet wird, noch im Rahmen des Dreistadiengesetzes eingeordnet werden kann.

2.5 Comtes Zeitdiagnose: Statik und Dynamik

Statik/ Dynamik: 42, 50, 52

Der Zusammenhang zwischen dem Enzyklopädischen Gesetz und dem Dreistadiengesetz wird durch die von COMTE in den Mittelpunkt seiner Arbeiten gestellte Spannung zwischen Ordnung und Fortschritt bzw. zwischen Statik und Dynamik hergestellt und leitet damit zu seiner Zeitdiagnose über. Denn wenn Statik und Dynamik, Ordnung und Fortschritt eine Weiterentwicklung des gesellschaftlichen Konsens und der Solidarität ermöglichen, so muss man auf dem Weg dorthin doch scheinbar durch Zeiten des Wandels und der gesellschaftlichen Krise, die mit einer Schwäche des gesellschaftlichen Konsenses verbunden sind. Gerade vor einem solchen Hintergrund entstand die Soziologie – sie ist eine Auseinandersetzung mit der in der damaligen Gesellschaft bestehenden Spannung zwischen Revolution und Restauration. Die positivistische Soziologie sucht beide Bewegungen zu versöhnen, indem Fortschritt als Übergang von einer gesellschaftlichen Ordnung zu einer anderen gesellschaftlichen Ordnung konzipiert wird. Fortschritt erscheint so als ein geordneter Prozess. Ordnung und Fortschritt verweisen wechselseitig aufeinander und sind ohne einander nicht denkbar. Es kann

Zusammenhang von Ordnung und Fortschritt

Solidarität: 44, 114ff.

> „keine gesellschaftliche Ordnung sich gestalten, wenn sie nicht mit dem Fortschritt in Einklang steht. Ein Fortschritt wiederum kann nur geschehen, wenn er sich auf die Befestigung der Ordnung richtet. In der positiven Politik sind Ordnung und Fortschritt die beiden untrennbaren Seiten desselben Prinzips" (Comte 1830-1842, S. 38).

Auguste Comte

Fortschritt als geordneter Prozess

Damit wird konzeptionell ein Ausweg aus der Spannung zwischen Ordnungszerstörung und dem Wiederaufbau der alten Ordnung gewiesen. Denn nun kann die Zerstörung einer Ordnung als erster Schritt eines geordneten Übergangs zu einer neuen Ordnung verstanden werden, ohne auf die Gedanken der Restauration und ihres Interesses am Wiederaufbau der alten zerstörten Ordnung zurückgreifen zu müssen.

 Vertiefende Literatur: **Massing 1976, S. 22-24.**

Vier Merkmale von Statik

Die Theorie der sozialen Statik bezeichnet die Lehre „von der natürlichen Ordnung der Gemeinschaft" (Comte 1830-1842, S. 118). Eine natürliche Ordnung entsteht eigenständig durch das Zusammenspiel von vier Faktoren: Den sympathischen Instinkten der Menschen untereinander, der Sozialisation durch die Institution der Familie, welche die Eingliederung in die Gesellschaft ermöglicht, den durch Arbeitsteilung erzwungenen gesellschaftlichen Kooperationsbeziehungen zwischen ausdifferenzierten Systemen und schließlich eine stark ausgeprägte gesellschaftliche Hierarchie.

Ähnlichkeit mit schottischer Moralphilosophie

Diese Vorstellung sozialer Gefühle weist Ähnlichkeiten mit der Theorie moralischer Gefühle der schottischen Moralphilosophie, etwa bei ADAM SMITH (1723-1790), auf (vgl. 1759, S. 224). Allerdings glaubt COMTE nicht daran, dass sympathische Instinkte allein zu einer stabilen Ordnung führen. In seinen Augen benötigen sie vielmehr eine Ergänzung durch gemeinsam geteilte Werte, um eine stabile gesellschaftliche Ordnung entstehen zu lassen.

> „Unsere sozialen Gefühle sind nicht so ausdauernd und nicht so stark wie die selbstischen Gefühle; indes beruht das gemeinsame Glück hauptsächlich auf der Befriedigung der ersteren, die allein den sozialen Zustand begründet haben und ihn trotz des Widerstrebens der mächtigsten individuellen Instinkte aufrecht erhalten" (Comte 1830-1842, S. 120).

Vier Merkmale von Fortschritt

Die natürliche Ordnung der Gesellschaft wird durch andere Faktoren in den Prozess der sozialen Dynamik überführt, der die Weiterentwicklung der gesellschaftlichen Ordnung verursacht. Die Theorie der sozialen Dynamik ist die Lehre von den Bewegungsgesetzlichkeiten der Gesellschaft. Sie versucht, die Faktoren zu benennen, auf denen gesellschaftlicher Fortschritt beruht. Dieser wird durch vier Faktoren hervorgebracht: Erstens ist das individuelle Glücksstreben der Menschen zu erwähnen, das zu einem beständigen Streben nach Veränderung und Verbesserung ihrer Lebenssituation führt. Zweitens führt die Begrenztheit der Lebensdauer der Menschen, ihre Sterblichkeit, zur gesellschaftlichen Entwicklung, weil COMTE in Analogie zur Entwicklung biologischer Organismen davon ausging, dass das Wachstum und die Entwicklung einer Gesellschaft immer mit dem Tod einzelner Teile verbunden sind. Darüber hinaus ist Bevölkerungswachstum ein dritter Faktor, der, wie später EMILE DURKHEIM (1858-1917) sagen wird, die soziale Dichte der Gesellschaft erhöht und zugleich zu einem stetigen fortschrittsfördernden Neueintritt von Gesellschaftsmitgliedern beiträgt. Als vierter und wichtigster Einflussfaktor für den gesellschaftlichen Fortschritt ist die geistige Entwicklung zu nennen, denn für

---

Sozialisation: 126 148
Institution: Gl
Familie: 147f., 197

Dynamik: 49, 51
Fortschritt: 23, 31, 51

Durkheim: 115

COMTE ist vor allem die Entwicklung besseren Wissens innerhalb der Gesellschaft eine Ursache für die soziale Dynamik und den Übergang von einer natürlichen Ordnung zu einer anderen natürlichen Ordnung.

Gesellschaftliche Statik	Gesellschaftliche Dynamik
Sympathische Instinkte	Das Streben nach Glück
Institution der Familie	Die Kürze der Lebensdauer
Arbeitsteilung	Bevölkerungswachstum
Hierarchie	Geistige Entwicklung

Vertiefende Literatur: Bock 1978, S. 39-79.

Übung: Wenn nach Comte Fortschritt ein „geordnetes Fortschreiten" ist und Ordnung ein nach „Fortschritt strebender Zustand" ist, wie kann man dann Ordnung und Fortschritt erfahrungswissenschaftlich unterscheiden?

3. Rezeption und Wirkungsgeschichte

Zur Zeit COMTEs fand sein Versuch zur Entwicklung der Soziologie in der Wissenschaftslandschaft Frankreichs sowohl heftigen Widerspruch aus den Naturwissenschaften, die um ihre führende Rolle fürchteten als auch regen Zuspruch aus den entstehenden und sich im Wissenschaftssystem erst etablierenden Geistes- und Sozialwissenschaften. Trotzdem wurde ihm akademische Anerkennung Zeit seines Lebens verwehrt – er blieb ein Privatgelehrter.

Zuspruch und Ablehnung unter Zeitgenossen

Holismus: 137f.

COMTE kann insgesamt als einer der Vorläufer einer holistischen Ausrichtung der Soziologie verstanden werden, die im Gegensatz zur Tradition der individualistischen Begründung der Soziologie in der schottischen Moralphilosophie steht. Bereits am Anfang der Soziologie stehen zwei alternative Deutungen von Gesellschaft, eine handlungstheoretische und eine strukturtheoretische nebeneinander. Die schottische Moralphilosophie ging in ihren Analysen der Gesellschaft von den einzelnen handelnden Individuen aus und versuchte von dort aus, die Gesellschaft zu analysieren. Demgegenüber geht die holistische Tradition vom Strukturganzen der Gesellschaft aus und stellt diese in den Mittelpunkt des Interesses der Soziologie. In dieser Ausrichtung fand COMTE unmittelbare Nachfolger in DURKHEIM und in neuerer Zeit in TALCOTT PARSONS (1902-1979).

Comte als Vorläufer einer holistischen Soziologie

Durkheim 113ff.
Parsons: 197f.

Die Begründung der Soziologie durch COMTE wird sowohl positiv wie auch kritisch eingeschätzt. Positiv wird vor allem die durch ihn vorangetriebene Entwicklung eines systematischen wissenschaftlichen Vorgehens und die konzep-

Anknüpfung an Comte und Kritik

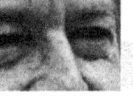

tionelle Entfaltung des Zusammenhangs von Statik und Dynamik, von Ordnung und Fortschritt eingeschätzt. Vehement kritisiert wird hingegen vor allem der heimliche Konservatismus und die im Positivismus angelegte Tendenz zur Entwicklung einer Sozialtechnologie. Offensichtlich ist auch, dass mit einem Entwicklungsgesetz, welches die Entwicklung der gesamten Menschheit umfassen soll, der Blick von den sozialen Details und den sozialen Tatsachen im Kleinen abgelenkt wird. Zudem ist der Begriff der gesellschaftlichen Entwicklung noch nicht hinreichend ausgearbeitet, er wird erst durch SPENCER in Analogie zur Biologie eingeführt. Der Entwicklungsbegriff von COMTE hingegen ist eher schematisch ausgearbeitet, das ist u. a. daran erkennbar, dass das entwicklungsgeschichtliche Dreistadiengesetz genaugenommen kein Gesetz ist, sondern eine Typologie von gesellschaftlichen Formationen und gesellschaftlichen Wissensstrukturen darstellt.

Statik/Dynamik: 49f.

Spencer: 81ff.

4. Zusammenfassung

Insgesamt betrachtet hat die Soziologie von COMTE nachhaltige Auswirkungen auf die weitere Entwicklung der Soziologie gehabt. Er erarbeitete erstmals eine Synthese aus den theoretischen Entwicklungen und Vorarbeiten seiner Vorläufer, zu denen unter anderem SAINT-SIMON, MONTESQUIEU und CONDORCET zählen. Das Ziel seiner Soziologie bestand

- ▸ in der Entwicklung einer Wissenschaft von der Gesellschaft, der Soziologie, die
- ▸ naturwissenschaftliche, positivistische Methoden verwenden und
- ▸ zur „Leitwissenschaft" des positiven Zeitalters werden sollte.

Sie sollte dabei naturwissenschaftliche Methoden verwenden, weil soziale Tatsachen nach gesetzlicher Regelmäßigkeit verlaufen und nicht von den einzelnen Individuen abhängen. COMTE hat damit

- ▸ eine an den gesellschaftlichen Strukturen ansetzende Tradition soziologischen Denkens geprägt,
- ▸ die Bedeutung von Statik und Dynamik für die Beschreibung gesellschaftlicher Prozesse herausgestellt,
- ▸ den Positivismus entwickelt und
- ▸ der Soziologie ihren Namen gegeben.

5. Kontrollaufgaben

- Auf welches gesellschaftliche Problem reagiert die Theorie Comtes?
- Wie beschreibt Comte gesellschaftliche Statik und Dynamik?
- Welche Funktionen erfüllen Statik und Dynamik in der gesellschaftlichen Entwicklung?
- Beschreiben Sie das Enzyklopädische Gesetz!
- Skizzieren Sie das Dreistadiengesetz!
- Beschreiben Sie die positivistische Methode!

6. Literaturverzeichnis

Bock, Kenneth (1978): Theories of Progress, Development, Revolution. In: Tom Bottomore/Robert Nisbet [Hrsg.]: A History of Sociological Analysis. London. S. 39-79.

Comte, Auguste (1822): Prospectus des travaux scientifiques nécessaires pour réorganiser la société, April, in Saint-Simons „Suite des travaux ayant pour objet de fonder le système industriel, du contrat social" erschienen und später im Band IV der „Système" wiederabgedruckt.

Comte, Auguste (1830-1842): Cours de philosophie positive, 6 Bände. Zitiert nach: Auguste Comte: Die Soziologie. Die positive Philosophie im Auszug (herausgegeben von Friedrich Blaschke). Stuttgart. 1974.

Comte, Auguste (1844): Discours sur l'esprit positive, Paris. Eine Übersetzung mit einem einleitenden Vorwort hat Iring Fetscher, Hamburg, 1956 unter dem Titel „Rede über den Geist des Positivismus" vorgelegt.

Fetscher, Iring (1956): Einleitung. In: Ders. [Hrsg.]: Auguste Comte. Rede über den Geist des Positivismus. Hamburg. S. XV-XLIV.

Kant, Immanuel (1784): Beantwortung der Frage: Was ist Aufklärung? Berlin.

Kempski, Jürgen von (1974): Einleitung. In: Friedrich Blaschke [Hrsg.]: Auguste Comte. Die Soziologie. Die positive Philosophie im Auszug. Stuttgart. S. XX-XXIV.

Lepenies, Wolfgang (1985): Die drei Kulturen. Soziologie zwischen Literatur und Wissenschaft. München/Wien.

Massing, Otwin (1976): Auguste Comte. In: Dirk Käsler [Hrsg.]: Klassiker des soziologischen Denkens. Bd. 1. München. S. 19-61.

Smith, Adam (1759): The Theory of Moral Sentiments. Indianapolis. Zitiert nach der deutschen Ausgabe von 1984. München.

Vanberg, Viktor (1975): Die zwei Soziologien. Individualismus und Kollektivismus in der Sozialtheorie. Tübingen.

Wagner, Gerhard (2001): Auguste Comte zur Einführung. Hamburg.

Karl Marx

1.	Einleitung	57
1.1	Biographie und Zeitbezug	57
1.2	Der historische Materialismus	58
2.	Marx' Beitrag zur Soziologie	63
2.1	Gesellschaft als Produktionsweise	63
2.2	Analyse der Industrialisierung	65
2.2.1	Industrialisierung als Entwicklung des gesellschaftlichen Arbeitsprozesses	65
2.2.2	Industrialisierung als spezifisches Produkt des Kapitalismus	66
2.3	Kritik der Industrialisierung	67
2.3.1	Entfremdung	67
2.3.2	Die Ausbeutungsthese	68
2.4	Analyse der Klassen und Revolutionstheorie	69
2.4.1	Klassen	69
2.4.2	Revolution	70
3.	Rezeption und Wirkungsgeschichte	73
4.	Zusammenfassung	75
5.	Kontrollaufgaben	75
6.	Literaturverzeichnis	76

Ditmar Brock

KARL MARX

geboren am 5. 5. 1818 in Trier; gestorben am 14. 3. 1883 in London.

Alles gesellschaftliche Leben ist wesentlich praktisch. Alle Mysterien, welche die Theorie zum Mystizism veranlassen, finden ihre rationelle Lösung in der menschlichen Praxis und im Begreifen dieser Praxis... Die Philosophen haben die Welt nur verschieden interpretiert, es kömmt darauf an, sie zu verändern.
(Marx 1845/46, S. 7)

1. Einleitung

Zweifellos ist KARL MARX mit Abstand der bekannteste der in diesem Lehrbuch behandelten Sozialtheoretiker. Dieser Bekanntheitsgrad ist darauf zurückzuführen, dass er zum einen zentraler Vordenker einer sozialrevolutionären Bewegung war, der es gelungen ist, die Welt für einige Jahrzehnte zu verändern. Zum anderen beeinflussten seine Denkfiguren die Gesellschaftskritik bis ins 20. Jahrhundert. Sein Beitrag zur Soziologie besteht vor allem in seinen Analysen der Industrialisierung, der Sozialstruktur von kapitalistischen Klassengesellschaften und der Entwicklung einer Revolutionstheorie.

Bedeutung von Marx

*Gesell.-kritik: 74
Industrialisierung: 65f.*

1.1 Biographie und Zeitbezug

MARX wurde am 5. Mai 1818 als Kind von HENRIETTE und HEINRICH MARX in Trier geboren. Der Vater war vom jüdischen Glauben zum Protestantismus übergetreten, um den Beruf eines Rechtsanwaltes ausüben zu können. MARX studierte ab 1835 in Bonn und Berlin Rechtswissenschaften, Philosophie und Geschichte. Das Studium schloss er 1841 mit einer Dissertation über griechische Naturphilosophie ab. In den darauffolgenden Jahren geriet MARX in den Strudel der politischen Auseinandersetzungen um Demokratie und Freiheitsrechte. Als Journalist, dann als Chefredakteur der *RHEINISCHEN ZEITUNG* und

Lebenslauf

Karl Marx

wichtige Stimme der Opposition musste er 1843 nach Paris, 1845 nach Brüssel, 1848 wiederum nach Paris emigrieren. Im April 1849 entschloss er sich, nach London ins Exil zu gehen, wo er 1883 im Alter von 64 Jahren starb. Auch im Londoner Exil versuchte MARX sich durch journalistische Arbeiten, Vorträge usw. über Wasser zu halten, was ihm ohne die großzügige finanzielle Unterstützung durch seinen aus industriellen Kreisen stammenden Freund FRIEDRICH ENGELS (1820-1895) vermutlich nicht gelungen wäre.

Kommunistisches Manifest

In scharfem Gegensatz zu diesem turbulenten und alles andere als wohlgeordneten Leben verläuft seine intellektuelle Entwicklung gradlinig und kontinuierlich. Noch vor dem Scheitern der 48er Revolution bricht MARX mit liberalen Ideen. Mit ENGELS schließt er sich dem ‚Bund der Gerechten', dem späteren ‚Bund der Kommunisten', an. Diese 1836 in Paris gegründete geheime Organisation (vorrangig deutscher Exilanten) strebte eine revolutionäre Umwälzung der gesellschaftlichen Verhältnisse an. Schnell setzten sich MARX und ENGELS an die Spitze dieser Bewegung. 1848 veröffentlichen beide gemeinsam das KOMMUNISTISCHE MANIFEST. In dieser programmatischen Propagandaschrift findet sich die Ausrichtung seines weiteren Lebenswerks vorgezeichnet.

Marx' Hauptwerk: Das Kapital

Das gesamte wissenschaftliche Werk von MARX weist eine große Geschlossenheit auf. Es zielt auf die Analyse der inneren Widersprüche der bürgerlichen Gesellschaft und ihre theoretische wie auch praktisch-politische Überwindung. Der Akzent verschiebt sich im Laufe der Jahre von philosophisch-ideologiekritischen Arbeiten immer stärker auf die Analyse des Industrialisierungsprozesses und seiner inneren Widersprüche. Das Hauptwerk von MARX, DAS KAPITAL, umfasst drei Bände. Nur der erste Band ist bereits zu seinen Lebzeiten (1867) erschienen. Die beiden anderen Bände basieren auf Manuskripten, die von ENGELS erst nach dem Tode von MARX druckreif gemacht und herausgegeben wurden. ENGELS hat dabei eine Auswahl getroffen, also nicht sämtliche Manuskripte berücksichtigt, und konnte für den dritten Band nur auf einen lückenhaften ersten Entwurf zurückgreifen. Bereits 1857/58, also zehn Jahre vor dem ersten Band, erschienen die GRUNDRISSE DER KRITIK DER POLITISCHEN ÖKONOMIE, die bereits einen detaillierten Abriss der gesamten Argumentation des Hauptwerkes geben.

1.2 Der historische Materialismus

Das Ineinandergreifen von Evolution und Revolution

Ebenso wie AUGUSTE COMTE (1798-1857) und HERBERT SPENCER (1820-1903) geht auch MARX von einer unaufhaltsamen Höherentwicklung der menschlichen Gesellschaft aus. Insofern ist er ein typischer Vertreter des Denkens des 19. Jahrhunderts, das vor allem um die Begriffe Entwicklung und Geschichte kreiste. Anknüpfend an ältere Konzepte, insbesondere ANNE ROBERT JACQUES TURGOT (1727-1781) und CLAUDE–HENRI, COMTE DE SAINT-SIMON (1760-1825), legte MARX ein ausgefeiltes Konzept gesellschaftlicher Entwicklung vor, bei dem Prozesse kontinuierlicher Entwicklung (Evolution) und Phasen gewaltsamer gesellschaftlicher Umbrüche (Revolutionen) ineinander greifen. Erst in

Comte: 49
Spencer: 89, 92

Turgot: 22f.
Saint-Simon: 23f.

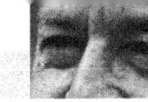

Der historische Materialismus

Revolution: 62, 70, 72, Gl

Gesellschaftsordnungen, „wo es keine Klassen und keinen Klassengegensatz gibt, werden die gesellschaftlichen Evolutionen aufhören, *politische Revolutionen* zu sein" (Marx 1847, S. 182).

Gesellsch. Entw.: 48, 62, 72, 115

Die gesellschaftliche Entwicklung bringt soziale Konflikte hervor, solange es herrschende und beherrschte Klassen gibt.

Materialismus: 61f., Gl

Für die Denkweise von MARX ist charakteristisch, dass er zentrale Gedanken der zu seiner Zeit bedeutsamsten Denkströmungen in Europa miteinander verbindet. Dabei geht er über Disziplingrenzen hinaus. Es handelt sich um die Denkströmungen

Quellen des historischen Materialismus

- der Philosophie des deutschen Idealismus,
- des französischen Sozialismus und
- der englischen Nationalökonomie.

Idealismus: 201f., Gl

Ein zentraler Anknüpfungspunkt für MARX ist die Geschichtsphilosophie von GEORG WILHELM FRIEDRICH HEGEL (1770-1831). Der Philosoph des deutschen Idealismus ging von der Selbstentfaltung des Geistes, d. h. einer gottähnlichen absoluten Vernunft, aus. MARX übernimmt den zentralen Gedanken, dass es eine zwangsläufig ablaufende, gesetzmäßige Universalgeschichte gibt. Jedoch lehnt er die idealistische Annahme eines Geistes als Motor dieser Geschichte ab. Angeregt durch die Beschäftigung mit dem Junghegelianer LUDWIG FEUERBACH (1804-1872) will er zeigen, dass die geschichtliche Entwicklung letztendlich in den materiellen und gesellschaftlichen Bedingungen des menschlichen Lebens begründet ist.

Philosophie des deutschen Idealismus

Feuerbach: 61

In diesem Zusammenhang ist auch die dialektische Methode wichtig. Der Grundgedanke bei HEGEL war, dass jeder Zustand (These) notwendigerweise seinen Gegensatz (Antithese) hervorruft und eine qualitativ neue Einheit (Synthese) bildet. In der Synthese sind These und Antithese in einem dreifachen Wortsinne „aufgehoben": überwunden, bewahrt und höher gehoben. MARX benutzt die dialektische Methode, um materielle Verhältnisse von Gesellschaften zu analysieren, deren kollektive Akteure Klassen mit gegensätzlichen (antagonistischen) Interessen sind. Daher wird seine Methode auch als ‚Realdialektik' bzw. ‚dialektischer Materialismus' bezeichnet.

Die Entwicklung der Menschheit wird nicht primär von den Ideen oder einer gottähnlichen Vernunft bestimmt, sondern sie wird durch antagonistische, in den Gesellschaften strukturell angelegte Widersprüche gesetzmäßig vorangetrieben.

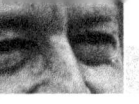

Karl Marx

Französischer Sozialismus

Eine zweite wichtige Quelle, aus der sich das MARXsche Gedankengebäude entwickelt hat, ist die französische Debatte über Gesellschaftsreform, Sozialismus und die industrielle Gesellschaft, insbesondere SAINT-SIMON. Aus dieser Debatte übernimmt er Begriffe wie ‚arbeitende und nicht arbeitende Klasse' und greift Ideen über gesellschaftliche Umverteilung auf. In der kritischen Auseinandersetzung mit Autoren wie PIERRE JOSEPH PROUDHON (1809-1865) ersetzt er utopische Gesellschaftsentwürfe durch eine Lehre von den gesellschaftlichen Voraussetzungen und Bedingungen für die revolutionäre Umgestaltung der Gesellschaft. Danach sind Revolutionen nur dann erfolgreich, wenn die gesellschaftlichen Widersprüche und der politische Interessengegensatz zwischen herrschender und beherrschter Klasse einen hinreichenden Reifegrad erreicht haben und die weitere Entwicklung der gesellschaftlichen Produktivkräfte blockieren.

Sozialismus: 73, 94

Utopie: 94, GI

> An die Stelle moralisch begründeter Forderungen nach Sozialreform bzw. sozialistischer Umgestaltung der Gesellschaft wird die wissenschaftliche Analyse der Sozialstruktur gesetzt. Diese Analyse soll klären, ob die Voraussetzungen für eine politische Revolution gegeben sind oder nicht.

Englische Nationalökonomie

MARX' Versuch, eine streng wissenschaftliche Lehre über die Möglichkeiten gesellschaftlicher Revolutionen zu entwickeln, steht und fällt damit, ob es gelingt, die Widersprüche im Prozess der Gesellschaftsentwicklung möglichst konkret analysieren zu können. Unter diesem Gesichtspunkt beschäftigt sich MARX die meiste Zeit seines Lebens mit der englischen Debatte um die Nationalökonomie, die von ADAM SMITH (1723-1790) angestoßen wurde und durch DAVID RICARDO (1772-1823) und JOHN STUART MILL (1806-1873) weiterentwickelt wurde. Sie ist für ihn deswegen so wichtig, weil er im wirtschaftlichen Austausch von Ware gegen Geld nicht nur Chancen einer Höherentwicklung durch Arbeitsteilung sieht, sondern einen gesellschaftlichen Regulierungsprozess, bei dem gleichermaßen die gesellschaftlichen Herrschaftsverhältnisse fixiert und fortgeschrieben werden wie auch die evolutionären Möglichkeiten. Der Gegenstand der Nationalökonomie war die zeitgenössische gesellschaftliche Realität der Frühindustrialisierung mit ihrem Nebeneinander von Elend und Reichtum, Fortschritt und Krise (soziale Frage). Um den Zusammenhang zwischen der Industrialisierung und den Klassenverhältnissen herauszupräparieren, formulierte MARX eine *KRITIK DER POLITISCHEN ÖKONOMIE* (1857/58), welche die von den Ökonomen unzureichend behandelten Herrschafts- und Abhängigkeitsverhältnisse in den Mittelpunkt stellte.

Smith: 19f., 65
Mill: 94

Geld: 66, 137, 152, 206f.

Industrialisierung: 65f.

Der historische Materialismus

> Im wirtschaftlichen Austausch erfolgt der Reproduktionsprozess der Gesellschaft einschließlich ihrer Herrschafts- und Klassenverhältnisse, Widersprüche und evolutionären Möglichkeiten. Deswegen können nur ökonomische Analysen ein realistisches Bild des gesellschaftlichen Ist-Zustandes und der in ihm enthaltenen politischen Möglichkeiten liefern.

Materialismus: 62f., Gl

Für das Denken von MARX ist also charakteristisch, dass er sich auf sehr viele zeitgenössische Autoren aus unterschiedlichen Ländern und unterschiedlichen Disziplinen bezieht und aus unterschiedlichen Debatten ein einheitliches Gedankengebäude des historischen Materialismus entwickelt. Der Leitfaden für diese Synthese ist die Praxisorientierung der Wissenschaft. Sie sei maßgebend dafür, ob sich eine Idee als richtig oder falsch erweise. Daraus folgt einmal, dass Ideen den Menschen nicht zufällig eingefallen sind oder nur ihre Intelligenz oder Dummheit ausdrücken, sondern sie müssen vor allem als Resultat menschlicher Praxis aufgefasst werden. Was ist nun aber unter dem entscheidenden Punkt dieser ganzen Gedankenkette, nämlich der menschlichen Praxis, zu verstehen?

Praxisorientierung der Wissenschaft

> „Man kann die Menschen durch das Bewußtsein, durch die Religion, durch was man sonst will, von den Tieren unterscheiden. Sie selbst fangen an, sich von den Tieren zu unterscheiden, sobald sie anfangen, ihre Lebensmittel zu produzieren, ein Schritt, der durch ihre körperliche Organisation bedingt ist. Indem die Menschen ihre Lebensmittel produzieren, produzieren sie indirekt ihr materielles Leben selbst. Was die Menschen also sind, das hängt ab von den materiellen Bedingungen ihrer Produktion" (Marx/Engels 1845/46, S. 21).

Für MARX sind die herrschenden Gedanken „weiter nichts als der ideelle Ausdruck der herrschenden materiellen Verhältnisse" (ebd. S. 46). In letzter Konsequenz ergibt sich aus dieser Auffassung, dass die herrschenden Gedanken (Ideologien, Philosophien, religiöse Glaubenssätze) nicht an sich wahr oder falsch sind, sondern nur in bestimmten historischen Zusammenhängen und Konstellationen (d. h. dem historischen Kontext) richtig bzw. wirksam sein können. Wenn man sich etwa als Philosoph Gedanken über die Welt oder die Gesellschaft macht, dann muss die menschliche Praxis, aus der heraus die Gedanken entstanden sind, mit analysiert werden. MARX geht sogar noch einen Schritt weiter. Da er von der Ungerechtigkeit der gesellschaftlichen Klassenverhältnisse ausgeht, die es langfristig zu überwinden gilt, fordert er (wie in seiner 11. Feuerbach-These) von jedem Philosophen, selbst offen Partei zu ergreifen und an der weiteren Entwicklung der Gesellschaft mitzuwirken.

Sein bestimmt das Bewusstsein

Feuerbach: 59

> Ihre biologische Beschaffenheit zwingt die Menschen dazu, ihre Lebensmittel selbst zu produzieren. Dies unterscheidet sie nicht nur von den Tieren, sondern charakterisiert auch die Grundlage ihrer Lebenspraxis, wie MARX formulierte, als „gesellschaftliches Tier".

Karl Marx

Menschheitsentwicklung als Geschichte der Klassenkämpfe

Mit dem historischen Materialismus verfolgt MARX das Ziel einer Gesamtinterpretation der bisherigen Menschheitsentwicklung. Im KOMMUNISTISCHEN MANIFEST sind wesentliche Punkte zusammengefasst:

„Die Geschichte aller bisherigen Gesellschaft ist die Geschichte von Klassenkämpfen. Freier und Sklave, Patrizier und Plebejer, Baron und Leibeigener, Zunftbürger und Gesell, kurz, Unterdrücker und Unterdrückte standen in stetem Gegensatz zueinander, führten einen ... Kampf, der jedesmal mit einer revolutionären Umgestaltung der ganzen Gesellschaft endete oder mit dem gemeinsamen Untergang der kämpfenden Klassen ... Unsere Epoche, die Epoche der Bourgeoisie, zeichnet sich jedoch dadurch aus, daß sie die Klassengegensätze vereinfacht hat. Die ganze Gesellschaft spaltet sich ... in ... zwei große, einander direkt gegenüberstehende Klassen: Bourgeoisie und Proletariat ... Die Bourgeoisie hat in der Geschichte eine höchst revolutionäre Rolle gespielt ... Sie hat, mit einem Wort, an die Stelle der mit religiösen und politischen Illusionen verhüllten Ausbeutung die offene, unverschämte, direkte, dürre Ausbeutung gesetzt ... Die Bourgeoisie kann nicht existieren, ohne die Produktionsinstrumente ... fortwährend zu revolutionieren. Unveränderte Beibehaltung der alten Produktionsweise war dagegen die erste Existenzbedingung aller früheren industriellen Klassen ... Die Bourgeoisie hat in ihrer kaum hundertjährigen Klassenherrschaft massenhaftere und kolossalere Produktivkräfte geschaffen, als alle vergangenen Generationen zusammen ... Wir haben also gesehen: Die Produktions- und Verkehrsmittel, auf deren Grundlage sich die Bourgeoisie herausbildete, wurden in der feudalen Gesellschaft erzeugt. Auf einer gewissen Stufe der Entwicklung ... entsprachen ... die feudalen Eigentumsverhältnisse den schon entwickelten Produktivkräften nicht mehr. Sie hemmten die Produktion, statt sie zu fördern ... Sie mußten gesprengt werden, sie wurden gesprengt ... Unter unseren Augen geht eine ähnliche Bewegung vor ... Die bürgerlichen Verhältnisse sind zu eng geworden, um den von ihnen erzeugten Reichtum zu fassen ... Von allen Klassen, welche heutzutage der Bourgeoisie gegenüberstehen, ist nur das Proletariat eine wirklich revolutionäre Klasse ... Das Proletariat, die unterste Schicht der jetzigen Gesellschaft, kann sich nicht erheben ..., ohne daß der ganze Überbau der Schichten, die die offizielle Gesellschaft bilden, in die Luft gesprengt wird" (Marx/Engels 1848, S. 462 ff.).

Die gesamte Menschheitsgeschichte kann also als eine Aufeinanderfolge von Klassengesellschaften verstanden werden, die alle auf einer wirtschaftlichen Basis beruhen und deren Sozialbeziehungen durch den ständigen Kampf zwischen beherrschter und herrschender Klasse geprägt sind. Die Bourgeoisie (Produktionsmittelbesitzer in der bürgerlichen Industriegesellschaft) ist das letzte Glied in dieser Kette. Auch sie war einmal eine revolutionäre Klasse, die zur herrschenden Klasse geworden ist. Die bürgerliche Revolution war insofern fortschrittlich, als sie zur Industrialisierung geführt hat. Wie bei allen anderen herrschenden Klassen zuvor sei, so MARX, die Klassenherrschaft der Bourgeoisie zu einer Fessel der weiteren Entwicklung der Produktivkräfte geworden, so dass nur eine vom Proletariat (Arbeiterklasse) getragene Revolution den weiteren Fortschritt ermögliche. Das wirklich Neue an dieser Aussage ist, dass MARX revolutionäre Forderungen des Proletariats objektivieren will, indem er sie auf

---

Materialismus: 61, Gl

Revolution: 58, 70, 72, Gl

Ausbeutung: 68f.
Produktionsweise (PW): 63f.
Produktivkräfte (PK): 64, 70

Klasse: 31, 69, Gl
Proletariat: 69f.

Bourgeoisie: 69

Fortschr.: 64, 66, 92

Gesellschaft als Produktionsweise

eine wissenschaftliche Grundlage stellt. Das KOMMUNISTISCHE MANIFEST diente dazu, die in vielen Ländern Europas in den Jahren 1847 und 1848 um sich greifenden Aufstände und Revolten als unausweichliche Kämpfe um den weiteren sozialen Fortschritt darzustellen und diese Aussage wissenschaftlich zu begründen.

Der historische Materialismus könnte den Eindruck erwecken, dass MARX eher der Philosophie, der Ökonomie oder der Geschichtswissenschaft zuzurechnen ist. Aber er prägte auch die Soziologie. So war er der Auffassung, dass mit der Herausbildung einer kapitalistischen Produktionsweise die sozialen Beziehungen die Form ökonomischer Abhängigkeiten und ökonomischen Nutzenkalküls annehmen werden. Die ökonomischen Begriffe wie ‚Tausch', ‚Ware', ‚Gebrauchswert', ‚Tauschwert' oder ‚Mehrwertproduktion' benutzte MARX, um jene sozialen Zwänge analytisch zu erfassen, denen die Menschen unterworfen sind.

Betonung der ökonomischen Abhängigkeitsbeziehungen

Die Tendenz, dass zwischenmenschliche Beziehungen in ökonomische Abhängigkeitsbeziehungen verwandelt werden, bleibt für die Menschen kaum durchschaubar. Ihre sozialen Beziehungen treten ihnen in Form von verselbstständigten Dingen wie Waren und Geld gegenüber (Fetischcharakter von Ware und Geld). Die Konsequenz für MARX ist, dass erst die Abschaffung der ökonomischen Regulative zu einer von den Menschen selbst bestimmten Gesellschaft führen werde. Mit dieser revolutionär-politischen Einstellung hebt er sich deutlich von den klassischen Nationalökonomen ab.

Revolutionär-politische Einstellung

> MARX betreibt ökonomische Analysen vor allem deswegen, weil erst diese, seiner Meinung nach, Aufschluss über die sozialen Grundlagen und Strukturen der neu entstehenden Industriegesellschaften geben.

Vertiefende Literatur: Rius 1979; Marx/Engels 1848, S. 462-474.

Übung: Vergleichen Sie Marx' Konzept gesellschaftlicher Entwicklung mit dem von Spencer und Comte!

2. Marx' Beitrag zur Soziologie

2.1 Gesellschaft als Produktionsweise

PW: 62, 64f., 92

Da der Mensch als „soziales Tier" darauf angewiesen ist, seine Lebensmittel zu produzieren, analysiert MARX die Gesellschaft anhand der Produktionsweise, d. h. anhand der Art und Weise, wie im gesellschaftlichen Arbeitsprozess die Güter hergestellt und in der Gesellschaft verteilt werden. Bestimmt wird die

Produktionsweise

Karl Marx

Produktivkräfte	Produktionsweise durch das Verhältnis zwischen den vorherrschenden Produktivkräften und Produktionsverhältnissen. Menschliche Arbeitskraft, Arbeitsgegenstände und Arbeitsmittel sind die Grundelemente der Produktivkräfte. Diese sind das dynamische Element in der Menschheitsgeschichte, da sie sich permanent im Zuge der voranschreitenden Arbeitsteilung entwickeln. Die Spezialisierung und Kooperation unter den Produzenten steigert das Produktionsergebnis und schafft damit auch bessere Voraussetzungen für den weiteren Fortschritt.	PK: 62, 71f. Arbeitsteilung.: 65f., Gl Fortschr.: 62, 66, 92 Produktionsverhältnisse (PV): 71f.
Produktionsverhältnisse	Menschen können nur dann produzieren, wenn ihre Beziehungen gesellschaftlich vorstrukturiert und geformt sind. Die Gesamtheit dieser gesellschaftlichen Verhältnisse, die vor allem den Tausch von Arbeitsprodukten und die Beteiligung gesellschaftlicher Gruppen am unmittelbaren Produktionsprozess regelt, bildet die ökonomische Struktur der Gesellschaft. Erst auf diese reale Basis erhebt sich der juristische und politisch-ideologische Überbau. Produktionsverhältnisse sind keine festen Größen, sondern sie sind historisch entstanden und wandeln sich mit jeder neuen Gesellschaftsordnung. Betroffen ist die Eigentums- und Tauschordnung, oder – vereinfacht ausgedrückt – das Verhältnis zwischen herrschender und beherrschter Klasse.	

▶ Die Produktionsweise, die den sozialen, politischen und geistigen Lebensprozess einer Gesellschaft maßgeblich bedingt, resultiert aus dem dialektischen Verhältnis der Produktivkräfte und der Produktionsverhältnisse. Ausgangspunkt für die Veränderung der Produktionsweise ist die dynamische Entwicklung der Produktivkräfte. An einem bestimmten Punkt der Entwicklung einer Gesellschaftsordnung werden die vorhandenen Produktionsverhältnisse zu einem Hemmnis der weiteren Produktivkraftentwicklung. Die nun notwendige Umwandlung der Produktionsverhältnisse wird in allen Klassengesellschaften gewaltsam durch Klassenkampf und Revolution herbeigeführt.

PW: 62f., 65
PK: 62, 70, 73
PV: 71f.

Übung: Inwiefern lassen sich mit den ökonomischen Kategorien ‚Produktionsweise', ‚Produktionsverhältnisse' und ‚Produktivkräfte' soziologisch relevante Sachverhalte bestimmen?

Mit seinem gesellschaftsanalytischen Konzept hat MARX vor allem auf drei Gebieten die Soziologie beeinflusst:

▶ Analyse der Industrialisierung,

▶ Kritik der Industrialisierung und

▶ Klassenanalyse und Revolutionstheorie.

2.2 Analyse der Industrialisierung

MARX analysiert den Produktionsprozess durchgängig unter zwei Gesichtspunkten: unter dem Gesichtspunkt eines *stofflichen Arbeitsprozesses* und als *Kapitalverwertungsprozess*. Deswegen wird die Industrialisierung sowohl als Entwicklung des gesellschaftlichen Arbeitsprozesses („stoffliche Analyse") als auch unter dem Gesichtspunkt immer weiter getriebener Profit- und Kapitalverwertungsinteressen dargestellt („ökonomische Analyse").

Zwei Gesichtspunkte der Analyse

Industrialisierung: 60
Profit: 66f., 69f., 173

2.2.1 Industrialisierung als Entwicklung des gesellschaftlichen Arbeitsprozesses

PW: 62f.

Maßstab für die Fortschrittlichkeit einer Produktionsweise, und das heißt für MARX auch einer Gesellschaft, ist die Arbeitsproduktivität. Sie ist umso höher, je weniger Arbeitszeit für ein identisches Produkt aufgewendet werden muss. Arbeitsprozesse können nur vollständig beschrieben werden, indem man Arbeitskräfte, Arbeitsmittel und Arbeitsprodukte zusammen betrachtet. Letztere können dann die Bedürfnisse anderer befriedigen, wenn sie einen *Gebrauchswert* aufweisen, d. h. zumindest von größeren Gruppen als nützlich angesehen werden. Sobald Gebrauchswerte produziert werden, haben auch noch so isolierte Arbeitsprozesse einen *gesellschaftlichen Bezug*. Wenn diese Gebrauchswerte getauscht werden, wird dieser gesellschaftliche Bezug intensiver. Durch die Austauschrelation (z. B. 1 Brot wird gegen 1 Meter Stoff getauscht) entsteht ein Druck auf die Produzenten, möglichst produktiv zu arbeiten, weil sie so mehr für ihre Produkte bekommen. Dies kann unmittelbar durch bessere Arbeitstechniken, bessere Werkzeuge, v. a. aber durch Kooperation geschehen. Wenn mehrere Menschen zusammen arbeiten, motivieren sie sich gegenseitig, können so ihre Kräfte bündeln und sich spezialisieren. Neben der Arbeitsmotivation, die durch wirtschaftlichen Zwang ersetzt wird, spielen alle diese Aspekte bei der Industrialisierung eine Rolle. Generelles Merkmal ist, dass nichts mehr dem Zufall überlassen wird.

Steigerung der Arbeitsproduktivität durch Vergesellschaftung

PK: 62, 64, 70, 73
Smith: 20

Arbeitsteilung: 64, 66, Gl

Die Produktivkräfte der gesellschaftlichen Arbeit können sich auf dieser Grundlage aber erst dann wesentlich rascher entwickeln, wenn es zu einer institutionalisierten Arbeitsteilung kommt. Anknüpfend vor allem an SMITH' Untersuchung DER WOHLSTAND DER NATIONEN (1776), verortet MARX die gesellschaftliche Arbeitsteilung auf zwei Ebenen:

Institutionalisierte Arbeitsteilung

▸ es muss zu einer Institutionalisierung des Warentauschs (,einfache Warenproduktion') kommen, welche die Menschen von der Aufgabe befreit, alles, was sie für ihr Leben brauchen, selbst herstellen zu müssen;

▸ es muss zu einem System innerbetrieblicher Arbeitsteilung kommen, das dann die Grundlage für eine Technisierung der Arbeit und immer größere Betriebseinheiten (,Produktion auf großer Stufenleiter') liefert.

Karl Marx

Der Fabrikarbeiter als vergesellschafteter Mensch

Die Arbeitsteilung schafft aber nicht nur neuartige Möglichkeiten für eine beschleunigte Entwicklung der Arbeitsproduktivität. Sie führt auch dazu, dass Menschen, nun ganz real vergesellschaftet, als gesellschaftliche Wesen sozialisiert werden und agieren. Am Endpunkt dieser Entwicklung steht der „moderne Fabrikarbeiter", der als Teil eines hocharbeitsteiligen Uhrwerkes diszipliniert und zuverlässig agiert. In ihm sind die Möglichkeiten einer kommunistischen Zukunftsgesellschaft bereits praktisch angelegt: Egalität, hohe Produktivität, Disziplin und die Gewöhnung an arbeitsteiliges Zusammenwirken.

Industrialisierung und moderne Technik

Neben der Arbeitsteilung zwischen den Produzenten bedingen vor allem technische Entwicklungen den weiteren Fortschritt der Industrialisierung. Auch hier unterscheidet MARX wieder zwei Ebenen: einerseits die Ablösung des Werkzeugs durch die Werkzeugmaschine und andererseits die technisch erzeugten Energien.

Der Einsatz von Maschinen, die an die Stelle von Werkzeugen treten, bedeutet insofern eine Revolutionierung der Arbeitstechniken, als zum einen die physiologisch bedingten Grenzen des Menschen überwunden werden und sich die Geschwindigkeit von Arbeitsprozessen deutlich erhöht. Zum anderen können die Maschinen (zur damaligen Zeit) bereits nach einer kurzen Anlernphase bedient werden, während Werkzeuge lange Lernzeiten und handwerkliches Spezialwissen erfordern. Der Einsatz von Maschinen hat seinen logischen Endpunkt in der vollautomatisierten Fertigung. Menschliche Arbeit findet dann nur noch außerhalb des unmittelbaren Arbeitsprozesses als vor- und nachbereitende Tätigkeit, etwa von Ingenieuren, Instandhaltern, Qualitätskontrolleuren, statt. Die Maschinisierung enthält die historische Chance einer Befreiung nicht mehr nur einer Klasse, sondern der gesamten Gesellschaft von der Handarbeit und von dem Arbeitszwang.

Weiterhin trug eine neue „zentrale Kraftquelle" zur Durchsetzung der Industrialisierung bei. Die zu MARX' Zeit gerade neu eingeführte Dampfmaschine macht den Produktionsprozess in der Fabrik von menschlicher Körperkraft unabhängig. Sie führt zur Entlastung von körperlicher Plackerei.

> Fortschritt: 31, 62

> Die Entwicklungsdimensionen industrialisierter Arbeit sind die Formen der Arbeitsteilung, der Einsatz immer leistungsfähigerer Maschinen und eine zentrale Kraftquelle (Dampfmaschine, elektrische Energie).

2.2.2 Industrialisierung als spezifisches Produkt des Kapitalismus

Absolute Mehrwertproduktion

Der Industrialisierungsprozess entwickelt sich nach MARX aus dem Bestreben der Kapitalisten heraus, ihren *Profit* zu steigern. Sie investieren in die Produktion, um höhere Gewinne zu erzielen. Analytisch bedeutet das, dass Geld zu *Kapital* geworden ist, das zum Zweck seiner weiteren Vermehrung ständig reinvestiert und nicht etwa für Luxuskonsum ausgegeben wird. Der einzige Tausch, der Mehrwert einbringt, ist aber der Kauf von Arbeitsvermögen gegen Lohn.

> Kapitalismus: 70, 74
> Profit: 65f., 173
> Geld: 60, 69

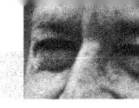

Kritik der Industrialisierung

Unter diesen Voraussetzungen gibt es zwei Methoden, die Profite immer weiter zu steigern: die absolute und die relative Mehrwertproduktion. *Absolute Mehrwertproduktion* ist auch ohne Industrialisierung möglich. Sie erfolgt durch Ausdehnung der Beschäftigung von Lohnarbeitern und durch Ausdehnung der Arbeitszeit. Beide Prozesse charakterisieren vor- und frühindustrielle Verhältnisse. Insbesondere die täglichen Arbeitszeiten wurden zunächst immer weiter ausgedehnt, solange bis diese Strategie an die Grenzen menschlicher Leistungsfähigkeit stieß.

Wie kann man aber die Profite steigern, wenn eine weitere Ausdehnung der Arbeitszeit kontraproduktiv wird? MARX verweist hier auf die Methode der *relativen Mehrwertproduktion* und deren Hauptinstrument, die Industrialisierung. Kapitalisten sind bestrebt, durch den Einsatz von immer leistungsfähigeren Maschinen, wie der Dampfmaschine, immer weitergehende Arbeitsteilung, das Abstellen jeder Form von Verschwendung und ein immer höheres Arbeitstempo das Produktionsergebnis zu steigern und so die Profite zu erhöhen.

Relative Mehrwertproduktion

Methoden der Profitsteigerung sind die absolute Mehrwertproduktion, d. h. Ausdehnung der Arbeitszeit, und die relative Mehrwertproduktion, d. h. die Steigerung des Produktionsergebnisses bei gegebener Arbeitszeit.

Vertiefende Literatur: **Mendner 1975.**

2.3 Kritik der Industrialisierung

2.3.1 Entfremdung

Entfremdung: 68, 153

Den Arbeitsprozess definiert MARX generell als Beziehung zwischen Mensch und Natur zum Zwecke der Naturbeherrschung. Der seine Lebensmittel bewusst und planmäßig produzierende Mensch findet in der Natur die dazu erforderlichen Objekte (z. B. Rohstoffe). Diese Objekte bearbeitet er mit seinen Arbeitsmitteln, um jene Produkte herstellen zu können, die er braucht. Bei dieser Definition geht MARX von einer „natürlichen" Beziehung des Produzenten zu seinem Arbeitsprodukt aus. Diese über den Arbeitsprozess hergestellte „natürliche" Beziehung zwischen Produzent und Arbeitsprodukt wird, so seine Kritik, im kapitalistischen Produktionsprozess ins Gegenteil verkehrt. Obwohl nützliche Arbeit dem menschlichen Wesen entspricht und der Schlüssel zur gesellschaftlichen Entwicklung ist, wird sie den Lohnarbeitern aufgezwungen. Die natürliche Beziehung des Produzenten zu seiner Tätigkeit und seinem Arbeitsprodukt wird zerstört, weil die Arbeit selbst zu einer bloßen Ware geworden ist, und sich die herrschende Klasse das über ein Existenzminimum hinausgehende Mehrprodukt aneignet sowie die Kontrolle über Inhalte und Ablauf der Produktion behält. Auf diese Weise *entfremden* sich die Produzenten von den materiellen Ergebnissen ihrer Tätigkeit (Arbeitsprodukte), aber auch von den kulturellen Ergebnissen (Wissen, Arbeitsmittel, Selbstbewusstsein).

Entfremdung im kapitalistischen Produktionsprozess

Karl Marx

> Entfremdung besteht darin, dass sich den Menschen in einer vom Warentausch bestimmten Gesellschaft ihr arbeitsteiliges Zusammenwirken als Austausch von Waren, also in verdinglichter Form, darstellt.

 Vertiefende Literatur: Israel 1972, S. 45-85.

2.3.2 Die Ausbeutungsthese

Ursache für soziales Elend

Das mit dem Industrialisierungsprozess im 19. Jahrhundert verbundene soziale Elend hat nach MARX eine systematische Ursache. Sie besteht darin, dass der ökonomische Kern des Arbeitsverhältnisses, der Austausch von Arbeitskraft (bzw. Arbeitszeit) gegen Lohn kein Austausch zwischen äquivalenten Werten darstellt. Der Arbeiter produziere während seiner Arbeitszeit mehr als er an Lohn erhalte.

Ausbeutung: 69f.

Arbeitswertlehre

Die Beweisführung für diese Ausbeutungsthese beginnt mit der sogenannten Arbeitswertlehre. MARX war nämlich der Auffassung, dass, sieht man einmal von Preisschwankungen ab, der Wert einer Ware durch die zu ihrer Herstellung erforderliche Arbeitszeit bestimmt werde. Wenn man z. B. 1 kg Brot gegen 1 Meter Stoff tauschen kann, dann liegt das daran, dass zur Herstellung beider Produktmengen dieselbe Arbeitszeit erforderlich war. Dabei geht es nicht um die *tatsächliche*, sondern die auf dem jeweiligen gesellschaftlichen Entwicklungsstand *erforderliche* Arbeitszeit. Weiterhin werden analytisch dabei gleiche Lebenshaltungskosten bei Bäckern und Tuchmachern unterstellt. Wenn das richtig ist, dann kann durch Tausch nichts an Wert hinzugewonnen werden. Jeder Tauschteilnehmer erhält nur die benötigten Gebrauchswerte.

Die einzige Ausnahme besteht beim *Arbeitsvertrag.* Hier tauscht der Unternehmer gegen Arbeitslohn das Recht ein, eine Arbeitskraft über einen bestimmten Zeitraum zu beschäftigen. Nach der Arbeitswertlehre bedeutet das, dass der Arbeiter für seine Arbeitskraft Lohn in Höhe ihres Wertes erhält. Dieser Wert ergibt sich wie bei jeder anderen Ware aus der zu ihrer Herstellung oder in diesem Fall zu ihrer Wiederherstellung erforderlichen Zeit. Sie ist in den Lebensmitteln, der Miete, den Energiekosten und allem anderen, was man zum Überleben braucht, enthalten. Nach MARX können die Arbeiter nur mit einem Arbeitslohn rechnen, der gerade das Existenzminimum abdeckt, da immer ein Überangebot an Arbeitskräften auf dem Arbeitsmarkt vorhanden ist.

Die Arbeitskraft ist nun die einzige Ware, deren Gebrauch dem Käufer mehr einbringt, als er Lohn dafür bezahlt. Das liegt daran, dass der zum Leben jedes Arbeiters benötigte Warenkorb vergleichsweise klein ist und zu seiner Herstellung vergleichsweise wenig Arbeitszeit erforderlich ist. Der Arbeiter benötigt daher nur einen Teil seiner täglichen Arbeitszeit, um den Gegenwert zu seinem Lohn herzustellen. In der übrigen Arbeitszeit leistet er „unbezahlte Mehrarbeit", die der Kapitalistenklasse als Mehrwert zufließt.

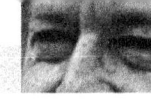

Analyse der Klassen und Revolutionstheorie

> Ausbeutung ist die Differenz zwischen dem während eines Arbeitstages geschaffenen Wert und dem für einen Tag konsumierten, also für Lebensmittel und andere Dinge verbrauchten Arbeitswert.

Ausbeutung: 68, 70

Ausbeutung oder, wie MARX meistens formuliert, die Aneignung unbezahlter Mehrarbeit, charakterisiert nicht einzelbetriebliche Gegebenheiten, sondern das gesellschaftliche Verhältnis zwischen Arbeiterklasse und Kapitalistenklasse. Es besteht unabhängig davon, ob ein Unternehmer in seinem Betrieb Gewinn oder Verlust macht und hängt auch nicht davon ab, ob die Arbeiter besonders zur Arbeit angetrieben werden oder nicht. Die Summe derartiger Aktivitäten beeinflusst allerdings, ebenso wie technische und arbeitsorganisatorische Fortschritte, die Mehrwertrate, also den Anteil der „unbezahlten Mehrarbeit" am Arbeitstag.

Vertiefende Literatur: Schumpeter 1993, S. 43-79.

2.4 Analyse der Klassen und Revolutionstheorie

2.4.1 Klassen

Klasse: 62, 172, Gl
Bourgeoisie: 62
Proletariat: 62, 70

Nach MARX wird die Entwicklung der bürgerlichen Gesellschaft von den beiden antagonistischen (gegensätzlichen) Klassen Bourgeoisie (Bürgertum, Kapitalistenklasse) und Proletariat (Arbeiterklasse) bestimmt. Als *herrschende Klasse* habe die Bourgeoisie den Feudaladel abgelöst. Ihre Herrschaftsgrundlage sei nicht mehr das Eigentum an Grund und Boden, sondern das *Kapital*. Kapital bedeutet Geld, das investiert wird, also zum Zweck seiner Vermehrung in Maschinen, Fabrikgebäuden, Rohmaterial usw. angelegt wird. Die *beherrschte Klasse* ist das Proletariat, das über kein Eigentum an Produktionsmitteln verfügt und deswegen gezwungen ist, seine *Arbeitskraft* zu verkaufen. Dies ist, wie auch die Verfügung über Kapital, ein schicksalhaftes kollektives Merkmal.

Antagonistische Klassen

Profit: 65f., 69f., 173

Verglichen mit dem feudalen Klassenverhältnis zwischen Grundeigentümern und abhängigen Bauern ist das neue Klassenverhältnis fortgeschrittener und leistungsfähiger. Die neue Herrschaftsklasse kümmert sich intensiver und vor allem systematischer um die Produktion. Während der grundbesitzende Adel sich wenig für eine Verbesserung landwirtschaftlicher Produktionsmethoden interessiert und die eigenen Einkünfte im Rahmen eines standesgemäßen Lebensstils verlebt hat, geht es den Kapitalisten um ständige Profitsteigerung, weswegen sie ihre Profite auch typischerweise reinvestieren. Dies zwingt sie in Kategorien ökonomischer Rationalität zu denken und zu handeln. So versuchen sie mit immer weniger Kapitaleinsatz immer mehr zu produzieren. Die Folge ist *eine Ökonomisierung der gesamten Produktion einschließlich der sozialen Beziehungen zwischen Kapitalist und Arbeiter*. An die Stelle tradierter und moralisch-religiös unterlegter Herr-Knecht-Beziehungen treten rein ökonomische

Ökonomische Betrachtung der Klassenbeziehung

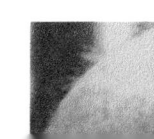

Karl Marx

Klassenbeziehungen: Preis und Leistung entscheiden darüber, ob jemand beschäftigt oder gefeuert wird. Ein Arbeitsvertrag wird zur sozialen Grundlage der Herrschaftsbeziehung. Moral und Religion haben ausgespielt.

 Im Kapitalismus stehen sich die Klasse der Produktionsmittelbesitzer und die Klasse der Lohnarbeiter gegenüber.

Kapitalismus: 66, 74

2. 4. 2 Revolution

Historische Begrenztheit der bürgerlichen Gesellschaft

Die Pointe bei MARX' Kapitalismusdiagnose besteht in der These, dass das Klassenverhältnis zwischen Kapitalisten und Arbeitern zunehmend an seine historischen Grenzen stoße, so dass eine revolutionäre Umwälzung unausweichlich sei. Danach werde es keine neue parasitäre herrschende Klasse mehr geben, sondern ein siegreiches Proletariat, das eine gänzlich neue Ära harmonischer Entwicklung in einer durch Vergesellschaftung aller Produktionsmittel charakterisierten kommunistischen Gesellschaft einläuten werde.

Revolution: 58, 62f., 72, Gl

Klasse: 62, 69, 79, Gl

Doch warum ist das Ende der bürgerlichen Klassengesellschaft unausweichlich? Hierzu gibt MARX drei einander ergänzende Erklärungen:

▸ eine ökonomische,

▸ eine soziologische und

▸ eine geschichtsphilosophische.

Ökonomische Erklärung

Der Grundgedanke der ökonomischen Erklärung für die historische Begrenztheit der bürgerlichen Klassengesellschaft ist, dass die sich immer weiter verschärfende Ausbeutung der Arbeiter durch die Kapitalisten zum Hindernis der weiteren Entfaltung der Produktivkräfte geworden ist. Das zeigt sich einmal daran, dass die Wirtschaftsentwicklung in zyklischen Krisen verläuft, die immer tiefgreifender werden. Aufgrund der Profitinteressen der Kapitalisten wird zwar die Produktion angekurbelt, jedoch hinkt die Nachfrage dem steigenden Warenangebot hinterher. Diese Diskrepanz führt zu zeitweiligen Absatzkrisen und Pleiten zahlreicher Unternehmen, bis die Produktion wieder auf ein der privaten Nachfrage entsprechendes Niveau gefallen ist. Danach beginne derselbe Zyklus von neuem.

Ausbeutung: 62, 68f.
PK: 62, 64, 73
Profit: 65ff., 69f.

Des Weiteren entwickelt MARX die These vom tendenziellen Fall der Profitrate. Ausgangspunkt dieser These ist die Überlegung, dass der Profit nicht aus dem Kapital gewonnen werden kann, welches in Maschinen und Anlagen investiert wird („konstantes Kapital"), sondern allein aus dem in den Arbeitslohn investierten Kapital („variables Kapital"). Wenn die Unternehmer die Produktion immer weiter technisieren, kann das zwar ihre Profite kurzfristig steigern, in jedem Fall aber sinkt dadurch die durchschnittliche Profitrate. Weitere Technisierung führe somit zu einer für die Kapitalistenklasse immer ungünstigeren „technischen und organischen Zusammensetzung des Kapitals". Die

Analyse der Klassen und Revolutionstheorie

Kapitalisten sägen auf diesem Wege gewissermaßen den Ast, auf dem sie sitzen, nämlich die Ausbeutung menschlicher Arbeit, selbst ab.

Die soziologische Argumentation setzt an den sozialen Folgen der krisenhaften wirtschaftlichen Entwicklung an. Arbeitslosigkeit, durch Wirtschaftskrisen und technischen Fortschritt erzeugt, trifft die arbeitende Klasse, ebenso wie alle anderen Bemühungen der Kapitalisten günstiger zu produzieren, sofort existenziell. Die Arbeiter können ja nur vom Lohneinkommen leben und verfügen auch kaum über Rücklagen. Eine Arbeitslosenversicherung existierte nicht. Da jede Aktivität der Kapitalisten auf Kosten der Arbeiter gehe, seien permanente Klassenauseinandersetzungen unausweichlich. Die Praxis ihrer Gegenwehr fördere unweigerlich den sozialen Zusammenschluss der Arbeiter. Aus einer sozialstrukturell gegebenen „Klasse an sich" werde so allmählich eine „Klasse für sich", die ausgehend vom politischen und gewerkschaftlichen Kampf ein Gefühl der Zusammengehörigkeit, eine eigene Kultur und Lebensweise entwickele.

Soziologische Erklärung

Klasse: 62, 69, 172, GI

Die Inhalte des Klassenkampfes folgen einer inneren Entwicklungslogik. Sie beginnen in Kämpfen der Arbeiter um Lohn und Arbeitszeit und führen aufgrund immer tiefer werdender Einsicht in den Klassengegensatz zu immer grundsätzlicheren Forderungen bis hin zum Kampf gegen das Privateigentum an Produktionsmitteln. Hinzu komme, dass die zahlenmäßige Entwicklung zugunsten der Arbeiterklasse spreche. Der Konkurrenzkampf der Kapitalisten untereinander führt nämlich dazu, dass die Kapitalistenklasse zwar immer reicher, aber auch immer kleiner werde. Zwischenschichten würden allmählich aufgelöst und, ebenso wie die Verlierer im innerkapitalistischen Konkurrenzkampf, die Arbeiterklasse immer weiter vergrößern. Da die Arbeiterklasse aber „nichts anderes zu verlieren habe als ihre Ketten", sei ihr – so die Überzeugung von MARX – der Sieg unausweichlich.

Die geschichtsphilosophische Argumentation zielt auf prinzipielle Grenzen der bisherigen Produktionsverhältnisse. Ihr gedanklicher Ausgangspunkt ist der „Doppelcharakter" des kapitalistischen Produktionsprozesses. Der Doppelcharakter besteht darin, dass der Produktionsprozess einerseits zwar den *privaten* Profitinteressen der Kapitalistenklasse dient (gesellschaftliche Formbestimmung als Kapitalverwertungsprozess), aber dennoch zugleich ein *gesellschaftlicher* Produktionsprozess ist. Die Frage ist nun, an welchem Entwicklungspunkt des Arbeitsprozesses seine gesellschaftliche Formbestimmung im Kapitalismus nicht mehr realisiert werden kann, wo, mit anderen Worten, der historische Endpunkt der bürgerlichen Gesellschaftsformation liegt.

Geschichtsphilosophische Erklärung

PV: 64, 72

MARX hat die automatische Fertigung als den logischen Endpunkt der Technisierung der Produktion ausgemacht. Menschliche Arbeit ist hier nur noch um den eigentlichen Fertigungsprozess herum gruppiert, sie ist „vor- und nachgelagerte Arbeit". Deswegen kann der unmittelbare Produktionsprozess die Grenzen, die in den menschlichen Fähigkeiten, vor allem aber in der Schnelligkeit menschlicher Bewegungen liegen, überwinden. Damit wird aber die Grundlage des Klassenverhältnisses, die Aneignung unbezahlter Mehrarbeit durch die herrschende Klasse, infrage gestellt. Sie ist an eine Arbeitszeitökonomie gebunden, die voraussetzen muss, dass Arbeitsleistung zeitlich messbar ist. Das gilt

Grenzen der Arbeitsökonomie

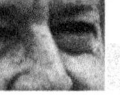

zweifellos für die Handgriffe eines Fließbandarbeiters, aber nicht mehr für die Ideen eines Ingenieurs oder die Leistung eines Instandhalters. In dem Moment aber, wo der Arbeitsprozess so weit automatisiert ist, dass menschliche Arbeit nur noch außerhalb des direkten Produktionsprozesses stattfindet, ist Arbeitsleistung nicht mehr zeitlich messbar. MARX hat daraus nicht auf Grenzen der Arbeitswertlehre, sondern auf *prinzipielle Grenzen der bisherigen kapitalistischen Produktionsverhältnisse* geschlossen.

▶ | MARX behauptet, dass eine Revolution unausweichlich ist. Dafür gibt es eine ökonomische, eine soziologische und eine geschichtsphilosophische Erklärung. Ökonomisch gesehen verläuft die gesellschaftliche Entwicklung immer krisenhafter, nicht zuletzt durch den tendenziellen Fall der Profitrate. Die soziologische Erklärung stellt die Arbeits- und Klassenkämpfe in den Mittelpunkt und prognostiziert eine revolutionäre Situation. Die geschichtsphilosophische Erklärung zielt auf die Grenzen der Wertform. Da die Produktivität von Arbeitsprozessen nicht mehr in Arbeitszeit gemessen werden kann, verlieren die kapitalistischen Produktionsverhältnisse ihre Grundlage. | Revolution: 58, 62f., 70, Gl Gesellschaftl. Entw.: 48, 59

 *Übung: Inwieweit hat die politische und wirtschaftliche Geschichte des 20. Jahrhunderts diese Prognosen bestätigt bzw. widerlegt?*

Konfliktlösung durch Vergesellschaftung der Produktionsmittel

Wenn die bisherige Gesellschaftsform an eine historische Grenze stoßen wird und das Proletariat im Klassenkampf siegt – wieso bedeutet das nicht die Klassenherrschaft des Proletariats, sondern, wie MARX betont, „die schließliche Abschaffung der Klassen" (Marx 1867, S. 22)? Die Existenzgrundlage des Proletariats ist die Arbeit, das würde sich auch nach einem Sieg im Klassenkampf nicht ändern. Deswegen könne es danach nur darum gehen, die Herrschaft über die Arbeitsmittel und die anderen Produktionsbedingungen zu erlangen. Angesichts des hohen Vergesellschaftungsgrads der Produktion komme kein individuelles Kleineigentum, sondern nur eine Vergesellschaftung der Produktionsmittel infrage.

Proletariat: 62, 70, 73

▶ | In einer solchen Gesellschaftsformation entspräche die gesellschaftliche Formbestimmung den sachlichen Gegebenheiten des Arbeitsprozesses. Die Arbeitskräfte würden sachlich wie sozial die Arbeitsmittel beherrschen, die Klassenherrschaft und Ausbeutung wären abgeschafft.

Sozialismus und Kommunismus

Eine derartige, von MARX prognostizierte kommunistische Gesellschaft könne sich aber erst nach einer Übergangsphase der sozialistischen Gesellschaft herausbilden.

- Im *Sozialismus* habe das siegreiche Proletariat die Klassenherrschaft inne, um die Gesellschaft umzugestalten und „fremde" Klassen und Schichten in eine allgemeine Arbeits- und Leistungsgesellschaft zu integrieren. Hier spielten Verteilungsfragen noch eine Rolle, entlohnt werden solle nach Fähigkeiten und Arbeitsleistung.

- Im *Kommunismus* dagegen sei ein Entwicklungsgrad der Produktivkräfte erreicht, der die Menschen auch von den Zwängen eines Arbeitszeitregimes entbinde, daher sei er eine Gesellschaftsform, „worin die freie Entwicklung eines jeden die Bedingung für die freie Entwicklung aller ist" (Marx/Engels 1848, S. 482).

Sozialismus: 60, 94

PK: 62, 64, 70

Vertiefende Literatur: Kreckel 1992, S. 52-66; Giddens 1984, S. 28-37; Berger 1986, S. 79-96.

3. Rezeption und Wirkungsgeschichte

Weil MARX seine Gesellschaftstheorie direkt mit einem revolutionären politischen Programm und der Verpflichtung zur Parteilichkeit verbunden hatte, kann man den Einfluss seiner Gedanken auf die Soziologie nicht isoliert von der historischen Bedeutung des Marxismus als Weltanschauung und als revolutionäre Bewegung betrachten. Mit der Oktoberrevolution (1917) wurde der Marxismus-Leninismus zur Staatsideologie und dehnte in dieser Eigenschaft seine Geltung auf den sowjetischen und chinesischen Machtbereich aus. Sieht man einmal von Nordkorea und Kuba ab, ist seit dem Zusammenbruch der Sowjetunion diese Bedeutung weitgehend erloschen. Ob das auch für seine Anziehungskraft auf oppositionelle Gruppen in der ersten wie der dritten Welt gilt, ist schwer zu sagen. Insbesondere für die politische Opposition gegen wirtschaftliche Globalisierung könnte seine Kapitalismusanalyse auch heute noch attraktiv sein.

Marx und der real existierende Sozialismus

Globalisierung: 74, 182

Sicherlich ist es problematisch, MARX für politische Entwicklungen, vor allem für eine Parteidiktatur verantwortlich machen zu wollen, die nach seinem Tode mit seinen Gedanken begründet und gerechtfertigt wurde. Einigen hat er jedoch Vorschub dadurch geleistet, dass er selbst zu sehr politischer Propagandist war, um die Gefahr von Formeln wie „Diktatur des Proletariats" ebenso sorgfältig zu analysieren wie die relative Mehrwertproduktion. Mit politischem Zweckdenken ist es vermutlich auch zu erklären, dass MARX alles, was nach der kapitalistischen Gesellschaft kommen sollte, nur sehr vage behandelt hat. Auch der späteren Mutation seiner Auffassungen in eine Staatsideologie hat er zumindest Vorschub geleistet. Denn die direkte Verbindung von wissenschaftlicher Analyse und politischer Heilslehre erschwerte jede wissenschaftliche Auseinandersetzung. Andere Meinungen konnten im Rahmen seines Gedankengebäudes nur allzu leicht als politische Abweichung oder auch als Ausdruck einer feindlichen Soziallage („Agent der herrschenden Klasse", „verkappter Bourgeois" usw.) denunziert werden.

Karl Marx

Marx' Bedeutung für die Soziologie

Wie ist der Einfluss des Marxismus auf die Soziologie außerhalb der Staaten des ehemaligen Realsozialismus zu beurteilen? Er wirkte auf viele Intellektuelle gerade deswegen so attraktiv, weil er sowohl den Ausbruch aus dem wissenschaftlichen Elfenbeinturm wie auch eine feste soziale und moralische Verortung („fortschrittliche Kräfte" u. dgl.) verhieß. Bis in die 70er und 80er Jahre des 20. Jahrhunderts hinein wirkte er als Nährboden für kritische Analysen der modernen Gesellschaften jenseits einer vorschnellen Identifizierung von sozialem Fortschritt mit westlichen Industriegesellschaften, aber auch jenseits des Alltagsgeschäfts orientierungsloser soziologischer Detailforschung.

Hervorzuheben ist der Einfluss auf Konflikttheorie und Frankfurter Schule. Die Konflikttheorie teilt mit MARX die Überzeugung, dass soziale Konflikte die gesellschaftliche Entwicklung nicht behindern, sondern vorantreiben (Dahrendorf 1986). Für die Frankfurter Schule (u. a. THEODOR W. ADORNO [1903-1969], MAX HORKHEIMER [1895-1973] und JÜRGEN HABERMAS [*1929]) bedeutete das marxistische Erbe vor allem die Verpflichtung, an der Analyse gesamtgesellschaftlicher Zusammenhänge festzuhalten. Dabei trat allerdings eine sehr viel allgemeiner verstandene Parteinahme für den gesellschaftlichen Fortschritt zunehmend an die Stelle der marxistischen Gesellschaftskritik (vgl. Habermas 1976).

Für die Soziologie ist MARX nach wie vor als Kapitalismuskritiker und als Industrialisierungstheoretiker bedeutsam. Seine Klassenanalyse hat gezeigt, wie wichtig eine genaue Analyse der Ungleichheitsstruktur einer Gesellschaft gerade für ihre Zukunftsperspektiven ist. Auch wenn seine Analysen wie seine Begriffe vehement kritisiert wurden, sind sie dennoch nach wie vor ein fester Bezugspunkt soziologischer Analysen auf diesem Feld. Ohne die kritische Auseinandersetzung mit der Klassentheorie von MARX ist kein bedeutender Sozialstruktur-, Ungleichheits- oder Konfliktforscher ausgekommen (vgl. MAX WEBER [1864-1920], THEODOR GEIGER [1891-1952], RALF DAHRENDORF [*1929], ANTHONY GIDDENS [*1938], PIERRE BOURDIEU [1930-2002]).

Gesellschaftskritik: 57

In der neueren Diskussion über die Probleme wirtschaftlicher Globalisierung taucht das bereits für die Frühindustrialisierung charakteristische Problem auf, dass die Eigenlogiken des Marktprozesses weder kulturell noch politisch hinreichend kontrolliert werden können. Vor diesem Hintergrund wird dann seine analytische Grundthese attraktiv, dass sich der Kapitalismus selbst begrenze und selbst abschaffe. Insbesondere die Überlegungen über ‚Grenzen der Wertform' und der darauf aufbauenden geschichtsphilosophischen Argumentation sind hier zu nennen, da sie eine Brücke zu heutigen Theoretikern der Wissensgesellschaft und der nachindustriellen Gesellschaft (u. a. DANIEL BELL [1919–2011]) schlagen. Die begriffliche Rekonstruktion des Industrialisierungsprozesses ist nach wie vor ein wichtiges Fundament der Industrie-, Betriebs- und Arbeitssoziologie.

Globalisierung: 73, 182

Kapitalismus: 66, 70

Scheitern des Marxismus als Weltanschauung

Als eher gering ist aus heutiger Sicht dagegen die Bedeutung seines Gesamtkonzepts zu bewerten. Irreparabel an seiner Theorie ist ihr Charakter eines geschlossenen Weltbildes, bei dem immer schon unterstellt ist, dass der Gang der Geschichte und ihr Endziel entschlüsselt sind. Diese Schwäche teilt das MARXsche Werk mit anderen Sozialtheoretikern des 19. Jahrhunderts.

Die ökonomische Grundlage seines Werkes, die Arbeitswerttheorie, wird heute selbst von Ökonomen, die mit seiner Kapitalismuskritik sympathisieren, verworfen (vgl. Vogt 1986). Ähnlich kritisch werden zentrale ökonomische Thesen wie die vom tendenziellen Fall der Profitrate oder von der Entbehrlichkeit unternehmerischer Leistungen bewertet (vgl. Parijs 1980).

Die Prognose, dass sich die Sozialstruktur moderner Industriegesellschaften zunehmend vereinfache und in Richtung zweier antagonistischer Klassen polarisiere, ist inzwischen von der Entwicklung ebenso widerlegt worden wie die These, dass das Proletariat immer weiter anwachse, infolge der Maschinisierung einen Qualifikationsverlust erleide und auf Dauer ein Leben am Existenzminimum („ehernes Lohngesetz") fristen müsse.

Proletariat: 62, 70, 73

Kritik an den ökonomischen Erklärungen und gesellschaftlichen Prognosen

4. Zusammenfassung

Ihre biologische Beschaffenheit zwingt die Menschen dazu, ihre Lebensmittel selbst zu produzieren. Dies charakterisiert die Grundlage ihrer Lebenspraxis. Deshalb konzentriert MARX seine Analyse der Gesellschaft auf die Produktionsweise. Die Produktionsweise jeder Gesellschaft weist zwei Komponenten auf: Produktivkräfte und Produktionsverhältnisse. Produktivkräfte beschreiben die menschliche Arbeitskraft und die Produktionsverhältnisse beschreiben die sozialen Rahmenbedingungen der Produktion und Verteilung von Gütern. Im Verlauf der Industrialisierung entfalten sich die Produktivkräfte aufgrund immer effektiverer Arbeitsteilung, Maschinen und der Entwicklung technisch erzeugter Energie.

In sozialer Hinsicht führt die Industrialisierung zur Verschärfung der Entfremdung und Ausbeutung der Arbeiter durch die Produktionsmittelbesitzer. Daraus ergibt sich, dass am Ende des kapitalistischen Industrialisierungsprozesses zwei antagonistische Klassen, Arbeiter und Kapitalisten, einander gegenüberstehen.

MARX behauptet auf der Grundlage seiner ökonomischen, soziologischen und geschichtsphilosophischen Analysen, dass eine Revolution unausweichlich ist.

5. Kontrollaufgaben

▸ Charakterisieren Sie den „historischen Materialismus"!

▸ Wozu benutzt Marx die dialektische Methode?

▸ Welchen Aspekt hält Marx am bisherigen Gang der Geschichte für durchgängig kritikwürdig?

▸ Was bewirkt nach Marx den gesellschaftlichen Fortschritt?

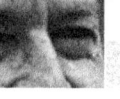

- Welche sozialen Sachverhalte drücken die Begriffe: Arbeitsprozess, Verwertungsprozess, Aneignung unbezahlter Mehrarbeit aus?
- Skizzieren Sie das Gesellschaftsmodell von Marx! Worin besteht die Grundlage der Gesellschaft?
- Wann und warum sind nach Marx Revolutionen unvermeidlich?
- Was unterscheidet die Bourgeoisie (bzw. Kapitalistenklasse) von der herrschenden Klasse im Feudalismus, den adligen Grundbesitzern?
- Wieso wird die Arbeiterklasse nach einer erfolgreichen Revolution nicht zu einer neuen ausbeutenden Klasse?

6. Literaturverzeichnis

Bader, Veit/Berger, Johannes/Ganßmann, Heiner/v. d. Knesebeck, Jost (1987): Einführung in die Gesellschaftstheorie. Gesellschaft, Wirtschaft und Staat bei Marx und Weber. Frankfurt/M.

Bell, Daniel (1979): Die nachindustrielle Gesellschaft. Frankfurt/M.

Bendix, Reinhard/Lipset, Seymour M. [Hrsg.] (1953): Class, Status and Power. New York.

Berger, Johannes (1986): Gibt es ein nachmodernes Gesellschaftsstadium? Marxismus und Modernisierungstheorie im Widerstreit. In: Ders.: Die Moderne – Kontinuitäten und Zäsuren. Göttingen. S. 79–96.

Bourdieu, Pierre (1985): Sozialer Raum und „Klassen". Frankfurt/M.

Dahrendorf, Ralf (1986): Karl Marx und die Theorie des sozialen Wandels. In: Ders.: Pfade aus Utopia. München. S. 277-293.

Geiger, Theodor (1949): Die Klassengesellschaft im Schmelztiegel. Opladen.

Giddens, Anthony (1984): Die Klassenstruktur fortgeschrittener Gesellschaften. Frankfurt/M.

Habermas, Jürgen (1976): Zur Rekonstruktion des historischen Materialismus. Frankfurt/M.

Israel, Joachim (1972): Der Begriff Entfremdung. Reinbek.

Kreckel, Reinhard (1992): Politische Soziologie der sozialen Ungleichheit. Frankfurt/M.

Kurz, Robert (2000): Marx lesen: Die wichtigsten Texte von Karl Marx für das 21. Jahrhundert. Frankfurt/M.

Marx, Karl (1845/46): Thesen über Feuerbach. Zitiert nach: Marx-Engels-Werke (MEW). Bd. 3. Berlin. S. 5-7. 1973.

Marx, Karl (1847): Das Elend der Philosophie. Antwort auf Proudhons „Philosophie des Elends". Zitiert nach: MEW. Bd. 4. Berlin. S. 63-182. 1972.

Marx, Karl (1857/58): Grundrisse der Kritik der politischen Ökonomie. Berlin. 1974.

Marx, Karl (1867): Das Kapital. Erster Band: Der Produktionsprozeß des Kapitals. Zitiert nach: MEW. Bd. 23. Berlin. 1972.

Marx, Karl (1894): Das Kapital. Dritter Band: Der Gesamtprozeß der kapitalistischen Produktion. Herausgegeben von Friedrich Engels. Zitiert nach: MEW. Bd. 25. Berlin. 1973.

Marx, Karl/Engels, Friedrich (1845/46): Die deutsche Ideologie. Zitiert nach: MEW. Bd. 3. Berlin. S. 17-80. 1973.

Marx, Karl/Engels, Friedrich (1848): Manifest der Kommunistischen Partei. Zitiert nach: MEW. Bd. 4. Berlin. S. 459-493. 1972.

Mendner, Jürgen H. (1975): Technologische Entwicklung und Arbeitsprozeß. Frankfurt/M.

Parijs, Peter van (1980): „The Falling Rate of Profit Theory of Crisis". A Rational Reconstruction by Way of Obituary. In: Review of Radical Political Economics. S. 1 ff.

Rius (1979): Marx für Anfänger. Reinbek.

Schumpeter, Joseph (1993): Kapitalismus, Sozialismus und Demokratie. Tübingen.

Smith, Adam (1776): Der Wohlstand der Nationen. Zitiert nach der Ausgabe von 1976. München.

Vogt, Winfried (1986): Theorie der kapitalistischen und einer laboristischen Ökonomie. Frankfurt/M.

Weber, Max (1972): Wirtschaft und Gesellschaft. Grundriß der verstehenden Soziologie. Tübingen.

Herbert Spencer

1.	Einleitung	79
1.1	Biographie und Zeitbezug	79
1.2	Das evolutionstheoretische Denken	81
2.	Spencers Beitrag zur Soziologie	86
2.1	Gesellschaft als sozialer Organismus	86
2.1.1	Struktureller Aufbau der Gesellschaft	86
2.1.2	Genese und die Evolutionstypen der Gesellschaft	88
2.2	Ansätze eines systemtheoretischen Denkens	92
2.3	Sozialdarwinismus	93
3.	Rezeption und Wirkungsgeschichte	95
4.	Zusammenfassung	96
5.	Kontrollaufgaben	97
6.	Literaturverzeichnis	98

Uwe Krähnke

HERBERT SPENCER

geboren am 27. 4. 1820 in Derby; gestorben am 8. 12. 1903 in Brighton (England).

Meine Absicht war [zu zeigen], wie eine Gesellschaft von Bürgern ohne Konflikte und Zwiespalt bestehen könne – wie menschliche Beziehungen im Gleichgewichtszustand erhalten werden können.
(Spencer 1905 Bd. I, S. 218)

1. Einleitung

1.1 Biographie und Zeitbezug

HERBERT SPENCER war einer der einflussreichsten und vielseitigsten Theoretiker Englands im ausgehenden 19. Jahrhundert. Er gilt als Wegbereiter für gleich mehrere Wissenschaftsdisziplinen. So hatte er Anteil an der Entwicklung der empirischen Psychologie, die sich im Gegensatz zur klinisch-experimentellen Psychologie auf ethnographische Studien, Reiseberichte und historische Quellen stützt. In der Biologie zählt er neben KARL ERNST VON BAER, JEAN BAPTISTE DE LAMARCK und CHARLES DARWIN zu den wichtigsten Evolutionstheoretikern seiner Zeit. Mit dem evolutionstheoretischen Ansatz erhielten die zuvor nur lose verbundenen Disziplinen Zoologie, Embryologie und Botanik einen inneren theoretischen Zusammenhang. Biologie konnte nun systematisch als Wissenschaft betrieben werden.

Die Bedeutung SPENCERS für die Soziologie liegt vor allem darin, dass er einen gehaltvollen Entwicklungsbegriff erarbeitete, das Modell des biologischen Organismus auf die Betrachtung der menschlichen Gesellschaft übertrug und dadurch die Einführung des systemtheoretischen Denkens vorantrieb. Ihm gelang eine enorme Steigerung der Abstraktionsfähigkeit und Generalisierbarkeit in der sozialwissenschaftlichen Theoriebildung.

SPENCER wuchs in einem streng religiös geprägten (puritanischen) Milieu Mittelenglands auf. Er schlug zunächst eine technische Laufbahn ein und arbei-

Spencers Einfluss auf die Psychologie und Biologie

Organismus: 86f.

Bedeutung für die Soziologie

Herbert Spencer

tete als Ingenieur für Eisenbahnunternehmen. Nebenher machte er Erfindungen, die allerdings, wie er selbst einsehen musste, größtenteils ohne Erfolg blieben. Schon in dieser Zeit suchte er Gelegenheiten, sich politisch zu betätigen. Er war Mitglied der Chartisten, einer sozial-reformerischen Bewegung, die vor allem für die Liberalisierung des englischen Wahlrechts eintrat.

Lebensbiographische Daten

Nachdem der achtundzwanzigjährige SPENCER 1848 seine Ingenieurstelle endgültig aufgab, nahm er einen Posten als Redakteur am *ECONOMIST* an. Dieses Londoner Wochenblatt diente Intellektuellen als Publikationsorgan, um sozialpolitische Themen in die Öffentlichkeit zu bringen. Ab 1853 war er dann als Privatgelehrter tätig. Seine Hauptbeschäftigung bestand fortan jedoch im Verfassen von Zeitschriftenaufsätzen und Büchern.

Vom Autodidakten zum interdisziplinären Forscher

Sein Einfluss auf verschiedene Wissenschaften und die Philosophie bis in die zwanziger Jahre des folgenden Jahrhunderts hinein ist um so erstaunlicher, als SPENCER eigentlich ein Autodidakt war. Er machte nie ein Examen und war auch nicht ernsthaft an einer akademischen Karriere interessiert. Sein Wissen eignete er sich im Selbststudium an. Jedoch könnte man behaupten, dass sich der ursprüngliche Mangel an fachspezifischer Wissensprägung bei ihm zu einem Vorteil ummünzte. Im Gegensatz zu den Fachgelehrten, die sich nur auf ihr jeweiliges Spezialgebiet beschränken, ist er als vielseitig interessierter Außenseiter offen für die Suche nach Querverbindungen und allgemeinen Zusammenhängen zwischen den einzelnen Wissensdisziplinen. Wie dem auch sei, SPENCER verkörperte den Wissenschaftlertyp eines – wie man heute sagen würde – *interdisziplinären* Forschers.

Thematische Schwerpunkte und theoretische Grundannahme

Diese Interdisziplinarität zeigt sich in der Mannigfaltigkeit seiner Interessen und bearbeiteten Themen. Er schrieb Abhandlungen beispielsweise über die Keimzelle, über individuelle Schönheit, ebenso über Erziehung, Bankgeschäfte, Gefängnismoral oder über die astronomische Nebularhypothese. Auch wenn die vielen Themen zunächst zusammenhangslos erscheinen, so zieht sich doch eine theoretische Annahme wie ein roter Faden durch sein Gesamtwerk. SPENCER geht nämlich von der Idee aus, dass sämtliche Erscheinungsformen des Universums durch ein übergreifendes, allgemeines Evolutionsgesetz (Entwicklungsgesetz) bestimmt seien.

Wissenschaftliche Zielstellung

Er macht es sich zur Aufgabe, das Evolutionsgesetz immer präziser zu formulieren und mit ihm möglichst viele empirische Erscheinungen zu erklären. Nur wenn sich das Evolutionsgesetz überall und ohne Abstriche anwenden lässt, könne – so die erkenntnistheoretische Position SPENCERS – der positivistischen Maßgabe einer vollkommenen Vereinheitlichung des Wissens entsprochen werden.

Einheitswissenschaftliche Evolutionstheorie

Um dieser Zielstellung gerecht zu werden, entwickelt er eine Evolutionstheorie, die er in seinem Werk *SYSTEM DER SYNTHETISCHEN PHILOSOPHIE* (1875-1906) darstellt. Konzipiert ist das zehnbändige Werk als ein geschlossenes und systematisch aufgebautes Theoriegebäude, welches das Wissen der modernen Natur- und Geisteswissenschaften zusammenfasst. Der erste Band *GRUNDLAGEN DER PHILOSOPHIE* (1875) stellt gewissermaßen das Fundament des Theoriegebäudes dar. Hier ist das Evolutionsgesetz formuliert sowie weitere naturphilosophische und physikalische Axiome (allgemeine Lehrsätze). SPENCER will mit diesen Axiomen die grundlegenden Prozesse des Weltge-

Positivismus: 30, 42f., GI Evolutionstheorie: 81, 210

Das evolutionstheoretische Denken

schehens wissenschaftlich ausdrücken. Sie sollen die gemeinsame Grundlage bilden für das Wissen der einzelnen Wissenschaftsdisziplinen.

Comte: 45f.

Obwohl sich SPENCER zeitlebens von der Theorie des französischen Wegbereiters der Soziologie, AUGUSTE COMTE (1798-1857), distanziert, gibt es bei diesem eine Reihe von ähnlichen Überlegungen. So stellen beide eine Rangfolge unter den Wissenschaftsdisziplinen auf. Gradmesser ist bei SPENCER die strukturelle Beschaffenheit und der Entwicklungsgrad des Untersuchungsgegenstandes. Er unterscheidet drei wesentliche Gegenstandsbereiche:

Ähnlichkeit mit Comtes Theorie

- anorganische Welt (alle physikalischen Körper);
- organische Welt (pflanzliche und tierische Lebewesen);
- überorganische Welt (soziale, kulturelle und ethische Erscheinungen des menschlichen Zusammenlebens).

Die Soziologie nimmt nach SPENCER und COMTE unter den Wissenschaften den höchsten Rang ein. Ihr spezifischer Untersuchungsgegenstand, die Gesellschaft, ist Bestandteil der überorganischen Welt und weist die komplexesten Strukturen sowie den höchsten Entwicklungsgrad auf.

Übung: Ist Soziologie heute eine Leitwissenschaft im Sinne Spencers?

1.2 Das evolutionstheoretische Denken

Die Grundlage für SPENCERs philosophische und wissenschaftliche Arbeiten bildet das evolutionstheoretische Denken (Evolutionismus). Der Evolutionismus geht von der Wandelbarkeit und Veränderlichkeit in der Pflanzen- und Tierwelt sowie in der menschlichen Zivilisation aus.

Evolutionismus als theoretische Grundlage

> Alle beobachtbaren Einzelprozesse werden als Bestandteile eines universal ablaufenden Evolutionsprozesses angesehen. Dieser Prozess führt tendenziell von einfachen zu komplexen Strukturen.

Als wissenschaftlicher Erklärungsansatz war der Evolutionismus bis in die fünfziger Jahre des 19. Jahrhundert nicht anerkannt. Vor allem für die christliche Glaubenslehre und traditionelle metaphysische Weltanschauungen stellte er eine enorme Provokation dar. Entgegen der dogmatischen Behauptung, alles Leben in der Welt sei durch einen göttlichen Willen determiniert und vorherbestimmt, vertrat der Evolutionismus die These, dass es Naturgesetze gibt, welche die Entwicklungsprozesse in der Welt bewirken. Erst eine Reihe von Beobachtungen, Experimenten und theoretischen Überlegungen, die auch SPENCER maßgeblich beeinflussten, führte schließlich zur Akzeptanz der Evolutionstheorie.

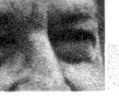

Herbert Spencer

Vererbungstheorie

Der französische Zoologe JEAN BAPTISTE DE LAMARCK (1744-1829) erklärt die Entwicklung der Tierarten mit der Vererbung von Fähigkeiten und Gewohnheiten, die einzelne Lebewesen erworben haben. So führt er in seinem wohl bekanntesten (aber seit den Erkenntnissen der modernen Genetik nicht weiter haltbaren) Erklärungsversuch die Streckung der langen Giraffenhälse unmittelbar auf das Bemühen zurück, an hoch sitzende Baumblätter zu gelangen. SPENCER greift von LAMARCKs allgemeiner Vererbungstheorie vor allem die folgende These auf:

> Die Summe der schrittweise sich vollziehenden Veränderungen an Lebewesen führt mit der Zeit zu größeren Unterschieden und letztendlich zur Herausbildung der Artenvielfalt auf der Erde.

Evolutionsformel

Der deutsche Naturforscher KARL ERNST VON BAER (1792-1876) schlussfolgert aus der strukturellen Ähnlichkeit verschiedener Tierembryone, dass sich alle Tierarten phylogenetisch (stammesgeschichtlich) aus einer einfach aufgebauten Urform entwickelt haben müssen. In diesem Zusammenhang kann er durch Experimente nachweisen, dass die Ontogenese (Individualentwicklung) von Vogelembryonen zwar durch einfache Zellteilung hervorgerufen wird, aber das rein quantitative Wachstum auch qualitative Veränderungen, also Strukturveränderungen nach sich zieht. Nach der Befruchtung bilden sich zu einem bestimmten Zeitpunkt der embryonalen Wachstumsphase einzelne, ungleichartig strukturierte Zellen, aus welchen sich dann später die verschiedenen komplexen Organe des Tieres bilden. Aus der Beobachtung von Zellwachstumsprozessen und der damit einhergehenden strukturellen Differenzierung leitet VON BAER die Formel vom Entwicklungsgang der Lebewesen ab.

> Organische Evolution ist der Wandel vom Gleichartigen (Homogenen) zum Ungleichartigen (Heterogenen).

Diese Formel wird von SPENCER aufgegriffen und bildet fortan den Kern seines universellen Evolutionsgesetzes. Er will zeigen, dass die Formel nicht nur auf organische sondern auch auf anorganische und überorganische Wachstumsprozesse zutrifft.

Differenzierung: 88, 114, 208, GI
Homogenität: 85
Heterogenität: 85

Begriff der physiologischen Arbeitsteilung

Der französische Zoologe HENRI MILNE-EDWARDS (1800-1885) stellt die These auf, dass während der Ontogenese von Lebewesen die Vervollkommnung des inneren Baues im gleichen Maße voranschreitet wie die innere Arbeitsteilung. Anders formuliert: Die strukturelle Verschiedenartigkeit der Teile (z. B. von Geweben oder Organen) bringt eine Spezialisierung und Arbeitsteilung mit sich. Der von ihm verwendete Begriff ‚physiologische Arbeitsteilung' zielt also auf den Zusammenhang von struktureller und funktionaler Differenzierung. SPENCER kann damit besser erklären, warum Heterogenität als Merkmal

Arbeitsteilung: 85, 88, GI

Das evolutionstheoretische Denken

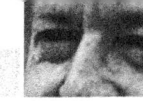

Organismus: 86

der Strukturveränderung eine Effizienzsteigerung des gesamten Organismus bewirkt:

> Durch arbeitsteilige Spezialisierung der einzelnen Teile, die in wechselseitiger Abhängigkeit stehen, erfolgt eine optimalere Ausnutzung vorhandener Ressourcen und Anpassung an die Umwelt. Der Gesamtorganismus hat höhere Überlebens- und vor allem weitere Entwicklungschancen.

Theorie der natürlichen Auslese und der Entstehung der Arten

Der englische Naturforscher und Biologe CHARLES DARWIN (1809-1882) kann die These, dass Tier- und Pflanzenarten nicht beständig sind, sondern sich verändern, durch Studien während seiner langjährigen Schiffsreise empirisch beweisen. Zudem entwickelt er den epochemachenden Gedanken über die Entstehung der Arten auf Grund der natürlichen Auslese. Genaugenommen wurde jener Gedanke, der auch Titel seines berühmten Buches aus dem Jahre 1859 ist, von SPENCER schon 7 Jahre zuvor geäußert. In dem Essay *Social Statics* prägte dieser nämlich die Formulierung ‚Survival of the Fittest' (Überleben des Tauglichsten). Allerdings war er sich damals über die Tragweite des Gedankens nicht im Klaren.

SPENCER arbeitet in seine allgemeine Evolutionstheorie den Grundgedanken der darwinistischen Lehre (Darwinismus) ein:

> Lebewesen, die aufgrund von zufälligen Variationen (Veränderungen bzw. Modifikationen) bestimmte Vorteile gegenüber ihren Artgenossen aufweisen, haben bessere Chancen im Überlebenskampf und bei der Fortpflanzung. Die Durchsetzung der Tauglichsten (d. h. der Bestangepasstesten) und die Vererbung ihrer Variationen auf die nachfolgenden Generationen stellt eine natürliche Auslese (Zuchtauswahl) dar. Im Laufe langer Zeiträume führt eine permanente Auslese zur Veränderung der Arten oder sogar zur Entstehung neuer Arten.

Fließgleichgewicht: 93, GI

Im Anschluss an LAMARCK und DARWIN betonen Biologen den Einfluss von Umweltbedingungen auf den Organismus. Leben wird als Vermögen definiert, sich den äußeren Bedingungen auf der Grundlage eines inneren Selbsterhaltungstriebes anzupassen. So hat ein Tier – SPENCER wählt häufig die Bezeichnung ‚organisches Aggregat' – immer einen gewissen Verhaltensspielraum. Es kann z. B. selbst Nahrung suchen oder sich im Notfall verteidigen. Bei einem anorganischen Aggregat, wie beispielsweise einem Kristall, fehlt solch ein Vermögen. Es ist den Umwelteinflüssen passiv ausgeliefert und hat keinerlei Einfluss auf seinen eigenen Wachstumsprozess. Um diese spezifische Eigenschaft des Lebendigen zu erklären, wird in der Biologie auf ein dynamisches Gleichgewichtsmodell zurückgegriffen.

Modell des dynamischen Fließgleichgewichts

> Während die überlebensnotwendigen Bestandteile des lebendigen Organismus reproduziert werden, müssen zugleich die äußeren negativen Umwelteinflüsse und inneren Zerfallserscheinungen neutralisiert werden. So lange Reproduktions- und Neutralisationsprozess im Gleichgewicht liegen, ist ein Zustand hergestellt, der dem Organismus optimale Lebensbedingungen sichert.

Es handelt sich um ein *fließendes* Gleichgewicht (Äquilibrium), da solch ein optimaler Zustand nicht stabil ist. Er kann – wenn überhaupt – immer nur für einen begrenzten Zeitraum sichergestellt werden.

Das Modell des Fließgleichgewichts findet man zu SPENCERs Zeiten nicht nur in der Biologie. Ein Beispiel dafür ist das Bevölkerungsgesetz von THOMAS ROBERT MALTHUS (1766-1834). Dieses Gesetz, auf das sich auch SPENCER maßgeblich bezieht, besagt, dass jedes Bevölkerungswachstum irgendwann zum Stillstand kommen musste. Aufgrund der begrenzten landwirtschaftlichen Nutzfläche kann nämlich die Versorgung *aller* Menschen nicht gewährleistet werden. Es steigt die Sterblichkeitsrate, bis sich wieder ein Gleichgewicht zwischen Nahrungsangebot und -bedarf eingepegelt hat.

Für SPENCER ist jede organische und überorganische Evolution auf die Gewinnung und Wiedergewinnung eines Fließgleichgewichts angelegt. Mit dieser These modifiziert er seine frühere Evolutionsvorstellung. Er rückt ab vom Postulat eines unaufhörlichen, geradlinig verlaufenden Fortschritts (teleologische Evolution).

| Fließgleichgewicht: 85, 93, Gl |

| Evolution: 58, 82, 210, Gl |

Vertiefende Literatur: Spencer 1875 (insbes. S. 516-526); ders. 1876.

Universalistisches Evolutionsgesetz

In den GRUNDLAGEN DER PHILOSOPHIE ist die endgültige Fassung seines universalistischen Evolutionsgesetzes formuliert. Das Gesetz soll für die Entwicklung des Sonnensystems, der Erde, des Lebens auf ihrer Oberfläche, des sozialen Zusammenlebens der Menschen, der Sprache, der Wissenschaft und der Kunst – kurz: für alle Erscheinungen des Universums – gelten:

> „Entwicklung ist Integration des Stoffes und damit verbundene Zerstreuung der Bewegung, während welcher der Stoff aus einer unbestimmten, unzusammenhängenden Gleichartigkeit in bestimmte, zusammenhängende Ungleichartigkeit übergeht, und während welcher die zurückgehaltene Bewegung eine entsprechende Umformung erfährt" (Spencer 1875, S. 401).

Interpretation des Evolutionsgesetzes

Wie lässt sich dieses Gesetz interpretieren? Zunächst mag es verwundern, dass SPENCER hier ‚Stoff' (im Sinne von Materie) und ‚Bewegung' in den Vordergrund stellt. Beide Begriffe dienen eigentlich seit ISAAC NEWTON (1643-1727) zur naturwissenschaftlichen Beschreibung von physikalischen Prozessen. SPENCER greift vor allem deshalb auf diese grundlegenden Begriffe zurück, um zu zeigen, dass sich alle Phänomene in der Welt (einschließlich des menschlichen Zusammenlebens) als Spezialfälle eines allgemeinen und grundlegenden Naturgesetzes erklären lassen.

Das evolutionstheoretische Denken

Jede Evolutionsphase zeichnet sich durch Wachstumsprozesse aus. Entweder kommt es zu einer Massen- und Größenzunahme des schon bestehenden Aggregats durch Vermehrung der Grundelemente (z. B. Vergrößerung der Bevölkerung einer Stadt), oder verschiedene Elemente schließen sich erst zu einem Aggregat zusammen (z. B. eine Stadtneugründung). Rein physikalisch betrachtet müssen tatsächlich in jedem Fall Stoff und Energie aus der Umwelt aufgenommen und umgesetzt werden („Integration von Stoff"). Je größer das Aggregat ist, um so schwieriger wird es allerdings, die einzelnen Bestandteile zusammenzuhalten. Mit jedem Verlust eines Bestandteils wird zugleich auch Energie an die Umwelt abgegeben. Dieser Desintegrationsprozess verbirgt sich hinter der eigentümlichen Formulierung „Zerstreuung von Bewegung". Entsprechend des Modells vom Fließgleichgewicht muss die Zerstreuung von Bewegung durch die Integration von Materie wenigstens aufgewogen werden.

Der Anfangszustand jeder Entwicklung ist davon geprägt, dass – wenn überhaupt – nur eine recht schwache (unbestimmte) Funktionseinheit vorhanden ist. Wie bei der sprichwörtlichen Teigmasse fehlen klar erkennbare Konturen und es existiert kein innerer Zusammenhang (Inkohärenz). Es handelt sich um eine eher zufällige Zusammenballung von gleichartigen (homogenen) Elementen.

Jede Entwicklung läuft auf die Bildung einer komplexeren Einheit hinaus, die aus ungleichen, d. h. strukturell und funktional ausdifferenzierten Teilbereichen besteht (Heterogenität). Die Arbeitsteilung zwischen den Teilbereichen ist der entscheidende Faktor, damit die Gesamteinheit „überlebenstauglicher" werden kann. Im Gegensatz zu einer bloßen Massenzusammenballung von Elementen existiert eine funktionsfähige, effiziente Binnenstruktur (Bestimmtheit) mit einem höheren Zusammenhalt (Kohärenz). Vergleicht man beispielsweise eine einfache Amöbe mit dem komplexen Organismus eines Tieres oder des Menschen, wird der Unterschied im Strukturniveau offensichtlich.

Gehen nicht einzelne Bestandteile an die Umwelt verloren (,zurückgehaltene Bewegung'), verfügt das Aggregat über ein höheres Energiepotential, welches stofflich umgesetzt und zum weiteren Ausbau des Aggregats genutzt werden kann.

Das Evolutionsgesetz von SPENCER lässt sich auf folgende Weise veranschaulichen:

Marginalien links:
Fließgleichgewicht: 93, Gl

Homogenität: 82
Heterogenität: 82
Arbeitsteilung: 82, 88, Gl

Marginalien rechts:
Integration von Materie und Zerstreuung von Bewegung

Unbestimmte, inkohärente Homogenität

Bestimmte, kohärente Heterogenität

Umwandlung der zurückgehaltenen Bewegung

Schematische Darstellung des Evolutionsgesetzes

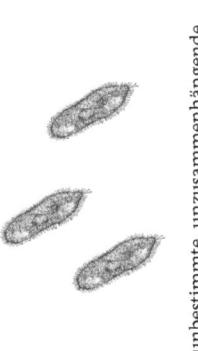
unbestimmte, unzusammenhängende (inkohärente) Gleichartigkeit (Homogenität)

Integration (Wachstum, Massenzunahme) →

strukturelle Differenzierung (Teilung, Unterscheidungen im inneren Bau) →

funktionale Differenzierung (innere Arbeitsteilung und Spezialisierung) →

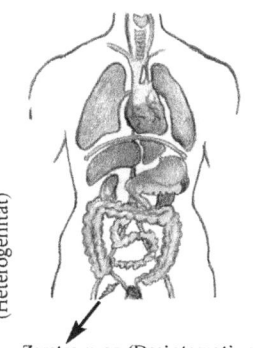
bestimmte, zusammenhängende (kohärente) Ungleichartigkeit (Heterogenität)

↓ Zerstreuung (Desintegration)

Herbert Spencer

 Vertiefende Literatur: Spencer 1875, S. 311-401; Kellermann 1967, S. 57-60.

 Übung: Worin besteht der heuristische Nutzen dieses Evolutionsgesetzes und wo liegen seine Grenzen?

2. Spencers Beitrag zur Soziologie

2.1 Gesellschaft als sozialer Organismus

2.1.1 Struktureller Aufbau der Gesellschaft

Soziologische Leitfrage: Was ist eine Gesellschaft?

Zu Beginn des zweiten Bandes seines soziologischen Hauptwerkes DIE PRINCIPIEN DER SOCIOLOGIE (1887) stellt SPENCER die Leitfrage: Was ist eine Gesellschaft? Er wendet sich gegen die Auffassung, eine Gesellschaft bestehe lediglich als rein gedachte Einheit, sie sei nichts weiter als eine Sammelbezeichnung für eine große Anzahl von Individuen. Im Gegensatz zu dieser nominalistischen Auffassung insistiert er auf eine empirisch gehaltvolle Gegenstandsbestimmung. Zwar ist Gesellschaft nicht konkret und sinnlich erfahrbar wie ein anorganischer Körper oder ein organisches Wesen, aber ihr müsse ebenso ein eigenes Dasein in der Wirklichkeit zugesprochen werden (vgl. Spencer 1887 Bd. II, S. 3).

Organismusanalogie

Als Produkt der überorganischen Evolution umfasst die Gesellschaft alle „durch die gegenseitigen Handlungen der Individuen" (Spencer 1896 Bd. I, S. 65) hervorgegangenen Erscheinungen. Da sie aus lebendigen Elementen (den menschlichen Individuen) besteht, müsse sie, so SPENCER, eine vollkommen andersartige Qualität haben als anorganische Aggregate (d. h. als aus Teilen zusammengesetzte unbelebte Körper wie beispielsweise ein Kristall). Die Gesellschaft entspricht in ihren Grundeigenschaften und ihrem Aufbau vielmehr einem biologischen Einzelorganismus. Die Analogie zum Einzelorganismus – häufig ist bei ihm die Rede vom ‚sozialen Organismus' – bedeutet jedoch nicht, dass das Soziale auf das Biologische reduziert werden soll. Diese Analogie wird von ihm deshalb vorgenommen,

> „weil die Organe und Functionen des menschlichen Körpers uns allgemein bekannte Beispiele für Organe und Functionen überhaupt liefern... Sämtliche lebenden Geschöpfe sind einander insofern ähnlich, als jedes ein Zusammenwirken seiner Bestandtheile zum Wohle des Ganzen erkennen lässt, und dieser ihnen allen gemeinsame Zug ist eben das Merkmal, welches auch den Gesellschaften zukommt" (Spencer 1887 Bd. II, S. 171).

 Die Gesellschaft bildet ähnlich wie ein lebendiger Organismus mit seinen Organen einen Funktionszusammenhang von Teilsystemen. Erst das wechselseitige Zusammenwirken der sich ausdifferenzierenden Teilsysteme gewährleistet den Bestand der Gesamteinheit. Jedes Teilsystem hat dabei eine spezifische Funktion (d. h. eine Aufgabe) zu erfüllen.

Randnotizen: Organismus: 79, 83 | Empirie: 30 | Funktion: 88, 196f. | System: 92, 195ff., Gl

Gesellschaft als sozialer Organismus

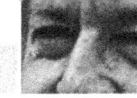

Von grundlegender Bedeutung für das Überleben der Gesellschaft sind nach SPENCER

- das Ernährungssystem,
- das Verteilungssystem und
- das regulierende System.

Die Teilsysteme der Gesellschaft

Das *Ernährungssystem* (von ihm oft auch ‚Erhaltungssystem' genannt) gewährleistet die materielle Versorgung der Gesellschaft.

Das Ernährungssystem

> „Eine Gesellschaft lebt, indem sie allerhand Stoffe aus der Erde sich aneignet: die mineralischen Stoffe, welche sie für Gebäude, als Brennmaterial etc. braucht, die pflanzlichen Stoffe, die auf der Erdoberfläche für Nahrung und Kleidung gewonnen werden, die thierischen Stoffe, die sich aus den vorigen mit oder ohne menschliche Oberleitung entwickeln" (ebd. S. 58).

Anpassung: 195, 208f.

Das Ernährungssystem ist von Region zu Region unterschiedlich ausgeprägt. Es erfolgt immer eine Anpassung an die jeweiligen natürlichen Gegebenheiten und Ressourcen. So entwickelt sich eine Landwirtschaft zwangsläufig dort, wo entsprechende Nutzfläche vorhanden ist, während dagegen die Hüttenindustrie in Bergbaugebieten anzutreffen ist.

Das Verteilungssystem ist ähnlich wie das innere Gefäßsystem bei Pflanzen und Tieren für die Versorgung aller Teile mit lebensnotwendigen Stoffen zuständig. Während im Ernährungssystem der Gesellschaft Produzenten agieren, agiert im Verteilungssystem eine

Das verteilende System

> „Classe von Menschen, welche dem Ankauf und Verkauf von Lebensbedürfnissen aller Art in kleinerem und grösserem Maassstabe sich widmet und dieselben längs allmählich sich ausbildender Canäle nach allen möglichen Gegenden, Städten und Individuen versendet" (ebd. S. 58 f.).

Hobbes: 15f.

Smith: 20

Das regulierende System erfüllt eine Koordinierungs- und Kontrollfunktion in der Gesellschaft. Diese Funktion ist notwendig, „um feindliche Gesellschaften zu überwinden oder ihnen Widerstand zu leisten" (ebd. S. 85). Aber nicht nur bei militärischen Abwehr- und Angriffshandlungen erweist sich das regulierende System als überlebenswichtig. Auch die Produktion und Verteilung von Gütern in der Gesellschaft erfordert eine ‚ordnende Hand'. Im Gegensatz zu THOMAS HOBBES (1588-1679) verbindet SPENCER mit ‚ordnender Hand' nicht die zentralistische Machtausübung eines Staates. In Hinblick auf die moderne Industriegesellschaft geht er in Anlehnung an ADAM SMITH (1723-1790) und andere Nationalökonomen von einem schwindenden Machteinfluss des Staates zugunsten einer Selbstregulation und -kontrolle der Gesellschaft aus (vgl. ebd. S. 116 f.).

Das regulierende System

Übung: Vergleichen Sie dieses Gesellschaftsmodell mit dem von Marx! Worin besteht der Hauptunterschied?

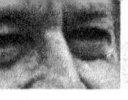

Herbert Spencer

2.1.2 Genese und die Evolutionstypen der Gesellschaft

Prinzipien der gesellschaftlichen Genese

Nicht nur im strukturellen Aufbau, d. h. in der Ausdifferenzierung der drei genannten grundlegenden Teilsysteme, sieht SPENCER Ähnlichkeiten zwischen sozialen und lebendigen Organismen. Er will auch nachweisen, dass die historische Entwicklung (Genese) einer Gesellschaft nach denselben allgemeinen Prinzipien verläuft wie die biologische Evolution von Lebewesen. Bei den Prinzipien, die er anführt, handelt es sich um

- die beiden evolutionstheoretischen Prinzipien der Integration und Differenzierung sowie
- das biologistische Prinzip des Fließgleichgewichts.

Soziale Integration

Eine Gesellschaft wächst, indem die Bevölkerungszahl eines Territoriums zunimmt. Dies kann durch eine hohe Geburtenrate im Verhältnis zur Sterberate geschehen oder durch „Vereinigung einzelner Gruppen und durch abermalige Verschmelzung von mehreren solchen Gruppen" (ebd. S. 24). In den ursprünglichen Sozialverbänden der menschlichen Zivilisation, den nomadischen (umherziehenden, nichtsesshaften) Horden und Sippen, erfolgte die Integration der „neuen" Gesellschaftsmitglieder (z. B. bei der Heirat) ohne große soziale Spannungen, da sich die Individuen hinsichtlich ihrer Verhaltensweisen, Anschauungen und Fähigkeiten ähnelten. Allerdings ist hier die Möglichkeit des sozialen Wachstums stark begrenzt durch das geringe Nahrungsangebot. Erst im Verlaufe der Zivilisationsentwicklung schließen sich einzelne Gruppen zu größeren sesshaft gewordene Verbänden (Clans) zusammen.

Integration: 114f., Gl

Schließlich erlauben in modernen, industriellen Gesellschaften die relativ guten, aus der planmäßig betriebenen Güterproduktion und -verteilung resultierenden Lebensbedingungen einen dauerhaften Zusammenschluss von großen Bevölkerungsteilen. Ganze Städte können ineinanderwachsen und sogar einander fremde Ethnien zu Staaten zusammengeführt werden. Allerdings ist hier der Integrationsprozess nicht ganz so unkompliziert wie in einfachen Sozialverbänden. Es treten soziale Spannungen und Konflikte auf, die eskalieren und zu kriegerischen Auseinandersetzungen führen können.

Strukturelle und funktionale Ausdifferenzierung

Soziale Wachstums- und Integrationsprozesse sind begrenzt. Gewöhnlich dauern sie so lange, bis die Gesellschaft in kleinere Gesellschaften zerfällt oder sich in unterschiedliche Teilbereiche ausdifferenziert. Im letzteren Fall wird der innere Bau der Gesellschaft, d. h. ihre Struktur heterogener und komplexer. Die strukturelle Differenzierung begünstigt den Prozess der Spezialisierung und Arbeitsteilung. Die einzelnen ausdifferenzierten Teilsysteme (aber auch die Gesellschaftsmitglieder selbst) haben bestimmte, zur Erhaltung des ganzen sozialen Aggregats notwendige Funktionen zu erfüllen (wie Produktion, Verteilung und Regulierung).

Differenzierung: 82, Gl
Arbeitsteilung: 82, 85, Gl
Funktion: 86, 196f.

Die andauernde gesellschaftliche Differenzierung führt bereits in einfachen Stämmen und Clans dazu, dass sich die Bevölkerung aufspaltet in „herrschende und arbeitende Theile" (ebd. S. 32). In weiter fortgeschrittenen Gesellschaften wie Königreichen oder auch modernen Nationalstaaten bilden sich schließlich Berufe, Klassen und Interessengruppen heraus.

Gesellschaft als sozialer Organismus

Das Überleben und die Entwicklung der Gesamtgesellschaft ist nur möglich, wenn die einzelnen, ausdifferenzierten Teilbereiche möglichst reibungslos zusammenarbeiten. Sie müssen sich wechselseitig funktional ergänzen und einen organischen Zusammenhang bilden. Im Idealfall – für SPENCER ist dies die moderne Industriegesellschaft ohne Kriege – darf kein Teilsystem die anderen dominieren. Durch den organischen Zusammenhang ihrer Teile kann sich die Gesellschaft den gegebenen Umweltbedingungen besser anpassen. Zudem bieten sich günstigere Entwicklungsoptionen.

Wechselseitige Abhängigkeit der Teile

Industriegesellschaft: 23, 90, 95

Komplexität: 136
Gleichgewicht: 83f., 93

Im Verlaufe ihres historischen Entwicklungsprozesses wird die Gesellschaft immer komplexer. Ein höherer Grad an Komplexität zieht aber die Gefahr der Instabilität nach sich. Denn einzelne Teilsysteme können eine solche Eigenständigkeit erlangen, dass das Gleichgewicht aller Teilsysteme zerstört wird. Tritt dieser Fall ein, können möglicherweise auftretende gesellschaftliche Auflösungs- und Zerstörungstendenzen nicht mehr ausreichend kompensiert werden und die Gesellschaft geht zugrunde.

Aufrechterhaltung des Fließgleichgewichts

Nach SPENCER führt die Genese der Gesellschaft vom einfachen Stammesverband, „der in allen seinen Theilen gleichförmig ist, bis hinauf zu der civilisirten Nation voller Ungleichheiten ihrer Organe und Functionen" (ebd. S. 176). Um diesen jahrtausendewährenden Prozess theoretisch fassen zu können, geht er ebenso wie die beiden anderen maßgeblichen Gesellschaftstheoretiker des 19. Jahrhunderts, AUGUSTE COMTE (1798-1857) und KARL MARX (1818-1883), von einer Stufenfolge der Höherentwicklung aus. Er unterscheidet drei Gesellschaftstypen:

Comte: 58, 92
Marx: 31, 58, 92

Evolutionstypen der Gesellschaft

▸ ursprüngliche Gesellschaft,

▸ Übergangsgesellschaft und

▸ höchstentwickelte Gesellschaft.

In der ursprünglichen Gesellschaft leben die Menschen (z. B. Eskimos, Aborigines) verstreut in nomadischen Horden und Sippen, die untereinander keine Kriege führen. Innerhalb dieser Gruppen sind Arbeitsteilung, Berufsdifferenzierung und soziale Unterschiede äußerst gering ausgeprägt. Es existieren keine festen Machthierarchien. Lediglich der Häuptling bzw. der Älteste verfügt über Entscheidungsmacht, die allerdings mit seiner charismatischen Ausstrahlung steht und fällt. Erst nach und nach erfolgt eine Abgrenzung zwischen Herrschenden und Beherrschten. Am meisten betroffen sind hiervon zunächst die Frauen, denn die Männer treten als „unbeschränkte Beherrscher der Frauen" auf, welche „zu Arbeitsmaschinen herabgedrückt sind" (ebd. S. 32).

Typus der ursprünglichen Gesellschaft

Arbeitsteilung: 20, 64f., 90, Gl

Aufgrund fortschreitender sozialer Wachstumsprozesse gelangt ein einfacher Stamm „bald zu einem Grade der Zerstreuung, wo seine Theile ihren Zusammenhang nicht mehr behalten können, und nun zerfällt er ganz allmählich in einzelne Stämme" (ebd. S. 26).

Von ‚Übergangsgesellschaften' spricht SPENCER dann, wenn die strengen verwandtschaftlichen Zugehörigkeitsgrenzen überwunden, die Menschen sesshaft werden und sich die ursprünglich autarken Gruppen zu Clans bzw. Stämmen mit über tausend Mitgliedern zusammenschließen (z. B. afrikanische Volksstämme).

Typus der Übergangsgesellschaft

Es handelt sich um ‚einfach zusammengesetzte' Gesellschaften, da die integrierten Gruppen eher lose miteinander in Verbindung stehen und sich noch keine feste Oberherrschaft institutionalisiert. Dagegen existiert bereits eine ausgeprägte Arbeitsteilung, wodurch Tierhaltung, Landwirtschaft und Handel systematisch betrieben werden können.

Kriegerische Gesellschaften

Einen hohen Entwicklungsgrad dieses Typs der Übergangsgesellschaft markieren territorialstaatliche Ordnungen, welche nach dem Prinzip kriegerischer Gesellschaften organisiert sind. Die unentwegten militärischen Auseinandersetzungen zwischen den rivalisierenden Stämmen erzwingen geradezu die Ausbildung eines zentralistisch aufgebauten staatlichen Regulierungssystems. Notwendig werden streng reglementierte Einrichtungen, wie Militär, Gericht, Polizei und Steuerverwaltung, die nicht nur für unmittelbare Kriegsaufgaben zuständig sind. Ihre Macht erstreckt sich bis auf den ökonomischen Bereich. Es existieren keine freien, dezentralen Märkte; Produktion und Verteilung von Gütern unterstehen der staatlichen Kontrolle und werden über Zwang sichergestellt. In kriegerischen Gesellschaften ist „das Herr nichts anderes ... als das mobilisierte Volk, während das Volk eine auf dem Friedensfuß befindliche Armee darstellt" (ebd. S. 129)

Typus der höchstentwickelten Gesellschaft

Der Typus der höchstentwickelten Gesellschaft ist dort ausgeprägt, wo einzelne Stammesverbände zu einem ethnisch homogenen Staat zusammengeschlossen sind (z. B. das Ägyptische Reich). Aber auch moderne Nationalstaaten (wie z. B. England) werden diesem Gesellschaftstypus zugerechnet. Die geschichtliche Entwicklung führt laut SPENCER dahin, dass an „die Stelle des kriegerischen Typus des Menschengeschlechtes ... der industrielle, an die Stelle des Kampfes, an die Stelle sinnlosen Zerfleischens ein planmäßiger Wettbewerb" (Spencer 1905 Bd. I, S. XXV) tritt. Hiermit ist ein gesellschaftlicher Idealzustand beschrieben, der sich historisch mit der entwickelten Industriegesellschaft durchsetzt. Institutionen, die in kriegerischen Gesellschaften ausschließlich der Verteidigung und dem Angriff dienten, werden letztendlich durch zivile Einrichtungen verdrängt. Anstelle eines militärischen Kommandosystems herrschen vertragliche Regelungen auf der Grundlage von verfassungsrechtlichen Grundsätzen. Zwischen den Gesellschaftsmitgliedern gibt es eine freiwillige Kooperation zum Vorteil aller. Es würde ein Zustand „ohne Konflikte und Zwiespalt" eintreten, weil die sozialen „Beziehungen im Gleichgewichtszustand erhalten werden können" (ebd. S. 218).

Ansätze eines solchen idealen Gesellschaftszustandes meint SPENCER bereits im kooperativen und rechtlich geregelten Verhalten von Vertragspartnern zu erkennen. Die biologische Vererbungstheorie LAMARCKs vor Augen, argumentiert er, dass durch Gewöhnung und Vererbung dieses Verhaltens jener Gesellschaftszustand geradezu zwangsläufig auch tatsächlich eintreten müsse.

Im folgenden Schema sind die Hauptkriterien zusammengefasst, nach denen SPENCER die drei Gesellschaftstypen unterscheidet.

Industriegesellsch.: 23, 95
Institution: 25, 93, 113, GI

Gesellschaft als sozialer Organismus

Gesellschaftstyp	Ursprüngliche Gesellschaft	Übergangsgesellschaft	Höchstentwickelte Gesellschaft
Soziale Aggregationsstufe	einfach (drei bis fünfzig Mitglieder)	einfach zusammengesetzt, lose aggregiert (hundert bis Tausende Mitglieder)	doppelt oder dreifach zusammengesetzt, dauerhaft vereinigt (Millionen Mitglieder)
Art der Sozialverbände	kleine autarke, nomadische Gruppe bzw. Horde	teilweise zusammenhängende Gruppen/Horden (Clan; Stamm)	ethnisch homogener Staat; Königreich; moderner Nationalstaat
Beispiele	Eskimos; Feuerländer; Aborigines	Volksstämme in Afrika	Ägyptisches Reich; England
Lebensbedingungen	• unfruchtbare Gebiete mit geringem Nahrungsangebot; • nomadisches Leben als Jäger und Sammler	• fruchtbare Gebiete mit höherem Nahrungsangebot • überwiegend sesshaftes Leben als Hirten, Ackerbauern und Handwerker	• gute Versorgung mit Nahrung und Gütern durch planmäßige Nutzung der Umweltressourcen • vollkommen sesshaftes Leben
Ernährungssystem	• Beutezüge bzw. Sammeln von Pflanzen • äußerst geringe Arbeitsteilung	• Landwirtschaft, Tierhaltung und Handwerk • bereits ausgeprägte Arbeitsteilung	• intensive Landwirtschaft und zunehmend industrielle Produktion • fortgeschrittene Arbeitsteilung und Berufsdifferenzierung
Verteilungssystem	• kurze und unbefestigte Transportwege (Pfade) • unregelmäßiger lokaler Handel	• verzweigte und ausgebaute Transportwege (Straßen) • kontinuierlicher Handel und überregionale Tauschmärkte	• entwickeltes und organisiertes Transportwesen (Straßennetz, Eisenbahn, Schifffahrt) • ausdifferenzierter nationaler bzw. globaler Güter- und Finanzmarkt
Regulierendes System	• charismatische Gruppenführung durch eine Person (Häuptling) • Kommunikation nur über relativ kurze Strecken	• wechselnde Oberherrschaft über mehrere Gruppen durch eine Person (Stammeshäuptling) • Kommunikation auch über längere Entfernung (Feuerzeichen, Botendienste)	• institutionalisierte Oberherrschaft über vereinigte Volksgruppen (Königtum bzw. modernes parlamentarisches Regierungssystem) • komplexes Kommunikationssystem (Briefpost, Telegraphengesellschaften) und Einsatz von Massenmedien (Zeitung, Illustrierte) • Selbstregulation des Güter- und Finanzmarktes (vor allem über das Medium Geld)

Homogenität → Integration / strukturelle Differenzierung / funktionale Differenzierung → Heterogenität

2.2 Ansätze eines systemtheoretischen Denkens

Erklärungen für gesellschaftliche Veränderungsprozesse

Auch in den Gesellschaftstheorien von COMTE und MARX spielt der Aspekt der gesellschaftlichen Entwicklung und des historischen Wandels eine wesentliche Rolle. Während COMTE Gesellschaften anhand des Erkenntnisfortschritts sowie der Entfaltung der menschlichen Vernunft in drei Stadien einteilt, leitet MARX die aufeinanderfolgenden Gesellschaftsformationen aus der jeweiligen Produktionsweise ab. Der Fortschritt wird von beiden Theoretikern jeweils auf Innovationen eines gesellschaftlichen Teilbereichs – des Wissenssystems bzw. der Ökonomie – zurückgeführt. Hiervon unterscheidet sich nun SPENCERS Gesellschaftstheorie. Entsprechend seiner ganzheitlichen Sicht auf die Gesellschaft geht er davon aus, dass *alle* Teilbereiche, d. h. die arbeitsteilig spezialisierten Subsysteme, in einem *zirkulären* Funktionszusammenhang stehen und erst *zusammen* den gesamtgesellschaftlichen Entwicklungsprozess vorantreiben können.

Comte: 58, 81

Marx: 31, 58, 89

Fortschritt: 23, 49f., 62f., 151

System: 86, 93, Gl

Der systemtheoretische Ansatz

Mit dieser Betrachtungsweise führt SPENCER das systemtheoretische Denken in die Soziologie ein. Doch was verbirgt sich hinter dieser Denkweise? Gesellschaft im Sinne eines Systems wird als so komplex und selbstständig angesehen, dass (in Anlehnung an den philosophischen und bereits von LAO-TSE [4./3. Jh. v. Chr.] überlieferten Lehrsatz) das Ganze mehr ist als die bloße Summe seiner Teile. Die Gesellschaft mit ihren schier unendlichen und ineinander verquickten sozialen Prozessen ist kein überschaubarer Gegenstand (wie etwa eine Perlenkette mit ihrer nachzählbaren Menge von aufgefädelten Perlen). Die Gesellschaft lässt sich auch nicht exakt berechnen (wie etwa die Leistung eines Motors durch Anwendung physikalischer Gesetze).

> Das systemtheoretische Denken reduziert die zu erklärenden Phänomene nicht auf lineare, rein kausale Wirkungszusammenhänge. Vielmehr geht es um die wechselseitige Abhängigkeit (Interdependenz) der einzelnen Bestandteile, aus denen eine Einheit (System oder Aggregat) aufgebaut ist.

Wechselseitige Abhängigkeit

SPENCER betont, dass das Zusammenspiel der einzelnen Teile und ihr Einfluss auf das zusammengesetzte Ganze angemessen berücksichtigt werden müsse und, umgekehrt betrachtet, der Einfluss des Ganzen auf seine Teile (vgl. Spencer 1887 Bd. I, S. 14; Bd. II, S. 12 ff.).

System und Umwelt

Neben dieser Überlegung zum Ganzheitsaspekt von Systemen sind zwei weitere für das systemtheoretische Denken wesentliche Momente in seiner Theorie bereits angelegt. Zum einen arbeitet er mit der Vorstellung der Differenzierung von System und Umwelt. Das System weist eine innere strukturelle Ordnung auf, die durch eine Grenze von negativen Umwelteinflüssen geschützt ist. Allerdings ist ein System nicht hermetisch abgeschlossen. Die Grenze ist wie bei einer Zellmembran auch durchlässig für bestimmte Inputs (z. B. Stoff-, Energie- oder Informationsaufnahme).

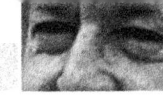

Sozialdarwinismus

Fließ-
gleichge-
wicht:
83ff., 89,
Gl
Soziale
Ordnung:
39, 146,
200f., Gl

Ein weiteres Moment systemtheoretischen Denkens bei SPENCER betrifft das Fließgleichgewicht. Systeme streben einen Zustand an, der ihnen optimale Überlebensmöglichkeiten bietet. Hierzu sollten die einzelnen Teilbereiche möglichst in einem Gleichgewicht liegen und permanent alle bestandsgefährdenden Einflüsse neutralisiert werden. Die Verwendung des Modells vom Fließgleichgewicht erweist sich jedoch als schwere Hypothek. Unterstellt wird nämlich, soziale Ordnung könne nur funktionieren, wenn gesellschaftliche Konflikte unterbunden und radikale Umbrüche verhindert werden. Bei entsprechenden Theorien – hierzu zählt auch die sehr einflussreiche Systemtheorie von TALCOTT PARSONS (1902-1979) – wird die Tatsache unterbelichtet, dass solche Konflikte und Umbruchssituationen oft Katalysatoren für gesellschaftliche Entwicklung sind (angefangen von gewerkschaftlichen Tarifkämpfen bis hin zu politischen Revolutionen).

Statische Gesellschaftstheorie

***Vertiefende Literatur:* Kunczik 1983.**

Übung: Nennen Sie gesellschaftliche Hauptprobleme der deutschen Wiedervereinigung und diskutieren Sie diese unter systemtheoretischer Perspektive!

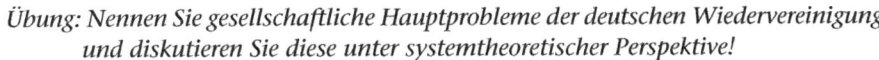

2.3 Sozialdarwinismus

Sozialdar-
winismus:
94, Gl

SPENCER überträgt den darwinistischen Evolutionsgedanken auf seine soziologische Betrachtung der Gesellschaft. Damit geht er deutlich einen Schritt weiter als DARWIN. Das menschliche Zusammenleben sieht er durch einen ‚Kampf ums Überleben' bestimmt. Angesichts der Tatsache, dass es starke und schwache menschliche Individuen gibt, hält er es für die Gesellschaft insgesamt am besten, wenn sich die Starken (die ‚Tauglichsten') ungehindert durchsetzen können. Bei der gesellschaftlichen Entwicklung handle es sich um einen natürlichen Vorgang, der weder einer göttlichen noch einer künstlichen Einflussnahme bedarf. Die soziale Ordnung, so SPENCER, stellt sich (als Fließgleichgewicht) imgrunde selbst her.

Menschliches Zusammenleben als Überlebenskampf

Institu-
tion: 25,
113, Gl

Die weitreichenden ethischen und politischen Konsequenzen dieser sozialdarwinistischen Position nimmt er in Kauf. Er spricht sich dafür aus, dass staatliche Institutionen in den „naturwüchsigen" Entwicklungsprozess der Gesellschaft nicht eingreifen dürfen. Abgelehnt werden vor allem ein staatlich überwachtes Gesundheitswesen und Wohlfahrtsmaßnahmen zur Unterstützung von Armen und Kranken, wenn sie aus den allgemeinen Steuergeldern finanziert werden.

Seine Vorbehalte gegenüber einer sozialstaatlichen Einflussnahme drückt SPENCER zuweilen recht drastisch aus:

Ablehnung einer sozialstaatlichen Einflussnahme

„Den Taugenichts auf Kosten des Guten zu hegen, ist die äusserste Grausamkeit. Es ist ein vorsätzliches Aufspeichern von Elend für künftige Generationen. Es gibt

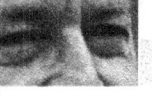

Herbert Spencer

keinen grössern Fluch für die Nachwelt, als den, ihr eine wachsende Bevölkerung von Einfältigen, Müssiggängern und Verbrechern zu vermachen" (Spencer 1896, S. 181 f.).

Vorwurf des Sozialdarwinismus

Formulierungen wie diese brachten ihm häufig den Vorwurf ein, einen unmoralischen Sozialdarwinismus zu propagieren. SPENCER lag viel daran, diesen Vorwurf mittels rein wissenschaftlicher Begründungen zu entkräften (vgl. Spencer 1896 Bd. II, Nachtrag, S. 745 f.). Seine Argumente laufen darauf hinaus, die Leistungsfähigkeit der Gesellschaft *insgesamt* zu betonen. Durch die Unterstützung von Hilfsbedürftigen, die ihrerseits keinerlei Leistungen für die Gesellschaft erbringen, würden notwendige Ressourcen zur weiteren Entwicklung entzogen.

Sozialdarwinismus: 93, Gl

Politische Position des Marktliberalismus

Hier zeigt sich auch die politische Ausrichtung SPENCERS. Offensiv vertritt er die Position des Marktliberalismus, die seit dem 18. Jahrhundert in England enorm an Bedeutung gewann. Mit Zeitgenossen wie JOHN STUART MILL (1806-1873) teilt er die Abneigung gegen ein Übermaß staatlicher Gesetzgebung sowie den beharrlichen Glauben an eine natürliche Selbstregulierung der Gesellschaft. Prozesse des Wachstums und der Entwicklung können behindert und zerrüttet werden, schreibt SPENCER, aber nicht künstlich verbessert werden (vgl. Spencer 1896 Bd. II, S. 254 f., Kap. 11). Überhaupt habe nicht der Bürger für den Staat da zu sein (z. B. in Form von hohen Steuerabgaben), sondern umgekehrt, der Staat müsse die freie Entfaltung des Bürger gewährleisten, damit die Gesellschaft insgesamt vorankommt.

Liberalismus: 95, 175, Gl
Mill: 60

Beseitigung sozialer Missstände durch freiwilliges Engagement

Natürlich sieht auch SPENCER die Notwendigkeit, soziale Missstände in England zu überwinden. Eine Möglichkeit, dass dies nicht auf Kosten der individuellen Freiheit einzelner Gesellschaftsmitglieder geschieht, stellt für ihn ein freiwilliger Zusammenschluss auf genossenschaftlicher Basis dar. Kooperation und Hilfe für den anderen würde nicht zwangsverordnet sondern vielmehr freiwillig, selbstbestimmt und eigenverantwortlich erfolgen.

Freiheit: 152, 181, 202

Ablehnung der Kolonialpolitik sowie einer sozialistischen Verwaltung

Die Konsequenzen seiner sozialdarwinistischen Gesellschaftsbetrachtungen äußern sich jedoch nicht nur in dem Vorbehalt gegenüber einer staatlich alimentierten Sozialhilfe. Ebenso radikal kritisiert er die unterdrückerische Kolonialpolitik Englands (vor allem gegenüber Indien). Schließlich liefert er gar eine verblüffend klare Prognose über den unkontrollierbaren Machtzuwachs eines sozialistischen Verwaltungsapparates. Zu einem Zeitpunkt, als die Errichtung des Sozialismus allenfalls utopischen Charakter hatte, schreibt SPENCER:

Sozialismus: 60, 73
Utopie: 60, 153

„Und wenn eine allumfassende socialistische Ordnung ausgebildet ist, so werden diejenigen, welche ihre Geschicke leiten, unbehindert jeden Zwang ausüben können, der im Interesse des Staatswesen zu liegen scheint (welches in der Praxis mit ihrem eigenen Interesse gleichbedeutend ist) und werden nicht zögern, ihre Allmacht über das ganze Leben der wirklichen Producenten auszudehnen, bis am letzten Ende sich eine Beamten-Oligarchie in ihren verschiedenen Rangklassen herausgebildet hat, eine ungeheuerlichere, schrecklichere Tyrannei als sie die Welt je sah" (Spencer 1891, S. 27).

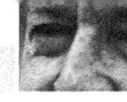

Vertiefende Literatur: Kellermann, 1967, S. 76-81; Kunczik 1983 (insbes. S. 447-450).

Übung: Diskutieren Sie, inwiefern diese Prognose in den sozialistischen Staaten des 20. Jhs. Realität wurde! Suchen Sie dabei nach soziologischen Erklärungsansätzen!

3. Rezeption und Wirkungsgeschichte

Bis in das 20. Jahrhundert hinein hatte SPENCER einen enormen Einfluss unter Soziologen. In Amerika war er der meistzitierte Theoretiker, seine Bücher wurden über 400 000 mal verkauft. Unter den soziologischen Gründungsvätern suchten der frühe GEORG SIMMEL (1858-1918) und EMILE DURKHEIM (1858-1917) einen theoretischen Anschluss.

Vernachlässigung Spencers in der Soziologie

Trotz seiner Bedeutung begann sein Stern ab den 20er Jahren schnell zu sinken. Inzwischen gilt er unter den Soziologen als ein „Klassiker ohne Gemeinde" (Schmid/Weihrich 1996), als ein „vergessener Gigant" (Turner 1985; ähnlich auch Joas 1992, S. 327). Da SPENCER keinen Anschluss an akademische Kreise bzw. Institutionen suchte, konnte er keine eigene Schule hinterlassen. Es gab keine Nachfolger, die sein theoretisches Werk hätten fortführen können. Statt dessen setzte eine vorurteilsbehaftete und ungenaue Rezeption ein. Entweder wurde SPENCER als „ideologisierender Befürworter eines Radikalliberalismus" hingestellt oder als „Vertreter eines längst und völlig zurecht in Vergessenheit geratenen fortschrittsgläubigen, theoretisch unhaltbaren ‚Evolutionismus'" gesehen (vgl. Schmid/Weihrich 1996, S. 2).

Parsons: 210

Überboten wurde die Vernachlässigungsstrategie durch die Verleugnungsstrategie des maßgeblichen Mitbegründers der zeitgenössischen Soziologie nach dem 2. Weltkrieg. PARSONS verkündete in seinem Hauptwerk von 1937, THE STRUCTURE OF SOCIAL ACTION, den Tod SPENCERS. Später jedoch, ohne darauf aufmerksam zu machen, verwendete er dessen grundlegende Begrifflichkeiten und darauf aufbauende Annahmen (Variation, Auslese, Anpassung, Differenzierung, Integration). Auch der für seine Theorie so wesentliche anthropologische Funktionalismus, den er bei BRONISLAW MALINOWSKI (1884-1942) und ALFRED R. RADCLIFFE-BROWN (1881-1955) kennenlernte, geht eigentlich auf SPENCER zurück (vgl. Turner 1985; Schmid/Weihrich 1996, S. 3 Fußn. 6). Eine Wiederbelebung der evolutionistischen Gesellschaftsbetrachtung findet sich schließlich in PARSONS' Spätwerk (vgl. Kunczik 1983, S. 439).

Parsons: „Spencer is dead"

Industriegesellschaft: 23, 89f.

Kritisiert wurde SPENCERS Gesellschaftstheorie von PARSONS und auch anderen Soziologen vor allem deshalb, weil sie auf einer Reihe unhinterfragter und spekulativer philosophischer Annahmen beruht. So ist das Evolutionsgesetz streng genommen nicht operationalisierbar; es kann nicht in historische oder soziologische Daten übersetzt und empirisch überprüft werden. Auch der teleologische Charakter seiner Theorie wird als unhaltbar abgelehnt. Man könne nicht die industrielle Gesellschaft als Endzustand der Gesellschaft definieren,

Kritik an Spencers Gesellschaftstheorie

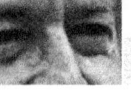

Bleibende Verdienste Spencers

in der die größte Vollkommenheit und vollständiges Glück herrsche, jedoch die Möglichkeit eines Rückfalls in die Barbarei von vornherein ausklammern.

Unbezweifelbar gelang SPENCER eine enorme Steigerung der Abstraktionsleistung und Generalisierungsfähigkeit in der soziologischen Theoriebildung. Er prägte zentrale Begriffe, die bis heute Bedeutung haben. Ebenso gehen bestimmte Grundannahmen innerhalb der Soziologie auf SPENCER zurück – auch wenn sein Name nicht immer genannt wird. So wird in der Regel die gesellschaftliche Entwicklung als ein dynamischer Anpassungsprozess an ständig sich verändernde Umweltbedingungen aufgefasst. Unter Modernisierungstheoretikern wiederum sind unilineare Evolutionsvorstellungen verbreitet, die auf SPENCERs Unterscheidung von vorindustrieller und industrieller Gesellschaft aufbauen.

Gesellsch. Entwicklung: 115

Vertiefende Literatur: Kunczik 1983, Schmid/Weihrich 1996, Turner 1985

4. Zusammenfassung

Evolutionstheorie

Der Entwicklungsweg, den jedes Aggregat (System, Organismus) beschreibt, ist der Übergang von unbestimmter, unzusammenhängender Gleichartigkeit (Homogenität) zu einer bestimmten, zusammenhängenden Ungleichartigkeit (Heterogenität).

Evolutionsprozesse sind nach SPENCER generell durch folgende Merkmale gekennzeichnet:

▸ Integration (einfache Massen- bzw. Größenzunahme);

▸ Differenzierung (Zunahme der Heterogenität in struktureller und funktionaler Hinsicht);

▸ wechselseitige Abhängigkeit der Teile (Herstellen eines organischen Gesamtzusammenhanges);

▸ Fließgleichgewicht (dynamischer Zustand, in dem die optimalen Entfaltungs- und Entwicklungsmöglichkeiten der einzelnen Teilbereiche wie der Gesamteinheit gegeben sind).

Sozialer Organismus und seine Teilsysteme

In Analogie zu lebendigen Organismen wird die Gesellschaft als eine komplexe, sich entwickelnde Einheit aufgefasst, die aus den Handlungen der Individuen resultiert. So wie jede Evolution auf Strukturbildung hinausläuft, prägt die menschliche Gesellschaft Teilsysteme aus, welche unterschiedliche Funktionen zu erfüllen haben. Die arbeitsteilig spezialisierten Subsysteme - insbesondere das Ernährungs-, Verteilungs- und Regulierungssystem - sorgen dafür, dass das Gesamtsystem am Leben erhalten bleibt. Strukturbildung findet immer unter dem prägenden Einfluss von Umweltbedingungen statt, denen sich die Systeme anpassen müssen. Jeder Organismus stellt ein labiles Gleichgewicht dar – eine Reihe sich ausgleichender Funktionen. Das Aufheben dieser Funktionen, die sich die Waage halten, bedeutet den Tod des Organismus.

Entsprechend ihrer Komplexität werden Gesellschaften in Evolutionstypen unterschieden. Die Industriegesellschaft entspricht dem *höchstentwickelten* Typus. Sie ist gekennzeichnet durch eine hohe soziale Aggregation, einen modernen Herrschafts- und Regierungsapparat und leistungsstarke ausdifferenzierte Teilsysteme. Sie löst die *Übergangsgesellschaft* ab, welche noch nicht eine so hohe Komplexität erreicht hat und stark militärisch organisiert ist. Den Ausgangspunkt nimmt die Zivilisationsentwicklung bei einfachen, *ursprünglichen Gesellschaften*.

Gesellschaftliche Evolutionstypen

Die einzelnen Teilbereiche der komplexen Gesellschaft werden als arbeitsteilig spezialisierte Subsysteme betrachtet, die in einem zirkulären Funktionszusammenhang stehen. Während die Gesellschaft eine innere strukturelle Ordnung ausbildet, grenzt sie sich von der äußeren Umwelt ab.

Systemtheoretischer Ansatz

Spencers ablehnende Haltung gegenüber jeglicher institutioneller Bevormundung und sozialpolitischen Reformen resultiert einerseits aus seinen wissenschaftlichen Überlegungen. Zum anderen steht Spencer in der Tradition des liberalistischen Denkens.

Sozialdarwinismus und politische Konsequenzen

Indem Gesellschaft als sich selbst regulierendes System aufgefasst wird, kann dem Staat lediglich die Aufgabe zukommen, die in Konflikt geratenen Interessen der Gesellschaftsmitglieder auszugleichen. Der Staat soll lediglich eine Rechtsgarantie herbeiführen und sich auf die Abwehr innerer und äußerer Feinde beschränken.

5. Kontrollaufgaben

▸ Was sagt das universelle Entwicklungsgesetz im Wesentlichen aus?

▸ Warum wird die Gesellschaft als „sozialer Organismus" bezeichnet?

▸ Wie wird die historische Höherentwicklung der Gesellschaft (Zivilisation) charakterisiert?

▸ Was sind die Elemente systemtheoretischen Denkens in seiner Theorie?

▸ Welche moralisch-politischen Konsequenzen zieht Spencer aus seiner Theorie einer natürlichen gesellschaftlichen Ordnung?

6. Literaturverzeichnis

Joas, Hans (1992): Pragmatismus und Gesellschaftstheorie. Frankfurt/M.

Kellermann, Paul (1967): Kritik einer Soziologie der Ordnung. Organismus und System bei Comte, Spencer und Parsons. Freiburg.

Kunczik, Michael (1983): Elemente der modernen Systemtheorie im soziologischen Werk von Herbert Spencer. In: Kölner Zeitschrift für Soziologie und Sozialpsychologie, S. 438-461.

Parsons. Talcott (1937): The Structure of Social Action. New York.

Schmid, Michael/Weihrich, Margit (1996): Herbert Spencer: Der Klassiker ohne Gemeinde. Augsburg.

Spencer, Herbert (1875): Grundlagen der Philosophie. Stuttgart.

Spencer, Herbert (1875-1906): System der Synthetischen Philosophie. Stuttgart.

Spencer, Herbert (1876): Die Principien der Biologie. Stuttgart.

Spencer, Herbert (1887): Die Principien der Sociologie. Stuttgart.

Spencer, Herbert (1891): Von der Freiheit zur Gebundenheit. Berlin.

Spencer, Herbert (1896): Einleitung in das Studium der Sociologie. Leipzig.

Spencer, Herbert (1905): Eine Autobiographie. Stuttgart.

Turner, Jonathan (1985): Herbert Spencer. A Renewed Appreciation. Beverly Hills.

Matthias Junge

Übergang II: Von den Wegbereitern zu den Gründungsvätern der Soziologie

Sieht man zusammenfassend auf die Wegbereiter der Soziologie, COMTE, MARX und SPENCER zurück, so sind thematische Gemeinsamkeiten in Hinblick auf die Methodenentwicklung (a), die Vorstellungen zur gesellschaftlichen Entwicklung (b) und schließlich Annahmen über das Grundprinzip der Erzeugung einer sozialen Ordnung (c) festzuhalten.

Drei thematische Gemeinsamkeiten der Wegbereiter

Ad a)
Alle drei Wegbereiter der Soziologie denken darüber nach, wie sie die in der Vorgeschichte der Soziologie entstandene Idee systematischen Denkens aufgreifen können. Ihre Versuche zeichnen sich dadurch aus, dass sie sich in dieser Suche am naturwissenschaftlichen Modell der Erforschung von Regelmäßigkeiten orientieren, um ihr theoretisches Denken mit erfahrungsorientiertem Wissen zu unterstützen oder abzusichern.

Methodisches Denken

COMTE geht von einem Positivismus aus, der soziale Zusammenhänge als Tatsachen begreift, die der Erkenntnis unmittelbar gegeben sind und allen Menschen prinzipiell zugänglich sind. Positivismus bedeutet aber auch, dass der Erkenntnisprozess durch intersubjektive Nachvollziehbarkeit gekennzeichnet ist. D. h., dass subjektives „für-wahr-halten" aus dem Prozess der wissenschaftlichen Erkenntnisgewinnung als unwissenschaftlich ausgeschieden wird.

Comtes Positivismus

Auch MARX benutzt das naturwissenschaftliche Denken als Vorbild zur Entwicklung einer eigenen Methode. Allerdings bezieht er sich nicht auf eine konkrete Naturwissenschaft als Vorbild, sondern er greift eher den damaligen Zeitgeist einer allgemein dominierenden Orientierung des Denkens an den Naturwissenschaften auf, um die Methode des historischen Materialismus zu entwickeln. Grob formuliert sagt dieser, dass die historische Entwicklung durch die Entfaltung gesellschaftlicher Widersprüche auf die klassenlose Gesellschaft zugetrieben wird.

Marx' historischer Materialismus

SPENCER orientiert sich in seiner Suche nach einer wissenschaftlichen Methode für seine Arbeiten an der Biologie und entwickelte seine Grundidee von der Soziologie in Anlehnung an dieses Vorbild. Für ihn steht die Entwicklung einer systemtheoretischen Methode im Vordergrund.

Spencers biologistisches Denken

Ad b)
Die Aufdeckung von Entwicklungsgesetzen der Gesellschaft interessiert alle drei Wegbereiter der Soziologie. COMTE versucht mit dem Begriffspaar ‚Statik' und ‚Dynamik' die gesellschaftliche Entwicklung zu begreifen. MARX sucht aus dem Widerspruch zwischen Produktionsverhältnissen und Produktivkräften den gesellschaftlichen Wandel abzuleiten. SPENCER schließlich will mit dem Konzept der Differenzierung und der Idee von der Gesamtgesellschaft als Organismus ihre Entwicklungsgesetzlichkeit angeben.

Entwicklungsgesetze

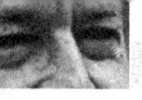

Übergang II

Comtes Dreistadiengesetz

Für COMTE stellt die Entwicklung gesellschaftlichen Wissens den entscheidenden Ansatzpunkt dar, um in gesellschaftliche Entwicklungsprozesse eingreifen zu können. Vor allem die allmähliche Entstehung der Soziologie, die in COMTES Lehrgebäude die Krönung einer kumulativ verlaufenden Wissenschaftsentwicklung darstellt, erlaubt mit dem positivistisch gesicherten Wissen über soziale Sachverhalte die Steuerung der gesellschaftlichen Entwicklung.

Marx' Dialektik von PK und PV

Auch dem historischen Materialismus von MARX liegt die Annahme eines Entwicklungsgesetzes zu Grunde: Die ökonomische Entwicklung strebt durch die dialektische Entfaltung der Widersprüche zwischen Produktionsverhältnissen und Produktivkräften auf ein historisches Entwicklungsstadium zu, in dem das Ende aller Klassengegensätze realisiert wird.

Spencers Evolutionstheorie

Für SPENCER stellt sich, bedingt durch seinen Rückgriff auf die Biologie als Leitwissenschaft, die gesellschaftliche Entwicklung als Entfaltung einer evolutionären Tendenz dar. Diese wird in seinem soziologischen Lehrsatz zur Differenzierung sozialer Systeme zusammengefasst: dass alle Entwicklung eine Entwicklung von homogenen und undifferenzierten Einheiten zu heterogenen und differenzierten Einheiten darstellt. Entwicklung ist bei SPENCER identisch mit voranschreitender Differenzierung.

Ad c)

Geschichtsphilosophisches Ordnungsdenken

Getragen wird das Interesse an der Aufdeckung gesellschaftlicher Entwicklungsgesetze bei den Wegbereitern durch einen Rückgriff auf die Geschichtsphilosophie. Die Wegbereiter sind sich darin einig, dass sich im Zuge der Gesellschaftsentwicklung tragende Prinzipien der Erzeugung einer sozialen Ordnung immer besser durchsetzen und den weiteren Verlauf der Gesellschaftsgeschichte prägen werden. COMTE denkt hier in Begriffen der Sozialtechnologie und einer „wissenden" Elite, die die gesellschaftliche Ordnung durch vernünftige Planung zu erreichen sucht. Stärker an der gesellschaftlichen Praxis orientiert hält MARX es für zwingend, dass revolutionäre Bewegungen zuletzt eine soziale Ordnung gemäß dem Naturgesetz gesellschaftlicher Arbeit verwirklichen würden. SPENCER hingegen geht im Gegensatz zu COMTE und MARX davon aus, dass in die Entfaltung evolutionärer Entwicklungsgesetzlichkeiten und die daraus entstehende Ordnung nicht eingegriffen werden sollte, was sich in seinen Schriften gesellschaftspolitisch als Entfaltung der Idee des Sozialdarwinismus niederschlägt.

Von den Wegbereitern zu den Gründungsvätern

Wegbereiter der Soziologie	Comte	Marx	Spencer
Methodisches Vorgehen	Positivismus	Historischer Materialismus	Biologistisches Denken
Entwicklungsgesetzlichkeit	Dreistadiengesetz	Dialektik von Produktivkräften und Produktionsverhältnissen	Evolutionsgesetz
Geschichtsphilosophisches Ordnungsdenken	Sozialtechnologie	Naturgesetz gesellschaftlicher Arbeit	Sozialdarwinismus

An diese Ausgangslage können die im nächsten Kapitel darzustellenden Gründungsväter der Soziologie, DURKHEIM, SIMMEL und WEBER, jedoch nicht direkt anknüpfen. Dies hat vor allem zwei Gründe: Fortschritte in der Erkenntnistheorie führen zu der Einsicht, dass gesellschaftliche Entwicklungsgesetze nicht einfach in der Realität aufgefunden werden können (a); zudem weckt die sich in industriellen Krisen vollziehende gesellschaftliche Entwicklung Zweifel an den geschichtsphilosophischen Vorstellungen der Wegbereiter der Soziologie (b).

Ad a)
Auch wenn die Wegbereiter der Soziologie von sehr unterschiedlichen methodischen Vorstellungen ausgehen, sind sie sich in einem einig: Sie teilen die Überzeugung, dass die gesellschaftliche Entwicklung Gesetzmäßigkeiten folgt, die festliegen und nur mit geeigneten Methoden entschlüsselt werden müssen. Dass dies aber nicht so einfach ist, hatte KANT in seiner *KRITIK DER REINEN VERNUNFT* (1781) gezeigt. An seine Überlegungen knüpfen später DURKHEIM, SIMMEL, WEBER und PARSONS an. Deswegen werden sie hier kurz dargestellt.

Probleme soziologischer Evolutionstheorien

Ausgangspunkt für KANTS Überlegungen ist HUMES *UNTERSUCHUNG ÜBER DEN MENSCHLICHEN VERSTAND* (erstmals 1748). Diese Studie versucht eine klare Grenze zwischen dem, was der Mensch erkennen kann und einer „falschen Metaphysik" spekulativer Aussagen zu ziehen. Eine solche Grenzziehung wollte HUME

Kant und Hume

> „durch eine ernstliche Untersuchung der Natur des menschlichen Verstandes und durch den aus genauer Zergliederung seiner Kräfte und Fähigkeiten gewonnenen Nachweis [erreichen], daß er keineswegs für solch entlegene und dunkle Gegenstände geeignet ist. Wir müssen uns dieser Mühe unterziehen, um nachher für alle Zeiten in Ruhe leben zu können" (Hume 1748, S. 3).

HUME unterscheidet zwischen Vernunftwahrheiten und Tatsachenwahrheiten. Vernunftwahrheiten sind vor allem mathematische Sätze, die mit Hilfe der Logik bewiesen werden können. Sie gelten unabhängig davon, ob sie empirisch

Kausalität als psychologische Notwendigkeit

auftreten oder nicht. Tatsachenwahrheiten sind dagegen empirisch auftretende Ereignisse. Die entscheidende Frage ist nun, mit welcher Gewissheit wir Beziehungen zwischen empirischen Ereignissen annehmen und daraus Prognosen für die Zukunft entwickeln können. Alle unsere Annahmen über kausale Beziehungen, also über Ursachen und Wirkungen, beruhen auf menschlichen Erfahrungen, die in die Zukunft projiziert werden. „Wird uns ein Körper von gleicher Farbe und Beschaffenheit wie des früher gegessenen Brotes vorgelegt, so ... erwarten wir mit Gewißheit gleiche Nahrung und Kräftigung" (Hume 1748, S. 44). Ohne eine solche assoziative Annahme wäre menschliches Leben praktisch unmöglich. Diese Beobachtung wendet Hume ins Grundsätzliche und erklärt das Kausalitätsdenken zu einer psychologischen Notwendigkeit des Beobachters, die nichts mit Gesetzmäßigkeiten der beobachteten Ereignisse und Tatsachen zu tun habe.

> „Die Notwendigkeit einer Handlung in der Körper- und Geisteswelt ist streng genommen keine Eigenschaft an dem wirkenden Element, sondern in irgendeinem denkenden oder vernünftigen Wesen, das etwa die Handlung betrachtet; und sie besteht hauptsächlich in der gedanklichen Nötigung dieses Wesens" (Hume 1748, S. 111).

Humes Anti-Metaphysik

Nach Hume können wir außerhalb der Mathematik keine Gewissheit über die Beziehungen zwischen Tatsachen oder Ereignissen gewinnen, sondern nur Wahrscheinlichkeitsregeln aufstellen. Alles, was über die Beschreibung der Wirklichkeit mit statistischen Methoden hinausgeht, führt in den Bereich des Glaubens, der wiederum psychologisch erklärt werden kann. In den Augen Humes ist damit auch die Suche nach „Naturgesetzen" schlechte Metaphysik und unterscheidet sich nicht grundsätzlich vom religiösen Denken.

Analytische und synthetische Urteile

In der KRITIK DER REINEN VERNUNFT nimmt Kant Humes Thesen auf, versucht aber eine Brücke zu bauen zwischen den bei Hume strikt getrennten Bereichen der praktischen menschlichen Erfahrung auf der einen und den mathematischen Sätzen auf der anderen Seite. Kants Argumentation baut auf der Unterscheidung zwischen analytischen und synthetischen Urteilen auf. Analytische Urteile sind Sätze, die nur erläuternden Charakter haben. Sie sind grundsätzlich nicht geeignet, unser Wissen über die Realität zu erweitern. Hierzu sind synthetische Urteile erforderlich, also Sätze, die Zusammenhänge zwischen analytischen Begriffen und einer damit erfassten Realität herstellen. Solche Sätze findet Kant in der Mathematik und stimmt mit Hume darin überein, dass sie nicht direkt aus empirischen Beobachtungen abgeleitet werden können. Mathematische Sätze, wie z. B. der, dass die Gerade die kürzeste Verbindung zwischen zwei Punkten sei, hätten aber auch etwas mit den menschlichen Erfahrungen zu tun. Sie sind nämlich in der Lage, die menschlichen Wahrnehmungen der Realität zu strukturieren. Das ist der für Kant entscheidende Punkt, der Sinneseindrücke und synthetische Urteile wieder zusammenführt. Die eigentliche Frage sei nämlich: „Wie sind synthetische Urteile a priori möglich?" (Kant 1781, B 19).

Synthetische Urteile und Realität

In dieser Fragestellung ist bereits die Antwort auf Hume indirekt mit enthalten. Es sei zwar richtig, dass „synthetische Urteile" nicht aus der Erfahrung gewonnen werden, denn sie sind ein Produkt menschlichen Geistes. Aber die-

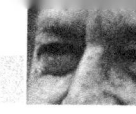

Von den Wegbereitern zu den Gründungsvätern

se synthetischen Urteile strukturieren unseren Zugang zur Realität, sie legen also unsere Wahrnehmung der Realität fest. Folglich sind synthetische Urteile um so wertvoller, je besser sie für die Verarbeitung der Realität fruchtbar gemacht werden können.

Von KANT ausgehend ist noch eine zweite Unterscheidung für die weitere Entwicklung der Soziologie wichtig: die zwischen ‚Form' und ‚Inhalt'. Der Begriff ‚Form' zielt auf die Leistungen des menschlichen Verstandes, die a priori gegeben sein müssen, der sinnlichen Wahrnehmung also vorausgehen. Als ‚Inhalt' wird dagegen die ungeordnete Vielfalt sinnlicher Eindrücke bezeichnet, die erst durch die apriorischen Formen geordnet und verarbeitet werden kann. Vom Prinzip her versucht KANT zu zeigen, dass die sinnliche Erfahrung erkenntnisabhängig ist und nicht umgekehrt. Das schließt natürlich nicht aus, dass es im Verlauf der Menschheitsentwicklung wie auch der individuellen Entwicklung zu Wechselwirkungen zwischen Inhalt und Form kommt, dass Menschen ihre sinnlichen Eindrücke dazu verwenden, den Begriffsapparat, also die apriorischen Formen, zu verbessern.

Form und Inhalt

Diese Überlegungen KANTS ermöglichen den soziologischen Gründungsvätern eine wichtige Einsicht, weil sie klarmachen, dass ohne die Entwicklung eines auf das Feld des Sozialen zugeschnittenen Begriffsapparates überhaupt keine einschlägigen Beobachtungen gemacht werden können. Darüber hinaus lassen sich die erkenntnistheoretischen Überlegungen KANTS so verstehen, dass die heuristische Fruchtbarkeit eines solchen Begriffsapparates nur in enger Verzahnung mit seiner empirischen Anwendung beurteilt werden kann. Nach KANT ist es aber nicht möglich, das grundlegende Begriffsinstrumentarium aus der Empirie selbst zu gewinnen. Es stellt immer eine vom menschlichen Verstand bestimmte Konstruktionsleistung des Wissenschaftlers dar.

Voraussetzung konstruierter Begriffe in der Wissenschaft

Die Vorstellung einer naturgesetzlich geordneten Welt, deren Regeln und Gesetzmäßigkeiten nur durch die Wissenschaft aufzudecken wären, erscheint im Lichte dieser erkenntnistheoretischen Überlegungen zu einfach. Auch dort, wo es gelungen ist, solche „Naturgesetze" zu fixieren, wie beispielsweise in der von NEWTON entwickelten Mechanik, handelt es sich nur um Gesetzmäßigkeiten zweiter Ordnung. Zunächst einmal muss auch hier der Wissenschaftler vorab grundlegende Begriffe wie Kraft und Weg definieren, bevor mit ihrer Hilfe Gesetzmäßigkeiten wie z. B. das Fallgesetz „entdeckt" werden können. Weitere Fortschritte in der Physik führen dann immer wieder dazu, dass die grundlegenden Begriffe überarbeitet und modifiziert werden müssen, um eine einheitliche Kategorisierung des Gegenstandsbereiches zu erreichen.

Abhängigkeit des wissenschaftlichen Fortschritts von Begriffen

Ad b)
Zu den durch diese erkenntnistheoretischen Überlegungen ausgelösten Zweifeln an der naiven Annahme von „Naturgesetzen" und auch „gesellschaftlichen Entwicklungsgesetzen" kommen nun noch Zweifel am Entwicklungsoptimismus hinzu. Ausgelöst durch die sich in industriellen Krisen und politischen Erschütterungen zeigende geistige Krise verlieren geschichtsphilosophische Annahmen über den Verlauf der gesellschaftlichen Entwicklung ihre Glaubwürdigkeit.

Aufgabe der Geschichtsphilosophie

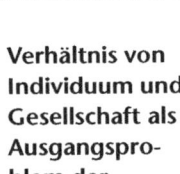

Übergang II

Verhältnis von Individuum und Gesellschaft als Ausgangsproblem der Soziologie

Es wird nun nicht mehr, wie noch bei COMTE, die Hoffnung auf die Planbarkeit der gesellschaftlichen Entwicklung gesetzt, sondern die durch den gesellschaftlichen Fortschritt erzeugten sozialen und politischen Probleme wurden in den Mittelpunkt der Aufmerksamkeit gerückt. Dadurch verschiebt sich der Ausgangspunkt soziologischen Fragens: Es beginnt mit der Gegenüberstellung von Individuum und Gesellschaft. Auf der einen Seite findet sich die krisenhafte Gesellschaft und auf der anderen das Individuum, das handelnd in das gesellschaftliche Gefüge eingreift und die Form und das Ausmaß der gesellschaftlichen Integration durch sein Handeln gestalten kann.

Fünf gemeinsame Fragestellungen der Gründungsväter

Neben dieser durch ähnliche historische Zeitumstände naheliegenden Gemeinsamkeit der Gründungsväter der Soziologie lassen sich auch in systematischer Hinsicht miteinander verwandte Fragestellungen aufzeigen. Zu diesen gehört erstens, dass sie die Soziologie als Feld innerhalb der Wissenschaften definieren, d. h. ihr einen je eigenen Gegenstand oder eine je eigene Perspektive auf einen bestimmten Gegenstand zugrunde legen. Aus dieser Definition ergeben sich in einem zweiten Schritt Folgerungen für die Frage: Was ist Gesellschaft? Die Gründungsväter öffnen sich drittens für Bemühungen um eine methodische Weiterentwicklung der erfahrungswissenschaftlichen Orientierung der Soziologie. Sie reagieren viertens auf die geistige Krise, indem sie zeitdiagnostische Deutungen ihrer Gesellschaften ausarbeiten, um ein Verständnis für die Ursachen der Krise und ihre Auswirkungen auf die Individuen zu entwickeln. Deshalb schließlich orientieren sie sich fünftens nicht mehr am Problem der gesellschaftlichen Ordnung, sondern konzentrieren sich auf die Frage nach der sozialen Integration, d. h. auf die Frage nach der Einbindung des Individuums in die Gesellschaft.

Definitionen der Soziologie

Alle drei Gründungsväter definieren Soziologie in unterschiedlicher Weise. DURKHEIM kennzeichnet den Gegenstand der Soziologie als die Beschreibung und Erklärung sozialer Tatsachen in morphologischer Absicht, d. h. mit dem Ziel der Unterscheidung normaler von pathologischen sozialen Formen. SIMMEL begreift Soziologie als eine sinnverstehende (phänomenologische) Wissenschaft, der es um die Rekonstruktion der Wechselwirkungen geht, die zwischen den Individuen in ihren Interaktionen stattfinden. Für WEBER schließlich ist Soziologie eine Wissenschaft vom sozialen Handeln.

Gesellschaftsbegriffe der Soziologie

Aus diesen Definitionen ergeben sich unterschiedliche Vorstellungen hinsichtlich des Gesellschaftsbegriffs. Die Soziologie DURKHEIMS versteht Gesellschaft als einen moralischen Zusammenhang. Hingegen ist bei SIMMEL Gesellschaft ein formaler Summenbegriff, d. h. die begriffliche Zusammenfassung aller Wechselwirkungen, ohne dass der Begriff selbst noch ein tragender Bestandteil der Soziologie von SIMMEL ist. Auch die Soziologie von WEBER kommt ohne den Gesellschaftsbegriff aus und arbeitet mit dem Begriffspaar Vergemeinschaftung und Vergesellschaftung, um sich dem Gegenstand der Soziologie zu nähern.

Methoden der Soziologie

In methodischer Hinsicht bringen die drei Gründungsväter jeweils unterschiedliche Perspektiven zum Ausdruck. DURKHEIM entwickelt einen exemplarischen Kanon soziologischen Arbeitens, der von der Annahme ausgeht, dass soziologische Tatbestände wie Dinge zu betrachten seien und für die Soziolo-

Von den Wegbereitern zu den Gründungsvätern

gie ein an das Modell naturwissenschaftlicher Erklärungen angelehntes Wissenschaftsverständnis entfaltet. SIMMEL und WEBER sind sich hingegen darin einig, dass die Soziologie eine sinnverstehende Wissenschaft ist und einem von dem naturwissenschaftlichen Modell verschiedenen an der besonderen Bedeutung des Verstehens für soziale Beziehungen und soziales Handeln orientiertem Wissenschaftsmodell folgt. SIMMEL zielt dabei auf eine sinnverstehende (phänomenologische) Methode, während WEBER Sinnverstehen und Erklären zu verbinden sucht.

Zeitdiagnosen

Die Zeitdiagnosen der Gründungsväter zeigen sich im Gewand unterschiedlicher Problemstellungen. Für DURKHEIM waren steigende Selbstmordraten ein Indikator für die Krise, SIMMEL problematisierte vor allem die Auswirkungen der Geldwirtschaft auf die sozialen Beziehungen und WEBER beklagt den vom Individuum erlittenen Sinn- und Freiheitsverlust im Zuge der gesellschaftlichen Entwicklung.

Integration

Gemeinsam ist den drei Diagnosen, dass sie mit dieser Fragerichtung auch die Konzentration der Wegbereiter auf die Frage nach der sozialen Ordnung verlassen. Sie stellen nun die Frage nach der gesellschaftlichen Integration vor dem doppelten Hintergrund zunehmender gesellschaftlicher Differenzierung und dem sich aus den Zeitdiagnosen ergebenden Bild des Individuums als dem Leidtragenden der gesellschaftlichen Entwicklungsprozesse.

Das bisher im Vorgriff Ausgeführte lässt sich in fünf die folgenden Darstellungen der Gründungsväter der Soziologie leitenden Fragen zusammenfassen:

1. Was bedeutet Soziologie?

2. Was heißt Gesellschaft?

3. Mit welchen Methoden kann die Soziologie arbeiten?

4. Wie sehen die Zeitdiagnosen der Gründungsväter der Soziologie aus?

5. Was heißt soziale Integration?

Verwendete Literatur:

Hume, David (1748): Eine Untersuchung über den menschlichen Verstand. Zitiert nach R. Richter. 1928/29. Hamburg.

Kant, Immanuel (1781): Kritik der reinen Vernunft. Riga.

Drittes Kapitel

Gründungsväter der Soziologie um 1900

EMILE DURKHEIM

GEORG SIMMEL

MAX WEBER

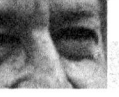

Emile Durkheim

1.	Einleitung	109
1.1	Biographie und Zeitbezug	109
1.2	Durkheims Denkweise	111
2.	Durkheims Beitrag zur Soziologie	113
2.1	Gesellschaft als Moralordnung	113
2.2	Die Regeln der soziologischen Methode	119
2.3	Eine Typologie der Ursachen von Selbstmorden	120
2.4	Religionssoziologie	124
2.5	Moral und Moralerziehung	125
2.6	Durkheims Diagnose über den Zustand der gesellschaftlichen Solidarität	127
3.	Rezeption und Wirkungsgeschichte	128
4.	Zusammenfassung	129
5.	Kontrollaufgaben	130
6.	Literaturverzeichnis	130

Matthias Junge

EMILE DURKHEIM

geboren am 15. 4. 1858 in Epinal; gestorben am 15. 11. 1917 in Paris.

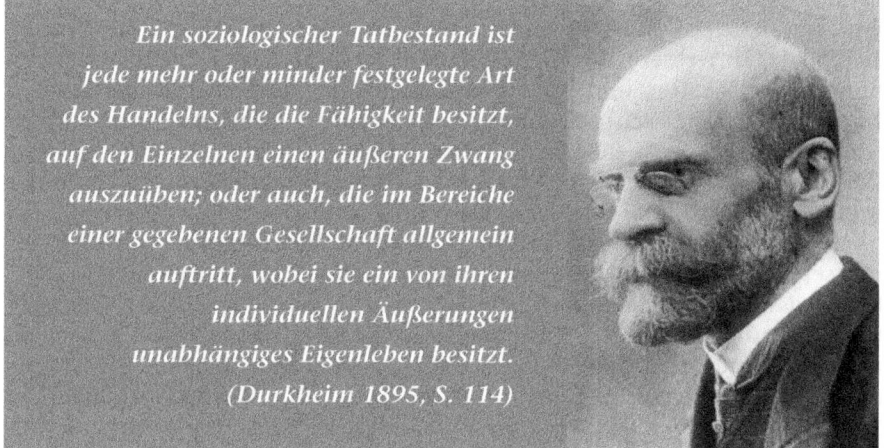

Ein soziologischer Tatbestand ist jede mehr oder minder festgelegte Art des Handelns, die die Fähigkeit besitzt, auf den Einzelnen einen äußeren Zwang auszuüben; oder auch, die im Bereiche einer gegebenen Gesellschaft allgemein auftritt, wobei sie ein von ihren individuellen Äußerungen unabhängiges Eigenleben besitzt.
(Durkheim 1895, S. 114)

1. Einleitung

Regeln: 119f.
Integration: 114ff.,
Anomie: 122

EMILE DURKHEIM hinterließ der Soziologie viele heute noch prägende Einsichten, Methoden und Problemstellungen. Zu erwähnen sind hier die Entwicklung methodischer Regeln für das soziologische Arbeiten, die Hinführung der Soziologie zur Problematik der gesellschaftlichen Integration, seine Selbstmordstudie und seine Religionssoziologie. Daneben hat er bis heute gebräuchliche Konzepte eingeführt, so etwa Anomie, d. h. gesellschaftliche Normlosigkeit, oder die Frage nach den sozialen Quellen der Moral, die die weitere Loslösung der Soziologie von der Philosophie begleitete.

Durkheims Bedeutung für die Soziologie

1.1 Biographie und Zeitbezug

DAVID EMILE DURKHEIM wurde am 15. April 1858 in dem kleinen lothringischen Dorf Epinal als Sohn eines Rabbiners geboren. 1879 wurde er in die École Normale Supérieure aufgenommen, um dort 1882 seine Agrégation, seinen Abschluss abzulegen. Nach seiner Agrégation arbeitete er bis 1885 als Lehrer an verschiedenen Schulen, um daran anschließend eine längere Forschungsreise nach Deutschland zu unternehmen. Diese Forschungsreise endete mit der Abfassung von zwei Berichten über den Stand der Moralwissenschaft in

Durkheims Biographie

Deutschland. Sie wurden vom Ministerium in Frankreich sehr wohlwollend aufgenommen, weil zur damaligen Zeit in Frankreich eine Reform des Erziehungs- und Bildungssystems anstand und Deutschlands Bildungswesen als vorbildlich galt. Aufgrund der Anerkennung seiner Berichte wurde DURKHEIM 1887 zum Professor in Bordeaux ernannt, wo er Pädagogik und Sozialwissenschaften lehrte. Von 1902 bis zu seinem Tode am 15. November 1917 war er Professor für Erziehungswissenschaften an der Sorbonne in Paris. Dort erhielt er 1906 die Ehre einer Umwidmung seines Lehrstuhls zum Lehrstuhl für Erziehungswissenschaften und Soziologie. Damit war sein Lehrstuhl der Erste in Frankreich, der die Fachbezeichnung Soziologie trug – eine erste institutionelle Anerkennung der Soziologie als Wissenschaft.

Durkheims Werke

In die Jahre in Bordeaux fielen DURKHEIMS erste wichtige wissenschaftliche Arbeiten. Er schrieb dort seine große Studie über die soziale Arbeitsteilung, seine lateinische Dissertation über CHARLES DE MONTESQUIEU (1689-1755) und seine Untersuchung über den Selbstmord. Zudem befasste er sich mit erziehungswissenschaftlichen, pädagogischen und moralpädagogischen Fragestellungen und gründete 1898 (König 1976, S. 404) seine eigene Zeitschrift L' ANNÉE SOCIOLOGIQUE. In die Zeit an der Sorbonne fällt die Entwicklung einer eigenständigen Religionssoziologie, in der eine Wissenssoziologie des Symbolischen entwickelt wird, die Aussagen über den Zusammenhang zwischen sozialen Strukturen und Symbolen trifft und die Idee entfaltet, dass in den religiösen Systemen und der Religionsausübung letztlich ein Spiegelbild der Macht der Gesellschaft verehrt wird.

Montesquieu:22f.

Dreyfus-Affäre

Die Biographie DURKHEIMS verlief stetig, er war kein Mensch, der außerhalb der Universität im öffentlichen Leben in Erscheinung trat. Es ist deshalb nicht unberechtigt im Anschluss an RENÉ KÖNIG (1906-1992) (vgl. 1976, S. 314) zu sagen, dass DURKHEIMS Leben mit seinem Werk identisch ist. Gerade deshalb ist allerdings eine Situation bemerkenswert, in der DURKHEIM in einer öffentlichen Debatte – der sogenannten Dreyfus-Affäre – Stellung bezog. ALFRED DREYFUS (1859-1935) war ein Hauptmann der französischen Armee, der des Landesverrats beschuldigt wurde. Später stellte sich aber heraus, dass der wirkliche Täter ein Generalstabsoffizier ESTERHAZY war. Die damalige Verurteilung von DREYFUS löste rege öffentliche Kontroversen aus, denn er war ein jüdischer Offizier. Viele erblickten deshalb in seiner Verurteilung das Wiederaufkommen antisemitischer Strömungen. Er griff in diese Debatte ein, allerdings nicht, weil er selbst jüdischer Herkunft war, sondern weil er die Dreyfus-Affäre als Ausdruck der moralischen Krise der Gesellschaft verstand. Diese Intervention DURKHEIMS in die öffentliche Diskussion zeigt vor allem, dass sich wissenschaftliches Interesse an gesellschaftlichen Problemen und soziales Engagement in konkreten gesellschaftlichen Streitfragen einander nicht widersprechen müssen.

Dreyfus: 113

Vertiefende Literatur: König 1976, S. 312-320.

110

1.2 Durkheims Denkweise

Methode: 112, 119f., Gl

DURKHEIM ist an der Grundlegung der Soziologie und ihrer institutionellen Etablierung interessiert. Allerdings ist zu seiner Zeit die Entwicklung der Wissenschaften bereits soweit fortgeschritten, dass er seine Aufmerksamkeit nicht auf die Entwicklung einer eigenständigen Denkweise richtet, sondern sich auf die Entwicklung von Methoden und Techniken der soziologischen Forschung konzentriert. Unabhängig von diesen Methoden soziologischen Forschens hat sein Denken jedoch ein Merkmal, welches bereits hier darzustellen ist, weil es beständig seine Zugangsweise zu den sozialen Phänomenen bestimmt.

Methoden der Soziologie

DURKHEIM orientiert sich an einem naturwissenschaftlichen Modell für die Wissenschaft Soziologie: Soziologie zielt auf die Rekonstruktion kollektiver Wissensbestände, die als Realitäten sui generis, d. h. als eigenständige Realitäten, die Handlungsweisen der Menschen beeinflussen. So wie wir an materiellen Gegenständen anstoßen können, so können wir uns auch an immateriellen Imperativen stoßen, die die kollektiven Wissensbestände enthalten. Sie führen dazu, dass wir als Reaktion auf dieses Gefühl des Anstoßens in einer bestimmten sozial erwünschten Richtung handeln. Diese Tatbestände sind von ähnlicher Art wie Erscheinungen der natürlichen Realität. Soziale Tatsachen oder Tatbestände stellen eine

Soziologische Tatsachen

„Klasse von Tatbeständen von sehr speziellem Charakter vor: sie bestehen in besonderen Arten des Handelns, Denkens und Fühlens, die außerhalb der Einzelnen stehen und mit zwingender Gewalt ausgestattet sind, kraft derer sie sich ihnen aufdrängen. Mit organischen Erscheinungen sind sie nicht zu verwechseln, denn sie bestehen aus Vorstellungen und Handlungen, ebensowenig mit psychischen Erscheinungen, deren Existenz sich im Bewußtsein des Einzelnen erschöpft" (Durkheim 1895, S. 107).

Einerseits sind also soziale Tatbestände wie Gegenstände der Naturwissenschaften beschaffen: sie stehen uns gegenüber, gelegentlich durch ihre Widerständigkeit Anstoß erregend. So gibt es beispielsweise Normen der Höflichkeit, die uns gelegentlich dazu auffordern, weiterhin höflich zu bleiben, obwohl wir am liebsten aus der Haut fahren würden. Andererseits sind die sozialen Tatbestände keine im körperlichen Sinne „greifbaren" Gegenstände, denn ihre Widerständigkeit ist keine Folge physischer oder psychischer Verursachung, sondern sie ist eine Folge davon, dass soziale Tatbestände kollektive Vorstellungen, d. h. geistige Gebilde sind. In diesem Sinne fasst DURKHEIM seine Auffassung über die ihm geeignet erscheinende Annäherung an soziologische Tatbestände so zusammen: „Die erste und grundlegendste Regel besteht darin, die soziologischen Tatbestände wie Dinge zu betrachten" (Durkheim 1895, S. 115).

Betrachtung soziologischer Tatsachen wie Dinge

Ersichtlich ist, dass hier ein naturwissenschaftliches, nomologisches, d. h. am Auffinden sozialer Gesetze und ihrem Einsatz in Erklärungen sozialer Zusammenhänge interessiertes, Modell für die methodologische Begründung der Soziologie Pate steht. DURKHEIM ging davon aus, dass soziale Regelmäßigkeiten wie Naturgesetze zu betrachten und zu analysieren seien. Für das Ver-

Wissenschaft Frankreichs um 1900

Emile Durkheim

ständnis der Entwicklung seiner Soziologie ist die historische Situierung seines Schaffens in Frankreichs Wissenschaftssystem wichtig, denn er wollte nicht nur die Soziologie als ein Gedankengebäude entwickeln, sondern war auch daran interessiert, der Soziologie als einer sozialen Institution im damaligen Wissenschaftssystem einen Platz zu erkämpfen. Die Notwendigkeit der Durchsetzung eines Raumes für soziologisches Denken in den Universitäten ist ein Hintergrund, um verstehen zu können, warum in einer von den Naturwissenschaften dominierten Wissenschaftslandschaft eine naturwissenschaftliche Methodologie für die Soziologie vorgeschlagen wurde. Diese Methode verbesserte die Anerkennungschancen der neuen Wissenschaft – selbst wenn Skeptiker fragen konnten, ob man denn diese Wissenschaft benötige, zumindest war sichergestellt, dass sie Wissenschaft war, weil sie naturwissenschaftliche Methoden benutzte.

Methode: 111, 119f., GI

Verhältnis von Erkenntnisvorgang und -gegenstand

Wichtig ist weiterhin, dass DURKHEIM nicht von „sozialen", sondern von „soziologischen" Tatsachen spricht. Eine soziologische Tatsache kommt, das ist eine Konsequenz der Erkenntnistheorie von IMMANUEL KANT (1724-1804), nur im Rahmen eines theoretischen Zusammenhangs, einer theoretischen Sichtweise zu Stande. Entwickelte RENÉ DESCARTES (1596-1650) den Rationalismus als Antwort auf die Frage nach einer sicheren Grundlage der Erkenntnis, so geht KANT darüber hinaus und baut den Rationalismus zu einer umfassenden Erkenntnistheorie über den Zusammenhang von Erfahrung und Vernunft aus. Diese beruht auf der Anerkennung der Gleichberechtigung und Zusammengehörigkeit zweier Erkenntniswege: Erfahrung und vernünftiges Denken. Nur beide Erkenntnisquellen zusammen konstituieren „begriffene Wirklichkeit". Diese erkenntnistheoretische Position wird DURKHEIM vor allem von dem am Neukantianismus orientierten Philosophen CHARLES RENOUVIER (1818-1903) und dem Historiker FUSTEL DE COULANGES (1830-1889) vermittelt.

Kant: 103

 Ein Tatbestand wird erst durch die soziologische Perspektive zu einer soziologischen Tatsache.

Beispiel für den Unterschied zwischen sozialer und soziologischer Tatsache

Der Unterschied zwischen „sozialen" und „soziologischen" Tatsachen lässt sich verdeutlichen, wenn man sich vor Augen hält, dass die Soziologie eine bestimmte Sicht- und Interpretationsweise auf die Wirklichkeit richtet. In dieser Perspektive werden „Tatbestände" dann als „soziologische Tatsachen" interpretiert. Gleichermaßen kann beispielsweise die Psychologie oder die Ökonomie ihren Blick auf dieselben „Tatbestände" richten und diese dann als „biologische", „psychologische" oder „ökonomische" Tatsachen interpretieren. So kann beispielsweise das Einkaufen von Brötchen aus der Perspektive jeder dieser Wissenschaften rekonstruiert werden. Aus der Sichtweise der Biologie würde der Prozess der Nahrungsaufnahme und die physiologischen Vorgänge der Verdauung in den Mittelpunkt rücken. Aus psychologischer Sicht würden Muster der innerseelischen Zuständlichkeiten von Käufern und Verkäufern beschrieben. Aus soziologischer Perspektive würde das Augenmerk auf das

Gesellschaft als Moralordnung

Geschehen gerichtet werden, wie es zwischen den zwei Personen entlang der Regelmäßigkeiten von Handlungen zwischen typischen Verkäufern und typischen Kunden verläuft. In ökonomischer Hinsicht schließlich würde interessieren, zu welchem Angebotspreis die Brötchen verkauft werden und ob der Kunde diesen Angebotspreis annimmt oder nicht.

Vertiefende Literatur: Durkheim 1895, S. 105-114.

2. Durkheims Beitrag zur Soziologie

2.1 Gesellschaft als Moralordnung

DURKHEIM begreift Gesellschaft als einen moralischen Zusammenhang. Dieses Verständnis der Soziologie als Moralwissenschaft zeigt sich an zwei Punkten: einerseits in der inhaltlichen Begründung seines Engagements in der bereits erwähnten Dreyfus-Affäre und andererseits an einem Merkmal des Begriffs der sozialen Tatsache.

<small>Dreyfus: 110</small>

Die gesellschaftliche Krise, so argumentierte DURKHEIM in der Dreyfus-Affäre, wird durch die Zunahme des egoistischen Individualismus, d. h. der rücksichtslosen Orientierung des Handelns ausschließlich an den eigenen Interessen verursacht. In seinem Aufsatz *DIE INTELLEKTUELLEN UND DER INDIVIDUALISMUS* von 1898 stellte er diesem egoistischen Individualismus einen moralischen Individualismus entgegen. Dieser beruht auf universalistischen Wertorientierungen und dem „Kult des Individuums", d. h. der Annahme, dass der Mensch als „heilig" zu betrachten und zu behandeln sei. Mit diesem Modell des moralischen Individualismus wird zugleich ein beispielhafter Ausweg aus der moralischen Krise der Gesellschaft gewiesen.

<small>Institution: 25, 169, Gl</small>

Dass DURKHEIM Gesellschaft als einen moralischen Zusammenhang betrachtet, wird auch an seinen Definitionen sozialer und moralischer Tatsachen deutlich. In *DIE REGELN DER SOZIOLOGISCHEN METHODE* werden soziale Regeln durch ihren Zwangscharakter und ihr „Erstrebenswertsein" gekennzeichnet, denn Institutionen „verpflichten uns und sie sind uns wert" (Durkheim 1895, S. 98). Aber auch Moral und die moralischen Regeln werden als zwingende Kräfte und als erstrebenswerte Objekte definiert. Denn moralische Regeln werden durch die Merkmale der „Obligation", d. h. der Verpflichtung zu einem bestimmten Handeln, und eines gewissen „Erstrebenswertseins" gekennzeichnet (Durkheim 1895, S. 93). Das ist eine seiner grundlegenden Argumentationsstrategien, wenngleich umstritten ist, ob man soziale und moralische Tatsachen auf diese Weise miteinander identifizieren darf. Es ist jedoch konsequent im Hinblick auf die Entwicklung einer Soziologie als Moralwissenschaft, die letztlich eine „‚Moralpolitik' auf sozialwissenschaftlicher Grundlage" (Müller 1991, S. 333) sein will.

<small>Moralwissenschaft</small>

<small>Moralischer Individualismus</small>

<small>Soziale und moralische Tatsachen</small>

Emile Durkheim

▶ DURKHEIM begreift Gesellschaft als einen moralischen Zusammenhang.

Vertiefende Literatur: Müller 1991, S. 307-341.

Übung: Vergleichen Sie Durkheims Vorstellung von der Gesellschaft als einen moralischen Zusammenhang mit der Vorstellung von Karl Marx.

Frage nach dem gesellschaftlichen Zusammenhalt

Weil sich der sozial-moralische Zusammenhang im Zuge der Gesellschaftsentwicklung immer wieder verändert, ist immer neu zu fragen: Was hält die Gesellschaft zusammen? An diese Problemstellung knüpft die Studie ÜBER SOZIALE ARBEITSTEILUNG von 1893 an. Im Vorwort zur ersten Auflage stellt DURKHEIM die Frage, wie es kommt, dass einerseits die Individuen immer individualisierter, einzigartiger und unterscheidbarer werden und auf der anderen Seite der soziale Zusammenhang zwischen den Individuen, die soziale Solidarität anwächst.

> „Die Frage, die am Anfang dieser Arbeit stand, war die nach den Beziehungen zwischen der individuellen Persönlichkeit und der sozialen Solidarität. Wie geht es zu, daß das Individuum, obgleich es immer autonomer wird, immer mehr von der Gesellschaft abhängt? Wie kann es zu gleicher Zeit persönlicher und solidarischer sein?" (Durkheim 1893, S. 82).

Solidarität: 44, 49, 115-117

Segmentäre und funktionale Differenzierung

Zentral für die Beantwortung der Frage nach der Stärke der gesellschaftlichen Integration, d. h. nach der Intensität der sozialen Beziehungen zwischen den Menschen, ist für ihn der Unterschied zwischen Gesellschaften, die eine segmentäre Differenzierung und Gesellschaften, die eine funktionale Differenzierung aufweisen. Segmentäre Differenzierung besagt, dass es viele gleichartige gesellschaftliche Einheiten gibt, die in ihrer inneren Struktur gleich aufgebaut sind und nebeneinander stehen. Funktionale Differenzierung bedeutet hingegen, dass die Gesellschaft eine Einheit ist, die sich in unterscheidbare Funktionssysteme ausdifferenziert hat, die jeweils spezielle Beiträge für das Gesamte der Gesellschaft erbringen.

Integration:115f., 124f., Gl Differenzierung: 88, 147, 208, Gl

Differenzierungsformen als Idealtypen

Unter Rückgriff auf die Annahme, dass einfache soziale Erscheinungen zeitlich vor zusammengesetzten, aus vielen Elementen bestehenden sozialen Erscheinungen existiert haben, geht DURKHEIM davon aus, dass Gesellschaften mit segmentärer Differenzierung vor der Entwicklung von Gesellschaften mit funktionaler Differenzierung entstanden. Trotz dieser zeitlichen Abfolge von Gesellschaften, die jeweils durch funktionale oder segmentäre Differenzierung gekennzeichnet werden, können beide Differenzierungsformen nicht als einander ausschließende angesehen werden. Ihre Beschreibungen stellen vielmehr Idealtypen im Sinne MAX WEBERS (1864-1920) dar. D. h., auch in modernen überwiegend funktional differenzierten Gesellschaften gibt es gesellschaftliche Bereiche, die nach dem Prinzip segmentärer Differenzierung aufgebaut sind, beispielsweise die Institution der Familie.

Idealtyp: 167f.

Institution: 113, 169, Gl

Gesellschaft als Moralordnung

Übung: Diskutieren Sie am Beispiel der Familie, ob deren Erziehungsfunktion nicht auch im Rahmen einer funktionalen Differenzierung, etwa durch Kindergärten, erfüllt werden könnte.

Das entscheidende Problem für ein Verständnis der Integrationsproblematik ist für DURKHEIM die Erklärung des Übergangs von Gesellschaften mit überwiegend segmentärer Differenzierung zu Gesellschaften mit überwiegend funktionaler Differenzierung. Ein Auslöser für einen solchen Übergang ist die Zunahme der sozialen und moralischen Dichte und des sozialen Volumens. Mit fortschreitender Entwicklung einer Gesellschaft nimmt ihr soziales Volumen, d. h. die Vielfältigkeit in ihr enthaltener sozialer Differenzierungsformen, zu. Nimmt zusätzlich die soziale Dichte durch Bevölkerungswachstum oder Zuwanderung zu, dann führt dies mittelbar dazu, dass sich auch die moralische Dichte, d. h. die Häufigkeit sozialen Kontakts, vergrößert.

Übergang zur funktionalen Differenzierung

Soziale Dichte: 50 Gesellsch. Entw.: 96

Der Übergang zur funktionalen Differenzierung hat zwei Auswirkungen: eine Verringerung des Kollektivbewusstseins und vermehrte Arbeitsteilung. Unter Kollektivbewusstsein versteht DURKHEIM dabei die geteilten Überzeugungen der Mitglieder einer Gesellschaft. Wie ist aber dann weiterhin soziale Integration möglich, wenn doch durch die gesellschaftliche Entwicklung das die Herstellung solidarischer Beziehungen zwischen Individuen sichernde Kollektivbewusstsein seine Wirksamkeit verliert?

Kollektivbewusstsein in der funktional differenzierten Gesellschaft

Koll.-bew: 116, Gl Integration: 116, 126, Gl

„Die Gesamtheit der gemeinsamen religiösen Überzeugungen und Gefühle im Durchschnitt der Mitglieder einer bestimmten Gesellschaft bilden ein umgrenztes System, das sein eigenes Leben hat; man könnte sie das gemeinsame oder Kollektivbewußtsein nennen" (Durkheim 1893, S. 128).

Arbeitsteil.: 82, 116, 127, 153, Gl Smith: 20

Mit Arbeitsteilung bezeichnet DURKHEIM einerseits das Ausmaß funktionaler Differenzierung gesellschaftlicher Systeme, andererseits aber auch, man beachte die Doppeldeutigkeit, Arbeitsteilung im Sinne der ökonomischen Theorie. Diese zweite Begriffsbedeutung kommt etwa im Beispiel der produktivitätssteigernden arbeitsteiligen Stecknadelherstellung von ADAM SMITH (1723-1790) zum Ausdruck. An diesem Beispiel wird gezeigt, dass die Herstellung von Stecknadeln durch einen Arbeiter, der alle Arbeitsprozesse alleine erledigen muss, weniger produktiv ist, als die Herstellung von Stecknadeln durch hochspezialisierte Arbeiter, die jeweils nur einen kleinen Teil der insgesamt nötigen Arbeitsgänge ausführen. Dieses Verständnis von Arbeitsteilung zielt auf die immer feinere Spezialisierung der Arbeitstätigkeiten für die Erstellung eines Gesamtproduktes.

Arbeitsteilung

Vertiefende Literatur: Smith 1991, S. 9-15.

Übung: Stellen Sie Durkheims und Smiths Konzept der Arbeitsteilung einander vergleichend gegenüber.

Emile Durkheim

Repressives versus restitutives Recht

DURKHEIM weiß, dass man sich den Phänomenen des Kollektivbewusstseins und der sozialen Arbeitsteilung und damit der Frage nach den Typen der sozialen Integration nicht direkt zuwenden kann. Vielmehr müssen die Phänomene Kollektivbewusstsein und Arbeitsteilung erschlossen werden. Hierzu benötigt man Indikatoren, die Hinweise darauf geben, in welcher Form die gesellschaftliche Integration, d. h. die gesellschaftliche Solidarität, erzeugt wird. Als Indikator für die unterschiedliche Ausprägung des Kollektivbewusstseins können die unterschiedlichen Formen des Rechts in den zwei konstruierten Gesellschaftstypen verwendet werden. Gesellschaften mit segmentärer Differenzierung weisen nach DURKHEIM ein sogenanntes repressives Recht, das an Strafe und Sühne orientiert ist, auf. Demgegenüber haben Gesellschaften mit funktionaler Differenzierung ein restitutives, kooperatives Recht, d. h. Recht, das am Ausgleich zwischen den Gegnern in einem Rechtsstreit orientiert ist.

Integration: 115, 125f., Gl Solidarität: 44, 49, 117.

> „Wenn die beiden, im vorigen unterschiedenen Arten der Solidarität die juristische Form besitzen, die wir ihnen zusprachen, so muß das Übergewicht des Strafrechts über das Kooperationsrecht um so größer sein, je ausgeprägter der Kollektivtyp und je rudimentärer die Arbeitsteilung ist. In dem Maß, wie sich umgekehrt die individuellen Typen entwickeln und die Aufgaben spezialisieren, muß sich das Umfangverhältnis der beiden Rechte tendenziell umkehren" (Durkheim 1893, S. 185).

Mechanische versus organische Solidarität

An diesen beiden Indikatoren kann dann abgelesen werden, dass auch die Typen der gesellschaftlichen Solidarität in beiden Gesellschaftstypen unterschiedlich sind. In Gesellschaften mit segmentärer Differenzierung wird gesellschaftliche Solidarität in Form „mechanischer Solidarität" erzeugt, während in Gesellschaften mit funktionaler Differenzierung gesellschaftliche Solidarität in Form „organischer Solidarität" hergestellt wird. Mechanische Solidarität heißt, dass sich die Individuen aufgrund ihrer Gleichartigkeit integrieren. Dabei ist die Vorstellung leitend, dass die Individuen mechanisch – gewissermaßen wie Zahnräder in einem großen Laufwerk – ineinandergreifen und in die Gesellschaft eingebunden werden. Im Zustand der organischen Solidarität hingegen ist eine Eigenleistung der Individuen im Zusammenhang mit der gesellschaftlichen Arbeitsteilung nötig, um gesellschaftliche Solidarität zu erzeugen. Organische Solidarität setzt Individuen voraus, die beweglicher, freier und autonomer sind als in Gesellschaften mit segmentärer Differenzierung und mechanischer Solidarität. Der Begriff organische Solidarität erinnert an die Eigenschaften komplexer biologischer Einheiten, etwa des Menschen, dessen einzelne Organe autonom zusammenarbeiten und das menschliche Leben auf der Grundlage der von den einzelnen Organen bereitgestellten Leistungen ermöglichen.

Gesellschaft als Moralordnung

Segmentär differenzierte Gesellschaft	Funktional differenzierte Gesellschaft
starkes Kollektivbewusstsein	schwaches Kollektivbewusstsein
geringe Individualisierung	ausgeprägte Individualisierung
wenig ausgeprägte Arbeitsteilung	stark ausgeprägte Arbeitsteilung
mechanische Solidarität	organische Solidarität
repressives Recht	restitutives Recht

Argumentationsmuster der Studie über soziale Arbeitsteilung

Insgesamt gesehen verläuft die Argumentationskette des Buches über die soziale Arbeitsteilung so: In Gesellschaften mit segmentärer Differenzierung (SD) erzeugt ein starkes Kollektivbewusstsein (KB) die soziale Integration. Denn das Kollektivbewusstsein erzwingt mechanische Solidarität (MS) und repressives Recht (RPR) und führt so zuletzt Integration (I) herbei. In Gesellschaften mit funktionaler Differenzierung (FD) sieht diese Entwicklungskette anders aus. Dort ist funktionale Differenzierung der Ausgangspunkt der Rekonstruktion der Form der gesellschaftlichen Solidarität. Sie führt zur gesellschaftlichen Arbeitsteilung (AT) und einer sinkenden Bedeutung des Kollektivbewusstseins. Spiegelbildlich zum Rückgang des Kollektivbewusstseins entfaltet sich ein Individualisierungsprozess, der die persönlichen Freiheitsspielräume der Individuen vergrößert und in die Entstehung der organischen Solidarität (OS) und des restitutiven Rechts (RSR) mündet, um schließlich gesellschaftliche Integration (I) zu erzeugen. Mit Müller/Schmid (1988, S. 512) kann man die Argumentation schematisch so zusammenfassen:

Individualisierung: 147, 177

G1: SD -> KB -> MS -> RPR -> I
G2: FD -> AT -> OS -> RSR -> I

***Vertiefende Literatur:* Durkheim 1893, S. 5-17** (Diese Seiten sind das Inhaltsverzeichnis. Es ist so detailliert gegliedert und in ganzen Sätzen dargestellt, dass es als Zusammenfassung gelesen werden kann.).

Funktionalismus: 213, GI Utilitarismus: 201f. GI

In dem Werk *ÜBER SOZIALE ARBEITSTEILUNG* ist jedoch noch eine zweite Argumentation enthalten, die Durkheim zu einem der Begründer des Funktionalismus gemacht hat. In seiner Auseinandersetzung mit HERBERT SPENCER (1820-1903) weist er darauf hin, dass im Rahmen einer vertragstheoretischen oder utilitaristischen Theorie der Gesellschaft nicht erklärt werden kann, wie die Vertragspartner zur Einhaltung ihrer Verträge verpflichtet werden können, weil beispielsweise Vertragsbruch vorteilhaft im Sinne eines individuellen Nutzenkalküls sein kann. Was aber garantiert dann die Einhaltung von Verträgen?

Nichtvertragliche Elemente des Vertrages

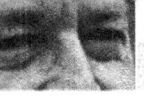

Emile Durkheim

Die Antwort mündet in die Idee „nicht alles ist vertraglich beim Vertrag" (Durkheim 1893, S. 267). D. h., DURKHEIM geht davon aus, „daß der Vertrag sich nicht selbst genügt; er ist nur möglich dank einer Reglementierung des Vertrags, die sozialen Ursprungs ist" (Durkheim 1893, S. 272).

Vertiefende Literatur: König 1976, S. 323-324.

Konsens als Vertragsvoraussetzung

Damit wird gesagt, dass bei der Verwendung von Verträgen als Form der Einigung, Elemente vorausgesetzt werden, die selber nicht vertraglich geregelt sind oder vertraglich geregelt werden könnten. Vielmehr sind sie als normativer Rahmen für Verträge immer bereits in Geltung und ermöglichen die Einhaltung von Verträgen, weil sie schon immer Konsens aller Menschen einer Gesellschaft sind. Und dieser Konsens erzeugt nicht nur das gesellschaftliche Leben, sondern auch die Einheit, die Zusammengehörigkeit unterschiedlicher Gruppen in der Gesellschaft.

> „Was aber die Einheit der organisierten Gesellschaft wie eines jeden Organismus ausmacht, ist der spontane Konsensus der Parteien, ist die innere Solidarität, die nicht nur genauso unentbehrlich wie die Regelwirkung der höheren Zentren, sondern deren notwendige Bedingung ist" (Durkheim 1893, S. 429).

Erkenntnisinteresse der Soziologie

Diese nichtkontraktuellen Elemente des Kontraktes, diese normativen Rahmenbedingungen, sind in den Augen DURKHEIMS das hauptsächliche Erkenntnisinteresse der Soziologie und sie sind entscheidend für ein Verständnis der Frage: Was hält Gesellschaft zusammen? Das Konzept der nicht-kontraktuellen Elemente des Vertrags als normativer Rahmen für die Möglichkeit eines gesellschaftlichen Zusammenhangs ist der bahnbrechende Beitrag zur Entwicklung einer eigenständigen funktionalistischen Soziologie.

▶ Das Erkenntnisinteresse der Soziologie DURKHEIMS richtet sich auf die nicht-vertraglichen Elemente, die normativen Rahmenbedingungen des Handelns in der Gesellschaft.

Vertiefende Literatur: Durkheim 1893, S. 263-276.

Übung: Stellen Sie sich vor, dass zwei Menschen aus verschiedenen Gesellschaften aufeinandertreffen. Gibt es für die Umgangsweise dieser beiden Menschen ebenfalls eine normative Rahmenbedingung, die sie in Anspruch nehmen könnten?

2.2 Die Regeln der soziologischen Methode

Methode: 111f., GI

Gegenstand von DURKHEIMS Buch DIE REGELN DER SOZIOLOGISCHEN METHODE (1895) ist zum einen das von ihm entwickelte methodologische Verständnis der Soziologie als einer Wissenschaft von den soziologischen Tatbeständen. Zum anderen enthält dieses Werk die Darstellung der Regeln für die konkrete Gestaltung von Forschungsprozessen. Dazu gehören unter anderem Anweisungen über die Definition soziologischer Tatbestände, Regeln zur Betrachtung soziologischer Tatbestände, Kriterien für die Unterscheidung zwischen normalen und pathologischen sozialen Erscheinungen, Ideen zur Ausarbeitung von sozialen Typen, Methoden der Erklärung soziologischer Tatbestände und schließlich Regeln der Beweisführung. Beispielhaft sei daher im Folgenden dargestellt, welche methodischen Regeln zur Betrachtung soziologischer Tatbestände DURKHEIM vorschlägt.

Regeln für die soziologische Forschung

Zuerst ist es „notwendig, alle Vorbegriffe systematisch auszuschalten" (Durkheim 1895, S. 128), um sich dem Forschungsobjekt vorurteilsfrei und unvoreingenommen nähern zu können. Aber diese Regel gibt nur an, was nicht getan werden darf, sie sagt noch nicht, was denn zu tun sei. Diese Konkretisierung wird wenig später nachgetragen, indem er auf die Unverzichtbarkeit der Definition des Forschungsgegenstandes hinweist.

Ausschaltung von Vorbegriffen und Gegenstandsdefinition

> „Der erste Schritt des Soziologen muß also darin bestehen, die Dinge, die er behandelt, zu definieren, damit man weiß, und genau weiß, um welches Problem es sich handelt. ... Immer ist zum Gegenstande der Untersuchung nur eine Gruppe von Erscheinungen zu wählen, die zuvor durch gewisse äußere gemeinsame Merkmale definiert worden ist" (Durkheim 1895, S. 131).

Um von dort aus nun zu einer Analyse soziologischer Tatbestände zu gelangen ist es günstig, die Tatbestände dort zu betrachten, wo sie in ihrer reinsten Form auftreten. Zu vermeiden ist es also, die individuelle Erscheinung eines Tatbestandes bereits für einen klaren Ausdruck der typischen sozialen Erscheinung zu halten. Mit diesem Hinweis wird insbesondere vor der Gefahr einer vorschnellen Verallgemeinerung von an einzelnen Tatbeständen gewonnenen Einsichten gewarnt.

Suche nach reinsten Ausprägungsformen und Vermeidung vorschneller Verallgemeinerungen

> „Sobald also der Soziologe die Erforschung irgendeiner Gattung soziologischer Tatbestände in Angriff nimmt, muß er sich bestreben, sie an einem Punkte zu betrachten, wo sie sich von ihren individuellen Manifestationen losgelöst zeigen" (Durkheim 1895, S. 139).

DIE REGELN DER SOZIOLOGISCHEN METHODE stellen insgesamt ein erstes kleines Kompendium von Methoden soziologischer Forschung dar. Sie machen deutlich, dass die Soziologie eine Erfahrungswissenschaft ist, deren Hauptinteresse auf die Rekonstruktion und Erklärung sozialer Gesetzmäßigkeiten gerichtet ist.

Emile Durkheim

 Vertiefende Literatur: Durkheim 1895, S. 115-140.

 Übung: Üben Sie das Definieren soziologischer Tatsachen an Beispielen ihrer Wahl und probieren Sie aus, wie sich unterschiedliche Definitionen gleicher Tatbestände jeweils auf ihre Sichtweise auswirken.

Anwendung der Regeln in der Studie über soziale Arbeitsteilung

In dieser Weise hatte DURKHEIM bereits vor dem Erscheinen der „Regeln" in der „Arbeitsteilung" gearbeitet. An dieser Studie kann man auch ein weiteres Merkmal seiner Analysestrategie erkennen. Denn die „Arbeitsteilung" geht so vor, dass zuerst die Funktion der Arbeitsteilung für die gesellschaftliche Entwicklung untersucht wird. Sodann wird eine Kausalerklärung, eine ursächliche Erklärung für die Arbeitsteilung gesucht, um schließlich die pathologischen, d. h. ungesunden oder kranken Formen der Arbeitsteilung, zu untersuchen. Dieser Dreischritt aus Funktionsanalyse, Kausalerklärung und Pathologieanalyse zeigt zweierlei. Zuerst, diese Soziologie zielt auf eine soziale Morphologie, d. h. einer Lehre von den sozialen Formen, von denen gerade die pathologischen für den soziologischen Erkenntnisprozess bedeutsam sind. Zweitens zeigt die Pathologieanalyse aber auch, dass die Soziologie pragmatischen Intentionen folgt: es geht ihr auch um die Verbesserung oder Gesundung gesellschaftlicher Verhältnisse, d. h. darum, einen Lösungsvorschlag für die gesellschaftliche Krise zu entwickeln.

2.3 Eine Typologie der Ursachen von Selbstmorden

Pathologien und Krisen der Gesellschaft

DURKHEIM zeigte sich bereits in seiner Untersuchung ÜBER SOZIALE ARBEITSTEILUNG an pathologischen Formen der Arbeitsteilung und ihren Auswirkungen interessiert. Dieses Interesse erwächst aus seiner Auffassung von der Gesellschaft als moralischem Zusammenhang, der auf der Geltung von Normen und Werten beruht. Wenn die Verbindlichkeit von Normen und Werten abnimmt, dann kann dies zu einer gesellschaftlichen Krise führen, die sich in pathologischen Verhaltensweisen der Individuen äußern kann.

Selbstmord als pathologische Verhaltensweise

Eine solche Krise und die daraus resultierenden individuellen Verhaltensweisen untersucht DER SELBSTMORD von 1897. Diese Studie gilt, wenngleich es im Hinblick auf den Charakter als empirische Arbeiten Vorläufer in den Studien von WILHELM HEINRICH RIEHL (1823-1897) oder von FREDERIC LE PLAY (1806-1882) gibt, als eine in empirischer Hinsicht wegweisende Studie. Sie verwendet statistische Materialien, um herauszufinden, warum unter den Protestanten die Selbstmordrate zwischen 1840 und 1880 höher ist als unter den Vergleichsgruppen der Juden und Katholiken. Die Untersuchung benutzte, wenngleich fehlerhaft, zum erstenmal systematisch ein Mehrebenenmodell – ein solches Modell versucht, aus der Variation ökologischer Faktoren, d. h. von Merkmalen der sozialen Umwelt der Individuen, Unterschiede im Handeln der Individuen abzuleiten –, um die Unterschiede in den Selbstmordraten zu erklären.

Eine Typologie der Ursachen von Selbstmorden

Die Selbstmordstudie ist aber auch deshalb bedeutsam für die Soziologie, weil sie demonstriert, wie wichtig theoretische Annahmen für die empirische Sozialforschung sind. Über den vollendeten Selbstmord zu forschen setzt voraus, dass eine Theorie vollendeter Selbstmorde die Basis der empirischen Erklärung ist, weil einerseits Tote nicht mehr befragt werden können. Andererseits könnte aber die naheliegende Alternative, die Befragung von Überlebenden von Selbstmordversuchen, die Forschung in der Erklärung vollendeter Selbstmorde in die Irre führen. Denn gescheiterte Selbstmordversuche haben möglicherweise andere Ursachen als vollendete Selbstmordhandlungen, etwa den vielzitierten „Schrei nach Hilfe" oder soziale Vereinsamung.

Theoriegeleitete Forschung in der Selbstmordstudie

Neben diesen beiden Gründen ist diese Arbeit auch von Interesse, weil sie ein modellhaftes Beispiel der Anwendung der von DURKHEIM vorgeschlagenen Regeln des soziologischen Forschens darstellt. Zuerst wird der Tatbestand des Selbstmordes, die soziale Tatsache des Selbstmordes, definiert: jeder Todesfall, der durch ein Handeln oder Unterlassen eines Individuums in Absehung der Todesfolge eintritt. Sodann wird die Selbstmordrate definiert als die Rate der Selbstmorde in Bezug auf die Einwohnerzahl einer Gesellschaft. Daran anschließend werden alle bisher vorliegenden Erklärungen für Selbstmordhandeln diskutiert. Zu diesen Erklärungen gehören unter anderem alle psychologischen Zustände, konstante Faktoren wie klimatische Einflüsse, Temperaturschwankungen und Einflüsse durch die Rassenzugehörigkeit. Alle diese Erklärungen werden als unzureichend verworfen und damit zugleich auch die Literaturübersicht zum Stand der Diskussion abgeschlossen.

Anwendung der soziologischen Methoden

1. Definition der sozialen Tatsache des Selbstmordes
2. Definition der Selbstmordrate
3. Erörterung der vorliegenden Erklärungen für das Selbstmordhandeln
4. Ergebnis des Literaturüberblicks
5. Konsequenzen für das weitere Vorgehen
6. Praktische Vorschläge zur Veränderung der erkannten Zusammenhänge

Das methodische Vorgehen der Selbstmordstudie

In den daran anschließenden Schritten werden dann, gemäß der Regel, dass Soziales nur durch Soziales erklärt werden dürfe, vier Typen sozialer Ursachen für die Selbstmordrate ausgearbeitet: der egoistische, der altruistische, der anomische und der fatalistische (der allerdings nur in einer Fußnote behandelt wird – und deshalb in den folgenden Ausführungen auch nicht weiter berücksichtigt wird) Selbstmord. Alle Selbstmordarten verweisen auf eine andere soziale Ursache für das Selbstmordhandeln und können demnach in eine morphologische Typologie, eine Typologie der Formen des Selbstmordes, eingeordnet werden.

Vier Selbstmordtypen

Emile Durkheim

> DURKHEIM unterscheidet vier Selbstmordtypen – egoistischer, altruistischer, anomischer und fatalistischer – voneinander, weil es vier soziale Ursachen für Selbstmordhandlungen gibt.

Egoistischer Selbstmord

Der egoistische Selbstmord geht einher mit dem Merkmal der protestantischen Religion, stärker individuumszentriert zu sein. Religiöses Handeln gilt als eine Sache des Individuums, welche mit größerer Freizügigkeit, aber auch dem Zwang zur möglicherweise quälenden individuellen Gewissenserforschung verbunden ist und zu einer geringeren Einbindung in die Gruppe und damit zu einer geringeren Anbindung an die Gesellschaft führt. Der egoistische Selbstmord ist demnach eine Konsequenz mangelnder oder zu geringer gesellschaftlicher Integration von Individuen in die Gesellschaft.

> *„Wenn man also einen Zustand, in dem das individuelle Ich sich mit Erfolg gegenüber dem sozialen Ich und auf Kosten desselben behauptet, mit Egoismus bezeichnen will, dann können wir diesem besonderen Typ von Selbstmord, der aus einer übermäßigen Individuation hervorgeht, als egoistisch bezeichnen"* (Durkheim 1897, S. 232).

Altruistischer Selbstmord

Der altruistische Selbstmord ist das genaue Gegenstück zu diesem Selbstmordtyp. Er resultiert aus einer übermäßig starken Einbindung der Individuen in die Gruppe, einer so vollständigen Übernahme der Ideale einer Gesellschaft, so dass individuelles Verhalten nur noch als Ergebnis externer zwingender Kräfte des Sozialen rekonstruiert werden kann. Altruistischer Selbstmord ist demgemäß am besten als eine überangepasste Reaktion auf gesellschaftliche Integration zusammenzufassen.

> *„Da wir aber als Egoismus denjenigen Zustand bezeichnet haben, in dem das Ich sein Eigenleben führt und nur noch sich selbst gehorcht, drückt das Wort Altruismus recht gut den gegenteiligen Zustand aus, in dem das Ich nicht sich selbst gehört, wo es sich mit anderen Dingen außerhalb seiner selbst vermengt, wo der Pol, um den sich sein Verhalten dreht, außerhalb seiner selbst liegt, nämlich in einer der Gruppen, denen es angehört. Wir werden also die Bezeichnung altruistischer Selbstmord anwenden"* (Durkheim 1897, S. 247).

Anomischer Selbstmord

Der soziologisch interessanteste Typ des Selbstmordes ist allerdings der anomische Selbstmord. Er resultiert aus einer fehlenden Gesamtintegration der Gesellschaft und manifestiert sich insbesondere in Zeiten ökonomischer Krisen, mit denen DURKHEIM sowohl Zeiten wirtschaftlicher Depression wie auch wirtschaftlichen Booms meint. Beides führt zur Anomie, Normlosigkeit, und setzt das individuelle Verhalten und Handeln vollkommen frei, weil die Individuen keinem gesellschaftlich zwingenden Einfluss mehr unterworfen sind. Folglich fehlt den Individuen eine gesellschaftliche Grenzsetzung für ihr individuelles Handeln und Wünschen – tendenziell erscheint alles erlaubt. Der anomische Selbstmord ist deshalb ein Indikator für den krisenhaften Zustand eines gesellschaftlichen Gemeinwesens.

Anomie: Gl

Eine Typologie der Ursachen von Selbstmorden

„Jedesmal wenn es im sozialen Körper tiefgreifende Umstellungen gibt, sei es infolge plötzlichen Wachstums oder nach unerwarteten Erschütterungen, gibt der Mensch der Versuchung zum Selbstmord leichter nach" (Durkheim 1897, S. 279).

Übung: Suchen Sie eine Begründung, warum Durkheim Selbstmorde in wirtschaftlichen Aufschwung- und Abschwungsphasen in einer Gruppe zusammenfasst, obwohl beide Phasen unterschiedliche Ursachen haben.

Selbstmordtyp	Hauptmerkmal
Der egoistische Selbstmord	Zu geringe normative Integration des Individuums
Der altruistische Selbstmord	Zu starke normative Integration des Individuums
Der anomische Selbstmord	Eine fehlende normative Gesamtintegration der Gesellschaft
Der fatalistische Selbstmord	Die vollständige Bestimmung der Handlungen des Individuums durch Normen

Nach Erarbeitung dieser Typologie von Selbstmordarten und ihrer Erklärung aus sozialen Ursachen heraus geht es abschließend um die Frage, welche gesellschaftspolitischen Folgerungen aus diesen Befunden zu ziehen seien. DURKHEIM zieht aus seinen Ergebnissen nicht nur die theoretische Schlussfolgerung, dass mangelnde gesellschaftliche Integration zu einer Steigerung der Selbstmordrate führt. Vielmehr ist er darüber hinaus daran interessiert, welche praktischen Konsequenzen aus seiner Untersuchung abgeleitet werden können, um den Zustand der gesellschaftlichen Integration, deren Krise einer der Auslöser für diese Studie war, wieder zu verbessern und dadurch mittelbar auch die Selbstmordrate zu senken. Allgemein formuliert weiß er, dass eine Stärkung der gesellschaftlichen Integration, der Einbindung von Individuen in die Gesellschaft, nötig ist, um dem misslichen Zustand der gesellschaftlichen Integration abzuhelfen. Die Einrichtung und Unterstützung korporatistischer Verbände ist eine solche konkrete Möglichkeit zur Stärkung der gesellschaftlichen Integration. Denn die Zusammenfassung von Angehörigen ähnlicher Berufsgruppen in Verbänden verbessert den Zustand der gesellschaftlichen Integration, weil die Solidaritätsgefühle von Mitgliedern von Berufsverbänden stärker sind als von Nichtmitgliedern. Die Forderung nach vermehrter Entwicklung berufsständischer Organisationen ist demnach für DURKHEIM die sozialpolitische Antwort auf den schlechten Zustand der gesellschaftlichen Integration.

Gesellschaftspolitische Schlussfolgerungen der Selbstmordstudie

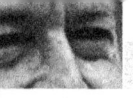

Emile Durkheim

 Vertiefende Literatur: **Durkheim 1897, S. 1-15** (Diese Seiten sind das Inhaltsverzeichnis. Es ist so detailliert gegliedert und in ganzen Sätzen dargestellt, dass es als Zusammenfassung gelesen werden kann.).

2.4 Religionssoziologie

Religion als Integrationsmechanismus

Das wohl bedeutsamste Werk aus DURKHEIMS später Schaffensperiode sind DIE ELEMENTAREN FORMEN DES RELIGIÖSEN LEBENS (1912). Es verfolgt zwei Fragestellungen. Die erste Frage dreht sich um das Verhältnis von Religion und Gesellschaft. Für ein soziologisches Verständnis des Phänomens Religion kommt es dabei auf die Bedeutung der Religion für den gesellschaftlichen Zusammenhalt und umgekehrt an. Die Arbeit folgt hierbei im Wesentlichen den Grundthesen des britischen Religionsforschers ROBERTSON SMITH (1846-1894), für den die Bedeutung von Religion vor allem darin besteht, Gesellschaften zu integrieren. DURKHEIM ging im Anschluss an seine morphologische Auffassung von Soziologie davon aus, dass sich die gesellschaftliche Bedeutung der Religion am klarsten anhand von möglichst einfachen Fällen studieren ließe. Deshalb konzentrierte er seine Studie auf die Auswertung ethnologischer Materialien, vor allem von Darstellungen englischer und amerikanischer Forscher und Missionare über den australischen Totemismus, nach damaliger Auffassung die urtümlichste unter den bekannten Religionen.

Religion: 125, 176f., 208f.

Integration: 114, 125f., Gl

Sozialer Ursprung der Wissensstrukturen

Wenn es richtig ist, dass ein enger Zusammenhang zwischen Religion und gesellschaftlicher Integration besteht, dann liegt es auch nahe anzunehmen, dass die religiösen Begriffe und Denkschemata ebenfalls sozialen Ursprungs sind. Dies ist die zweite Fragestellung, die DIE ELEMENTAREN FORMEN DES RELIGIÖSEN LEBENS behandelt. Wenn man das über die Religion geprägte Weltverständnis auf gesellschaftliche Sachverhalte zurückführen kann, wird es möglich, eine Soziologie des menschlichen Wissens zu entwickeln. DURKHEIM kann also auch als Pionier der Wissenssoziologie angesehen werden, die dann in den dreißiger Jahren des 20. Jahrhunderts durch die Arbeiten von KARL MANNHEIM (1893-1947) und in den sechziger Jahren durch PETER L. BERGER (*1929) und THOMAS LUCKMANN (*1927) entwickelt wird.

Definition der Religion

Auch dieses Buch verfährt entlang der in den Regeln ausgearbeiteten Handlungsanweisungen für soziologische Forschung und beginnt mit einer ausführlichen Begriffsdefinition von Religion. Zwei zentrale Merkmale von Religion werden hervorgehoben: alle bekannten Religionen unterscheiden zwischen sakralen und profanen Dingen. Insofern unterteilen sie die Welt in zwei Bereiche. Von der Magie unterscheidet sich die Religion dadurch, dass sie gemeinsames Gedankengut eines Stammes oder einer anderen sozialen Einheit ist. Für dieses zweite grundlegende Merkmal wird der missverständliche Begriff Kirche verwendet.

Totemistische Religionen

An die begriffliche Klärung schließt sich dann ein Darstellungsteil zu den elementaren Glaubensvorstellungen totemistischer Religionen an. DURKHEIM will dabei zeigen, dass zentrale religiöse Kategorien, wie etwa das Totemprinzip, gesellschaftliche Strukturen wiedergeben. So identifiziert das Totem eine Grup-

pe von Menschen, einen Klan, als miteinander verwandt und symbolisiert diese Verwandtschaft, die auch andere als Familienbeziehungen umfasst, zumeist durch einen Gegenstand aus der Tier- oder Pflanzenwelt. Totemistische Religionen sind ein erster und klarer Ausdruck der in der Religion sich verkörpernden Gesellschaft, denn der sich über das Totem identifizierende Klan ist eine (archaische) Gesellschaft.

> DURKHEIM will mit der Darstellung der totemistischen Religionen zeigen, dass in Religionen der gesellschaftliche Zusammenhalt zum Ausdruck kommt.

Vertiefende Literatur: Durkheim 1912, S. 143-177.

Gegenstand des abschließenden dritten Teils sind die wichtigsten religiösen Praktiken, die in den negativen und positiven Kult untergliedert werden. Der negative Kult besteht in Systemen magischer und religiöser Verbote, der positive Kult besteht dagegen in den Gemeinschaftsgeist verstärkenden Opfern und anderen Riten. Die religiösen Praktiken machen sichtbar, dass die Religion nicht nur einfaches Produkt der gesellschaftlichen Verhältnisse ist, sondern umgekehrt die Gesellschaften zusätzlich stärkt, indem sie für Integration sorgt und den Menschen Halt, Selbstvertrauen und Zuversicht gibt.

Religiöse Praktiken und Gesellschaft

Übung: Diskutieren Sie, welche Bedeutung der Rückgang des durchschnittlichen religiösen Engagements der Individuen für die Gesellschaft hat.

Vertiefende Literatur: Durkheim 1912, S. 45-75.

2.5 Moral und Moralerziehung

Zeit seines Lebens hat sich DURKHEIM auch mit Grundfragen der Pädagogik und Moralpädagogik beschäftigt. Hier verwendet er den Begriff der Moral nicht mehr wie noch in der Untersuchung der Arbeitsteilung als ein Mittel zur Erzeugung gesellschaftlicher Integration. Vielmehr wird hier der Moralbegriff als ein analytischer Begriff benutzt. Mit einem solchen Begriff kann dann gefragt werden, welche Merkmale eine Handlung als eine moralische Handlung auszeichnen, was denn die genaue, definierte Bedeutung von Moral im soziologischen Sinne ist, und schließlich, welche sozialen Ursachen Moral hat. Diese Fragen werden in Vorlesungen zur Soziologie der Moral und in dem Buch ERZIEHUNG, MORAL UND GESELLSCHAFT verfolgt.

Integration: 114, 124, GI

Moral als analytischer Begriff

Emile Durkheim

> In den Schriften zur Moral und zur Moralerziehung benutzt DURKHEIM einen analytischen Begriff der Moral.

Sozialisation und Integration

Die Beschäftigung mit Moral und Moralerziehung hat für DURKHEIM eine doppelte Funktion. Einerseits benötigt er eine Sozialisationstheorie, um nachzuzeichnen, wie sich die Inhalte des Kollektivbewusstseins in den Individuen zur Wirksamkeit bringen. Hier wird gefragt: Wie können kollektive Wissensbestände Orientierungsfunktionen für das individuelle Handeln ausüben, wie können kollektive Wissensbestände individuell bewusst werden? Die Diskussion von Moral und Moralerziehung ist andererseits wichtig, weil DURKHEIM davon ausgeht, dass gesellschaftliche Integration über gemeinsam geteilte Werte verläuft. Zugleich weiß er jedoch, dass gerade in Gesellschaften mit organischer Solidarität die gemeinsam geteilte Wertbasis aufgrund einer Lockerung des Kollektivbewusstseins schwächer geworden ist. Aber er weiß aus der „Arbeitsteilung" ebenso, dass in funktional differenzierten Gesellschaften das Individuum als „heilig" gilt. Also muss er herausfinden, wie das Individuum zu einem geheiligten Wert wird, um das reibungslose Zusammenspiel der Individuen unter Bedingungen organischer Solidarität zu ermöglichen.

Solidarität: 114ff., 127f.

Der moralische Sozialisationsprozess

Sozialisation stellt sich für DURKHEIM als Zusammenhang von drei Entwicklungsprozessen dar: dem Anschluss an die Gruppe, dem Geist der Disziplin und der Entwicklung individueller Autonomie. Der Anschluss an die Gruppe vermittelt durch das Zugehörigkeitsgefühl zu einer Gruppe die normativen und moralischen Standards einer Gruppe. Der Geist der Disziplin sichert eine hinreichende Abschottung gegenüber rein egoistischen Handlungsmotiven, und schließlich ist individuelle Autonomie die Einsicht in die Notwendigkeit bestimmter Verhaltensweisen. Diese drei Faktoren führen im Sozialisationsprozess gemeinsam zur Internalisierung gesellschaftlicher Wertestandards, die die Übereinstimmung von Individuum und Gesellschaft im Hinblick auf die zentralen Werte einer Gesellschaft sichern. Am Ende ist das autonome Individuum immer ein moralisches Individuum, in welchem sich die Identifizierung sozialer und moralischer Tatsachen realisiert.

Sozialisation: 50, 148

Vertiefende Literatur: Durkheim 1963, S. 57-69.

Schule als empirisches Beispiel

Diese Fragen werden allerdings von DURKHEIM nicht in dieser Abstraktheit erörtert, sondern am Beispiel des Schulwesens und der Analyse der Bedeutung von Erziehung für die Gesellschaft ausgeführt. Denn die Schule leistet in seinen Augen wesentliche Beiträge für die Entwicklung der kindlichen Persönlichkeiten, um diese später als vollwertige Mitglieder einer Gesellschaft behandeln zu können. Die Arbeit über *ERZIEHUNG, MORAL UND GESELLSCHAFT* verdeutlicht nochmals, wie bereits die Selbstmordstudie, dass DURKHEIM in seinen theoretischen Arbeiten die praktischen Erwartungen, die aus der Gesellschaft heraus an die Soziologie gestellt werden, nicht vergisst. Diese auf Vorlesungen zurückgehenden Aufzeichnungen sind auch ein Beitrag zur damaligen

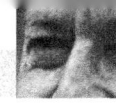

Über den Zustand der gesellschaftlichen Solidarität

Diskussion um die künftige Struktur des französischen Bildungssystems gewesen und bringen sein Interesse an einer laizistischen, die strikte Trennung von staatlichen und kirchlichen Aufgaben beachtende Erziehung zum Ausdruck.

Vertiefende Literatur: Müller 1986, S. 71-105.

2.6 Durkheims Diagnose über den Zustand der gesellschaftlichen Solidarität

Arbeitsteilung: 82,115,Gl

Bereits das Buch ÜBER SOZIALE ARBEITSTEILUNG war eine zeitdiagnostische Untersuchung der Entwicklung der gesellschaftlichen Solidarität. Sie fragt danach, wie sich die Zunahme gesellschaftlicher Arbeitsteilung auf die soziale Integration und Solidarität zwischen den Menschen auswirkt. Die „Arbeitsteilung" gibt letztlich der Vermutung Ausdruck, dass die Zunahme der Arbeitsteilung der gesellschaftlichen Integration förderlich ist.

Aber die in der „Arbeitsteilung" entwickelte Argumentation im Hinblick auf die Zeitdiagnose ist für DURKHEIM jedoch keine endgültige Antwort auf das Integrationsproblem industrieller Gesellschaften geblieben. Denn nur wenige Jahre später kommt er in der Studie über den Selbstmord zu einer Revision seiner in der „Arbeitsteilung" vorgeschlagenen Lösung des Integrationsproblems. Sie schlägt sich in einem zweiten, neuen und ergänzenden Vorwort zur „Arbeitsteilung" nieder. Dieses neue Vorwort widerspricht in wesentlichen Teilen der Argumentation der ersten Ausgabe der „Arbeitsteilung". Denn die Lösung des Integrations- und Solidaritätsproblems besteht jetzt nicht mehr in der Hoffnung auf die moralerzeugende solidaritäts- und integrationsstiftende Wirkung der sozialen Arbeitsteilung. Vielmehr erscheint nun gerade die soziale Arbeitsteilung als Auslöser für das Problem mangelnder Integration moderner Gesellschaften.

Als neue Lösung für die in der Selbstmordstudie sich zeigende Krise der gesellschaftlichen Solidarität schlägt DURKHEIM eine Stärkung korporatistischer Berufsgruppen, das sind berufsgenossenschaftliche Zusammenschlüsse von Personen mit ähnlichen Berufen, vor.

Zeitdiagnose in der Studie über Arbeitsteilung

Integration und Sozialisationsprobleme

Berufsgenossenschaften als Ausweg aus gesellschaftlicher Krise

> *„Denn wenn wir sie für unabdingbar halten, so nicht wegen der ökonomischen Dienste, die sie leistet, sondern wegen des moralischen Einflusses, den sie haben könnte. Wir sehen in der Berufsgruppe vor allem die moralische Kraft, die die individuellen Egoismen zügeln, im Herzen der Arbeiter ein lebhaftes Gefühl der Solidarität erhalten und das Gesetz des Stärkeren daran hindern kann, sich derart brutal auf die gewerblichen und kommerziellen Beziehungen auszuwirken"* (Durkheim 1893, S. 51).

Zu dieser neuen Lösung der Integrationsproblematik ist anzumerken, dass damit in moderne, funktional differenzierte Gesellschaften Elemente der Integration aus Gesellschaften mit segmentärer Differenzierung und mechanischer Solidarität eingeführt werden. Denn nun soll die Ähnlichkeit der Mitglieder

Funktionale Differenzierung und Berufsgruppen

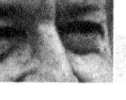

Emile Durkheim

einer Berufsgruppe ein Anker für die Erzeugung wechselseitiger Solidarität sein, um die gesellschaftliche Krise der Solidarität zu beheben. Ist dieser Lösungsvorschlag praktikabel, verträgt er sich mit dem Grundprinzip moderner Gesellschaften – ihrer funktionalen Differenzierung? Das ist eine heute noch umstrittene Frage der soziologischen Theorie, die beispielsweise die kommunitaristische Sozialtheorie wieder aufgegriffen hat.

> DURKHEIM schlägt mit der Idee der verstärkten Entwicklung von Berufsgenossenschaften als Ausweg aus der Krise der gesellschaftlichen Integration vor, dass funktional differenzierte Gesellschaften durch den Einbau von solidaritätsstiftenden Mechanismen der segmentären Differenzierung stabilisiert werden können.

Übung: Diskutieren Sie Vor- und Nachteile des Vorschlages von Durkheim, dass korporatistische Berufsgruppen die gesellschaftliche Solidarität stärken sollen.

Vertiefende Literatur: Etzioni 1997, S. 137-167.

3. Rezeption und Wirkungsgeschichte

Durkheim als soziologischer Klassiker

In den beiden letzten Abschnitten klang bereits an, dass DURKHEIM Problemstellungen und Ideen entwickelte, die auch in den heutigen Diskussionskontexten noch aufgegriffen werden. Insgesamt hat er weitreichende Anregungen für vielfältige Forschungsfelder gegeben und bietet auch heute noch in kritischer Auseinandersetzung mit seinem Werk Anhaltspunkte für soziologische Fragestellungen. Das Werk bleibt trotz kritischer Einwände ein Klassiker, der auch heute noch Bedeutung hat, weil seine Problemstellungen immer noch zentrale Fragen der Soziologie darstellen, wenngleich wir seine konkreten Antworten möglicherweise nicht mehr übernehmen können.

Rezeption in Nachbardisziplinen der Soziologie

DURKHEIM hat vor allem für die Entwicklung der Anthropologie (Wissenschaft vom Menschen) und die Ethnologie (Völkerkunde), vermittelt über das an DURKHEIM anschließende wissenschaftliche Werk seines Neffen MARCEL MAUSS (1872-1950) und dessen Studie *DIE GABE* von 1925, große Bedeutung gehabt. So verstehen sich ALFRED REGINALD RADCLIFFE-BROWN (1881-1955) und BRONISLAW MALINOWSKI (1884-1942) ausdrücklich als Nachfahren DURKHEIMS. Vermittelt über den Einfluss von MAUSS führt zudem ein direkter Weg zum Strukturalismus von CLAUDE LÉVI-STRAUSS (*1908). Der Einfluss DURKHEIMS wirkte auch in der Linguistik FERDINAND DE SAUSSURES (1857-1913), in der Annales-Schule der französischen Historiker beispielsweise bei FERNAND BRAUDEL (1902-1985) oder in der Moralpsychologie bei JEAN PIAGET (1896-1980).

Anthropologie: 95

Funktionalismus

In der Soziologie benutzte etwa TALCOTT PARSONS (1902-1979) in der Entwicklung seiner Handlungstheorie DURKHEIMS Soziologie und dessen Idee der

Parsons: 194f.

nicht-vertraglichen Elemente von Verträgen. An die Idee eines moralischen Individualismus knüpft vor allem die kommunitaristische Sozialtheorie an, beispielsweise die oben schon einmal als Lektürevorschlag erwähnte Arbeit von AMITAI ETZIONI (*1929) *DIE VERANTWORTUNGSGESELLSCHAFT*.

Kommunitarismus

Der englische Soziologe DAVID LOCKWOOD (*1929) (vgl. 1992) hat das normative Modell gesellschaftlicher Integration und das MARXsche Modell der über ökonomisch fundierte Klassenkonflikte verlaufenden gesellschaftlichen Entwicklung zu verbinden versucht, um spiegelbildliche Schwächen beider Argumentationen auszugleichen. Bemerkt werden muss allerdings auch, dass die Arbeiten DURKHEIMS, so die Einwendungen aus der marxistischen Soziologie, zu einer beständigen Unterbetonung der Bedeutung gesellschaftlicher Konflikte beigetragen haben. Herrschaftsformen, Klassenkonflikte und Eigentumsverhältnisse spielen in seinen Arbeiten nur eine untergeordnete Rolle, während auf der anderen Seite die Rolle der Moral für den gesellschaftlichen Integrationsprozess beständig überbetont wird.

Konflikttheorie

Bleibende Spuren hinterließ auch DURKHEIMS Auseinandersetzung mit Moral und dem Zusammenhang von sozialer und moralischer Integration. Nicht nur, dass sie ein Stachel zu andauernden Bemühungen zur Entwicklung einer Moralsoziologie ist – eine solche gibt es bis heute nicht – sondern sie ist auch jederzeit ein Bezugspunkt, wenn die Frage nach dem Zustand der gesellschaftlichen Integration und die Gefahren der Desintegration diskutiert werden.

Moralsoziologie

4. Zusammenfassung

Zusammenfassend lässt sich die Bedeutung von DURKHEIM für die Entwicklung der Soziologie an mehreren Punkten festmachen:

Er rückte, wie die anderen Klassiker auch, die gesellschaftliche Integrationsproblematik in den Mittelpunkt des Erkenntnisinteresses der Soziologie.

Er entwickelte einen methodischen und methodologischen Kanon, auf dem die Soziologie als eigenständige Wissenschaft von der Natur des Sozialen und den Naturgesetzlichkeiten sozialer Zusammenhänge aufgebaut werden kann.

Diese methodisch-methodologischen Regeln setzte er in seinen eigenen empirischen Untersuchungen, exemplarisch verkörpert durch die Selbstmordstudie, vorbildlich um.

Noch heute bedeutsame Konzepte und Argumentationen, wie beispielsweise das Konzept der Anomie oder die Idee der „nichtkontraktuellen Elemente des Kontraktes", entstammen seinen Überlegungen.

Schließlich ist beachtenswert, dass er die Frage nach der gesellschaftlichen Nützlichkeit der Soziologie aufwarf. Die Soziologie ist ihm immer auch eine Wissenschaft, die sich konkreten gesellschaftlichen Problemen zu stellen und Vorschläge für die Weiterentwicklung der Gesellschaft und die Lösung ihrer Probleme zu erarbeiten hat.

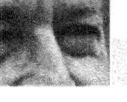

5. Kontrollaufgaben

- Rekonstruieren Sie die Unterscheidung von segmentärer und funktionaler Differenzierung.
- Diskutieren Sie die These Durkheims, dass funktionale Differenzierung zugleich eine Vermehrung individueller Autonomie mit sich bringt.
- Diskutieren Sie die grundlegende methodologische Regel Durkheims: Soziologische Tatbestände seien wie Dinge zu betrachten.
- Beschreiben Sie die grundlegenden Regeln der soziologischen Forschung am Beispiel von Durkheims Untersuchung über den Selbstmord.
- Beschreiben Sie die vier Selbstmordtypen bei Durkheim.
- Diskutieren Sie den Unterschied des Smithschen und des Durkheimschen Begriffs der Arbeitsteilung.
- Beschreiben Sie die unterschiedlichen Verwendungsweisen des Moralbegriffs bei Durkheim.

6. Literaturverzeichnis

Durkheim, Emile (1893): De la division du travail social erschien 1893 in Paris und liegt in einer neueren deutschen Übersetzung, einschließlich eines Vorworts von Niklas Luhmann und eines Nachworts von Hans-Peter Müller und Michael Schmid, unter dem Titel „Über soziale Arbeitsteilung", Frankfurt/M., 1988 vor.

Durkheim, Emile (1895): Les regles de la méthode sociologique erschienen 1895 in Paris und sind in einer deutschen Übersetzung von René König unter dem Titel „Die Regeln der soziologischen Methode", Frankfurt/M., 1984 verfügbar.

Durkheim, Emile (1897): Le suicide erschien 1897 in Paris und ist in einer Übersetzung von Sebastian und Hanne Herkommer im Deutschen unter dem Titel „Der Selbstmord", Frankfurt/M., 1987 erhältlich.

Durkheim, Emile (1912): Les formes élémentaires de la vie réligieuse: Le système totémique en Australie erschien 1912 in Paris und ist in einer Übersetzung von Ludwig Schmidts unter dem Titel „Die elementaren Formen des religiösen Lebens", Frankfurt/M., 1981 erhältlich.

Durkheim, Emile (1963): L'éducation morale erschien in Paris und ist in einer Übersetzung von Ludwig Schmidts und ergänzt um ein Vorwort von Paul Fauconnet unter dem Titel „Erziehung, Moral und Gesellschaft. Vorlesungen an der Sorbonne 1902/03", Frankfurt/M., 1984 erhältlich.

Literaturverzeichnis

Etzioni, Amitai (1997): Die Verantwortungsgesellschaft. Individualismus und Moral in der heutigen Demokratie. Frankfurt/M.

König, René (1976): Emile Durkheim. Der Soziologe als Moralist. In: Dirk Käsler [Hrsg.]: Klassiker des soziologischen Denkens. Bd. I. Von Comte bis Durkheim. München. S. 312-364.

Lévi-Strauss, Claude (1993): Die elementaren Strukturen der Verwandtschaft. Frankfurt/M.

Lockwood, David (1992): Solidarity and Schism. „The Problem of Disorder" in Durkheimian and Marxist Sociology. Oxford.

Mauss, Marcel (1925): Die Gabe. Form und Funktion des Austauschs in archaischen Gesellschaften. Frankfurt/M.

Müller, Hans-Peter (1986): Gesellschaft, Moral und Individualismus. Emile Durkheims Moraltheorie. In: Hans Bertram [Hrsg.]: Gesellschaftlicher Zwang und moralische Autonomie. Frankfurt/M. S. 71-105.

Müller, Hans-Peter (1991): Die Moralökonomie moderner Gesellschaften. Durkheims „Physik der Sitten und des Rechts". In: Emile Durkheim [Hrsg.]: Physik der Sitten und des Rechts. Vorlesungen zur Soziologie der Moral. Frankfurt/M. S. 307-341.

Müller, Hans-Peter/Schmid, Michael (1988): Arbeitsteilung, Solidarität und Moral. Eine werkgeschichtliche und systematische Einführung in die „Arbeitsteilung" von Emile Durkheim. In: Emile Durkheim: Über soziale Arbeitsteilung. Studie über die Organisation höherer Gesellschaften. 2. Aufl. Frankfurt/M. S. 481-532.

Parsons, Talcott (1937): The Structure of Social Action. A Study in Social Theory with special Reference to a Group of recent European Writers. New York.

Smith, Adam (1991): Der Wohlstand der Nationen. München.

Georg Simmel

1.	Einleitung	133
1.1	Biographie und Zeitbezug	134
1.2	Denken in Wechselwirkungen	136
2.	Simmels Beitrag zur Soziologie	137
2.1	Nicht Gesellschaft, sondern Vergesellschaftung	137
2.2	Phänomenologische Beschreibung und Formenanalyse	141
2.3	Die soziologischen Apriori	144
2.4	Die Kreuzung sozialer Kreise	147
2.5	Zeitdiagnose der kulturellen Moderne	151
3.	Rezeption und Wirkungsgeschichte	154
4.	Zusammenfassung	155
5.	Kontrollaufgaben	157
6.	Literaturverzeichnis	157

Uwe Krähnke

GEORG SIMMEL

geboren am 1. 3. 1858 in Berlin; gestorben am 26. 9. 1918 in Straßburg.

> *Was fortwährend an physischen und seelischen Berührungen, an gegenseitiger Erregung von Lust und Leid, an Gesprächen und Schweigen, an gemeinsamen und antagonistischen Interessiertheiten vor sich geht – das erst macht die wunderbare Unzerreißbarkeit der Gesellschaft aus.*
> *(Simmel 1908, S. 34)*

1. Einleitung

GEORG SIMMEL gehört mit zu den vielseitigsten und originellsten deutschen Theoretikern der Geistes- und Sozialwissenschaften um die Jahrhundertwende. Die Anziehungskraft, die sein Denken auch heute noch auf viele Leser ausübt, liegt vor allem in der Fähigkeit begründet, Erscheinungen des menschlichen Lebens mit seismographischer Feinfühligkeit und analytischer Tiefgründigkeit zu erfassen.

Simmel als Wissenschaftler und Philosoph

Wie seine 25 Bücher und die Vielzahl von Aufsätzen belegen, war SIMMEL nicht auf eine Wissenschaftsdisziplin allein festgelegt. Der Geschichtsphilosophie verlieh er neue Impulse mit seinen Überlegungen zum Charakter der historischen Gesetzmäßigkeiten, zum verstehenden Erkennen und zur idealtypischen Begriffsbildung. Die Kunstphilosophie bereicherte er mit Studien über Künstler (z. B. MICHELANGELO und AUGUSTE RODIN) und über Themen (wie das Porträt, den Schauspieler oder die Mode). SIMMEL trug auch zur Etablierung der Lebensphilosophie bei, deren bekannteste Vertreter um die Jahrhundertwende FRIEDRICH NIETZSCHE (1844-1900), WILHELM DILTHEY (1833-1911) in Deutschland und der Franzose HENRI BERGSON (1859-1941) waren.

Vergesellschaft.: 137f.

Sein Hauptbeitrag für die Soziologie liegt darin, dass er den dynamischen Prozess der Vergesellschaftung in den Mittelpunkt der Betrachtung rückt und die Wechselwirkungen zwischen den Individuen als den eigentlichen Untersuchungsgegenstand der Soziologie bestimmt. Um dem dynamisch-prozesshaf-

Simmels Bedeutung für die Soziologie

Georg Simmel

ten Charakter dieses Untersuchungsgegenstandes Rechnung tragen zu können, entwickelt er mit seiner Reinen bzw. Formalen Soziologie einen entsprechenden methodischen Zugang. Weitere Beiträge für die Soziologie bilden seine theoretischen Überlegungen zu den soziologischen Apriori und zur Kreuzung sozialer Kreise. Als Klassiker der Soziologie gilt er auch aufgrund seiner Zeitdiagnose. Eine Reihe von Essays beschreiben die kulturelle Verfasstheit der modernen Gesellschaft anhand ihrer typischen Erscheinungsformen wie Geldwirtschaft, großstädtische Lebensweise und Mode.

SIMMELS Beitrag für die Professionalisierung der jungen Wissenschaftsdisziplin Soziologie geht über seine theoretische Hinterlassenschaft hinaus. Er engagierte sich neben MAX WEBER (1864-1920), FERDINAND TÖNNIES (1855-1936) und WERNER SOMBART (1863-1941) in der 1909 gegründeten Deutschen Gesellschaft für Soziologie und war Mitglied internationaler soziologischer Vereinigungen.

Form.Soz: 142f.
Apriori: 144f.
Soz. Kreis: 147f.

1.1 Biographie und Zeitbezug

Lebensbiographische Daten und wissenschaftlicher Werdegang

SIMMEL wurde als jüngstes von sieben Geschwistern 1858 im Herzen der pulsierenden Großstadtmetropole Berlin geboren. Als 16 Jahre später sein Vater EDWARD SIMMEL, Begründer der traditionsreichen Schokoladenfabrik SARROTI, verstarb, übernahm ein Freund der Familie, JULIUS FRIEDLÄNDER, die Vormundschaft und unterstützte finanziell seine akademische Laufbahn. Neben Kunstgeschichte und Altitalienisch studierte er ab 1876 an der Berliner Kaiser-Wilhelms-Universität Philosophie, Geschichte, Völkerpsychologie und promovierte 1881. Nach seiner Habilitation 1885 nahm er eine Lehrtätigkeit an dieser Universität auf. Obwohl er relativ schnell in die akademische Stellung des Privatdozenten aufrückt, bedurfte es mehrerer Anläufe, um im Jahre 1901 zum Extraordinarius für Philosophie ernannt zu werden. Eine ordentliche Professur blieb ihm an dieser und an anderen Universitäten für die nächsten Jahre verwehrt.

Die im Grunde nicht sehr erfolgreiche akademische Karriere steht in einem auffälligen Widerspruch zu seinem Lehrerfolg an der Berliner Universität und zu seinem internationalen Ansehen als Wissenschaftler und Philosoph. Ein Grund für das langjährige Verwehren einer Professur liegt womöglich im latenten Antisemitismus des akademischen Milieus in Deutschland zu dieser Zeit. Neben der jüdischen Abstammung muss wohl auch seine intellektuelle Persönlichkeit ausschlaggebend gewesen sein: SIMMEL vereint in sich den Impressionisten und den Analytiker. Während ihn seine ausgesprochen künstlerische Sensibilität empfänglich machte für Reize und Oberflächenphänomene der kulturellen Moderne, war er aufgrund seiner wissenschaftlichen Intellektualität stets bemüht, das, was hinter diesen Anregungen liegt, tiefgründig herauszuarbeiten. Die virtuose Beweglichkeit seiner Gedankenführung schlug sich sowohl in seiner essayistischen Schreibweise als auch in seinem mündlichen Vortragsstil nieder. Sie garantierte ihm ein großes und aufgeschlossenes Publikum,

Moderne: 148,151f., GI

erzeugte aber zugleich auch Unverständnis und Missgunst bei Fachkollegen und Vorgesetzten. Vor allem zeigten sich diejenigen enttäuscht, die bei ihm eine klare Systematik in der Theoriebildung erwartet haben.

Erst im Alter von 56 Jahren erhält er den Ruf aus der weit entfernten Universität Straßburg. Die Professur im Jahr 1914 fällt in die Wirren des Ersten Weltkrieges. An einen normalen Universitätsbetrieb ist nicht zu denken. Wie eine Reihe deutscher Gelehrter stellt auch SIMMEL seine ganze Person in den Dienst des Krieges. Zwar verweigerte er sich einer extrem nationalistischen Kriegspropaganda, aber mit seinen Reden und Stellungnahmen in der deutschen Öffentlichkeit sowie im neutralen Ausland betrieb er eine Art intellektuelle Kulturpropaganda. Propagiert wird von ihm eine europäische Gemeinschaft, die auf geistig-moralische Werte gegründet ist. Zum Aufbau einer solchen Gemeinschaft würden, so SIMMELS Hoffnung, die Menschen in Europa berufen sein, da sie in den Kriegsjahren existenzielle Notsituationen, Entbehrungen und eine außeralltägliche Opferbereitschaft kennen gelernt haben.

Hauptwerke

Seine publizistische Tätigkeit beginnt SIMMEL in den 90er Jahren mit erkenntnistheoretischen Studien zu geschichts-, moral- und sozialwissenschaftlichen Problemen. Wichtige Werke sind DIE PROBLEME DER GESCHICHTSPHILOSOPHIE (1892) und EINLEITUNG IN DIE MORALWISSENSCHAFT (1892/93). Etwa zeitgleich mit EMILE DURKHEIM (1858-1917) in Frankreich, aber unabhängig von ihm, entstehen in den 90er Jahren die soziologischen Schriften ÜBER SOZIALE DIFFERENZIERUNG und DAS PROBLEM DER SOZIOLOGIE. Beide Schriften werden nach Überarbeitung 1908 in der SOZIOLOGIE. UNTERSUCHUNGEN ÜBER DIE FORMEN DER VERGESELLSCHAFTUNG (,Große Soziologie') aufgenommen. In diesem Buch stellt SIMMEL seine Konzeption der Formalen Soziologie dar. Die neun Jahre später geschriebenen GRUNDFRAGEN DER SOZIOLOGIE (,Kleine Soziologie') greifen die grundsätzliche soziologische Ausrichtung auf die Untersuchung der Vergesellschaftungsformen auf.

Um die Jahrhundertwende veröffentlicht SIMMEL seine bekanntesten Analysen der kulturellen Moderne: PHILOSOPHIE DES GELDES (1900) und DIE GROSSSTÄDTE UND DAS GEISTESLEBEN (1903). Wichtige Werke aus den beiden letzten Lebensjahrzehnten sind PHILOSOPHISCHE KULTUR (1911) und seine letzte Monographie LEBENSANSCHAUUNG (1918).

Familien- und Privatleben

Mit seiner Frau, der unter einem Pseudonym publizierenden Schriftstellerin GERTRUD KINEL, und dem gemeinsamen Sohn lebte SIMMEL viele Jahre, bis zum Umzug nach Straßburg, in West End. Dieser Stadtteil Berlins galt mit seinen überschaubaren zweihundert Villen um 1900 als „feine Adresse". Hier pflegte SIMMEL Formen der Geselligkeit, wie sie für das Bildungsbürgertum typisch waren. In Salons, Empfängen und eigenen Privatseminaren verkehrte er mit bekannten Persönlichkeiten des Geisteslebens. Bereits vier Jahre nach dem Umzug aus Berlin, 1918, starb SIMMEL an Krebs.

Vertiefende Literatur: **Gassen/Landmann 1958; Susman 1959.**

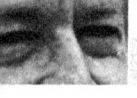

Georg Simmel

1.2 Denken in Wechselwirkungen

Begriff der physikalischen Wechselwirkung

Ein wichtiger Schlüssel zum Verständnis der Werke SIMMELS liegt in seinem Begriff der ‚Wechselwirkung'. Grundsätzlich zielt dieser Begriff auf die gegenseitige Abhängigkeit von Dingen, Ereignissen oder Prozessen, welche in „dynamischen Beziehungen stehen" (Simmel 1890, S. 129). SIMMEL bezieht sich häufig auf die physikalische Wechselwirkung aus der dynamischen Physik von ISAAC NEWTON (1643-1727) und die daraus abgeleitete Materieauffassung IMMANUEL KANTS (1724-1804). Beide Theoretiker erklären die körperliche Beschaffenheit der Materie des Universums durch die wechselseitige Abhängigkeit der Materieteilchen. Hervorgerufen werden die Wechselwirkungen durch die Grundkräfte der Anziehung (Attraktion), Abstoßung (Repulsion) und Trägheit.

Während ein kausal-deterministisches Denken lediglich eine eindimensionale Ursache-Wirkung-Beziehung erfassen kann (A ⟶ B), wird beim Denken in Wechselwirkungen die Wirkung wiederum selbst als eine Ursache angesehen, welche auf die ursprüngliche Ursache zurückwirkt. Das eine bedingt und beeinflusst das andere und umgekehrt (A ⇌ B). Doch was lässt sich nun mit dem Wechselwirkungsgedanken anfangen?

Dynamik: 139f., 145, 155

> Die Besonderheit bei der Betrachtung von wechselseitigen, ineinander greifenden und sich ergänzenden Faktoren (Rückkopplungen) liegt in der Möglichkeit, eine dynamische Analyseperspektive einzunehmen und komplexe Prozessverläufe zu erkären.

Wechselwirkung als Denkmuster

Natürlich geht es SIMMEL nicht so sehr um die Erklärung physikalischer Prozesse. Vielmehr ist er an dem allgemeinen Denkmuster der Wechselwirkung interessiert. Er erkennt, dass sich mit diesem Denkmuster auch andere, außerhalb der rein physikalischen Welt liegende Prozesse in ihrer Dynamik und nichtlinearen Komplexität erfassen lassen. Die Prägekraft des Denkmusters der Wechselwirkung zeigt sich in allen Werken SIMMELS.

Komplexität: 89, 137

Soziale Wechselwirkung zwischen Individuen

So sieht er im Rahmen seiner soziologischen und geschichtswissenschaftlichen Betrachtungen eine soziale Beziehung von Individuen dadurch bestimmt, dass

> „die Aktion oder Qualifizierung des einen durch den andern und des andern durch den einen bestimmt [ist] ..., wie von zwei gegeneinander schweren Materienmassen die Bewegung der einen durch die der andern wechselseitig veranlaßt wird" (Simmel 1909, S. 36).

Dynamisch-relationales Weltbild

Nur durch das wechselseitige Aufeinandereinwirken von Individuen (Interaktion) lassen sich, so SIMMEL, soziale Einheiten und historische Prozesse erklären.

Vom Denkmuster der Wechselwirkung ist schließlich auch sein Weltbild geprägt. Es handelt sich um ein dynamisch-relationales Weltbild, da von ihm angenommen wird, dass in letzter Konsequenz „Alles mit Allem in irgend einer

Interaktion: 140, 144, Gl

Wechselwirkung steht, daß zwischen jedem Punkte der Welt und jedem andern Kräfte und hin- und hergehende Beziehungen bestehen" (Simmel 1890, S. 130). Diese Aussage kann streng genommen empirisch nicht bewiesen werden. Die behauptete Komplexität der zahllosen mittelbaren und unmittelbaren Wechselwirkungen in der Welt lässt sich nicht *vollständig* darstellen. Allenfalls lässt sie sich *exemplarisch* (beispielhaft) darstellen.

Komplexität: 150

Zur Veranschaulichung wählt SIMMEL vor allem das Geld. Für jeden Menschen wird im alltäglichen Umgang mit dem Geld (z. B. beim Einkauf oder Tausch) erfahrbar, dass es Dinge geben kann, die sich gegenseitig bestimmen und aneinander wandeln. Geld fungiert hierbei als das zentrale Tauschmedium. Es schafft „aus dem Nebeneinander der Dinge ein Mit- und Füreinander" (Simmel 1900, S. 60). Die Eigentümlichkeit des Geldes besteht darin, dass es – streng für sich genommen – wertlos, ja sogar sinnlos ist. Seine hervorstechendsten Merkmale sind Anonymität, „eigne Leerheit" und „bloßer Durchgangscharakter" (ebd. S. 675). Das Substanzhafte, die Materialität am Geld, ist augenscheinlich hinter der Funktion, Tausch- und Integrationsmittel zu sein, zurückgetreten. Der Wert des Geldes bzw. seine Bestimmung ist allein für und durch die Tauschgegenstände erfahrbar. Diese Eigentümlichkeit lässt das Geld, so SIMMEL, zum abstrakten regulativen Weltprinzip der universalen Wechselwirkungen werden, welches für jederman geradezu greifbar und anschaulich ist.

Geld als regulatives Weltprinzip

Geld: 60, 66, 152, 206f.

Vertiefende Literatur: Lichtblau 1997, S. 39-52; Krähnke 1999, S. 87-91; Nedelmann 1984.

2. Simmels Beitrag zur Soziologie

2.1 Nicht Gesellschaft, sondern Vergesellschaftung

Ähnlich wie die anderen Gründungsväter der Soziologie, so bemängelt auch SIMMEL die fehlende Eindeutigkeit in der Gegenstandsbestimmung der jungen Wissenschaftsdisziplin. Notwendig sei vor allem eine „Aufklärung ihrer Grundbegriffe und ihrer besonderen Fragestellung gegenüber der gegebenen Wirklichkeit" (Simmel 1917, S. 7).

Suche nach soziologischen Grundbegriffen

Im Rahmen seiner soziologischen Gegenstandsbestimmung (vgl. Simmel 1890, S. 115-138; 1908, S. 13-41; 1917, S. 5-33) setzt er sich mit den beiden zentralen Grundbegriffen der Soziallehre zu seiner Zeit, mit ‚Individuum' und ‚Gesellschaft' auseinander. Er kritisiert die Tendenz, jeweils einen der beiden Begriffe auf Kosten des anderen in den Vordergrund der Betrachtung stellen zu wollen. Die Auswirkungen des Begriffsdualismus von ‚Individuum' und ‚Gesellschaft' waren (und sind heute auch noch) so tiefgreifend, dass sich zwei grundsätzlich verschiedene Betrachtungsweisen des Sozialen herausgebildet haben: eine *individualistisch* orientierte Betrachtung und eine *holistisch* orientierte.

Begriffsdualismus von ‚Individuum' und ‚Gesellschaft'

Indiv./Gesellsch.: 138f., Gl

Holismus: 51, 138, 141

Georg Simmel

Individualistische Perspektive

Bei der individualistischen Perspektive, wie sie damals z. B. von der hermeneutischen Schule des Historismus eingenommen wird, werden konkrete geschichtliche Ereignisse, aber auch historisch langfristige Prozesse, wie die Herausbildung der Kultur, der Wirtschaft oder der Religion, paradigmatisch anhand des individuellen Wirkens von historischen Persönlichkeiten (wie Königen, Staatsmännern, Denkern, Propheten usw.) interpretiert. Hierbei besteht die Gefahr einer Überbewertung der Rolle dieser Persönlichkeiten. Wie WEBER kritisiert auch SIMMEL, dass ein bloß emphatisches Nacherleben bzw. eine psychologisierende Interpretation von geschichtlich wirksamen Einzelpersönlichkeiten zu kurz greift. Es sei unmöglich, auf diesem Wege komplexe geschichtliche Ereignisse angemessen zu beschreiben. Geht es beispielsweise um die Schlacht bei Marathon, so ist der Gegenstand einer soziologischen Untersuchung

Hermeneutik: 167, GI

> „überhaupt nicht dieser und jener Einzelne, sondern: die Griechen und die Perser – offenbar ein ganz anderes Gebilde, durch eine gewisse geistige Synthese zustande kommend, nicht aber durch die Beobachtung der als einzelne betrachteten Individuen" (Simmel 1917, S. 8).

Kollektivistische Perspektive und holistische Gesellschaftstheorie

Greift die individualistische Perspektive bei der Betrachtung von sozialgeschichtlichen Prozessen offenbar zu kurz, so holt die kollektivistisch orientierte Soziallehre mit ihren holistischen (d. h. vom Ganzen ausgehenden) Gesellschaftstheorien zu weit aus. In der Regel wird unter dieser Perspektive die Gesellschaft als eine selbstständige Substanz bzw. als ein kollektiver Akteur aufgefasst. Der einzelne Mensch wird zwar als integrativer Bestandteil angesehen, aber eine wesentliche Einflussmöglichkeit auf das Ganze wird ihm abgesprochen. Die weitgehende Eliminierung des einflussnehmenden Individuums aus der Theorie bringt es mit sich, dass Geschichte zu einem teleologischen (d. h. zielgerichteten) und nach abstrakten Gesetzmäßigkeiten verlaufenden Prozess erklärt wird. So ist – um nur eine bedeutsame Theorie dieser Art zu nennen – bei KARL MARX (1818-1883) die Geschichte eine notwendige, aus den ökonomischen Bewegungsgesetzen der Gesellschaft resultierende Entwicklung zur klassenfreien kommunistischen Gesellschaft.

Holismus: 51, 137, 141

Marx: 99f.

Ablehnung des Begriffsdualismus

SIMMEL hält es angesichts des Dualismus von ‚Individuum' und ‚Gesellschaft' in den Sozial- bzw. Geschichtswissenschaften für grundlegend falsch, beide Seiten gegeneinander auszuspielen. Da es sich in beiden Fällen um Begriffe handelt, kann ‚Individuum' nicht etwas Konkreteres oder Wirklicheres sein als ‚Gesellschaft'. Vielmehr abstrahieren beide Begriffe gleichermaßen von der empirischen Wirklichkeit. Ebensowenig hält es SIMMEL erkenntnistheoretisch für gerechtfertigt, ‚Gesellschaft' zur eigentlichen, real wirkenden Kraft der geschichtlichen Bewegung zu erklären bzw. zu einer metaphysischen Einheit, aus der die Einzelexistenzen der Menschen abgeleitet werden.

Durch die Verwendung des Individuums- oder des Gesellschaftsbegriffs als Leitkategorie werden, so SIMMEL, nur verschiedene Perspektiven und Distanznahmen auf das Soziale möglich. Allein der spezifische Erkenntniszweck entscheidet, „ob die unmittelbar erscheinende oder erlebte Realität auf ein personales oder auf ein kollektives Subjekt hin befragt werden soll" (Simmel 1917, S. 12).

Individuum/Gesellschaft: 137f., 139, GI

Nicht Gesellschaft, sondern Vergesellschaftung

> Weder die individualistische Perspektive noch die kollektivistische wird allein als hinreichend für eine erfahrungswissenschaftliche Soziologie angesehen. Den Perspektivengegensatz will SIMMEL mit dem Wechselwirkungsbegriff aufheben, der eine gedankliche Synthese von ‚Individuum' und ‚Gesellschaft' möglich macht.

Das Untersuchungsgebiet der Soziologie damit zugleich festlegend, definiert er ‚Gesellschaft' als „die seelische Wechselwirkung zwischen Individuen" (Simmel 1917, S. 12; ähnlich auch 1890, S. 129 f.; 1908, S. 17 f.).

Gesellschaft als seelische Wechselwirkung

> *„Diese Wechselwirkung entsteht immer aus bestimmten Trieben heraus oder um bestimmter Zwecke willen. Erotische, religiöse oder bloß gesellige Triebe, Zwecke der Verteidigung wie des Angriffs, des Spieles wie des Erwerbes, der Hilfeleistung wie der Belehrung und unzählige andere bewirken es, daß der Mensch in ein Zusammensein, ein Füreinander-, Miteinander-, Gegeneinander-Handeln, in eine Korrelation der Zustände mit andern tritt, d. h. Wirkungen auf sie ausübt und Wirkungen von ihnen empfängt. Diese Wechselwirkungen bedeuten, daß aus den individuellen Trägern jener veranlassenden Triebe und Zwecke eine Einheit, eben eine ‚Gesellschaft' wird" (Simmel 1908, S. 17 f.).*

Doch was genau verspricht sich SIMMEL von der durch den Wechselwirkungsbegriff hergestellten Synthese der beiden Grundbegriffe?

Durkheim: 115f., 141

▸ Die Gesellschaft wird nicht substantiell-dinghaft gefasst oder konkret vorgestellt (wie das z. B. bei DURKHEIM der Fall ist, wenn dieser von einem gesellschaftlichen Kollektivbewusstsein sui generis ausgeht, welches auf das Individuum einen normativen Zwangscharakter ausübt). Stattdessen wird Gesellschaft als Funktion der sozialen Interaktionen zwischen den Menschen angesehen. Hierunter können sowohl oberflächliche und flüchtige face-to-face-Beziehungen fallen, wie beispielsweise ein Flirt, als auch verfestigte und institutionalisierte soziale Beziehungen, wie die innerhalb der Familie, der Kirche oder eines Nationalstaates.

Gesellschaftliche Dynamik

Individuum: 144, 149, GI

▸ Am personalen Subjekt (Individuum) interessiert nicht die jeweils vermeintliche Motivationslage (wie etwa der ‚subjektiv gemeinte Sinn' bei WEBER). Erforscht werden soll vielmehr, wie sich Individuen in ihrem Verhalten *gegenseitig* beeinflussen, Gruppen bilden und durch diese Gruppenexistenz bestimmt werden. Es geht also um den Menschen als vergesellschaftetes Wesen.

Gesellschaftlicher Charakter des menschlichen Daseins

Dynamik: 136, 145

> Die Focussierung auf die Wechselwirkungen zwischen den Individuen erlaubt es, den gesellschaftlichen Charakter des menschlichen Daseins als intersubjektives und dynamisches Geschehen in den Blick zu nehmen.

Georg Simmel

Synchrone und diachrone Perspektive

Hierin liegt das Originäre der Soziologiekonzeption SIMMELs. Der Begriff der Wechselwirkung verweist zum einen auf den vernetzten, relationalen Charakter des sozialen Geschehens (Miteinander), zum anderen auf den dynamisch-prozesshaften (Nacheinander). Aufgrund gegenseitig ausgeübter seelischer Beeinflussung sind die Individuen wechselseitig verknüpft. Es kommt permanent zu sympathischen oder antipathischen Berührungen unter ihnen. Zeitlich gesehen bringt ihr jeweiliges Tun (einschließlich ihres passiven Verhaltens wie das Leiden) zwangsläufig soziale Veränderungen und Entwicklungen hervor. Letztendlich sind für SIMMEL all

> *„jene großen Systeme und überindividuellen Organisationen, an die man bei dem Begriff von Gesellschaften zu denken pflegt, ... nichts anderes als die Verfestigungen – zu dauernden Rahmen und selbständigen Gebilden – von unmittelbaren, zwischen Individuum und Individuum stündlich und lebenslang hin und her gehenden Wechselwirkungen"* (Simmel 1917, S. 14).

System: 86f., GI

Ablehnung eines statischen Gesellschaftsbegriffs

Folgt man dieser soziologischen Gegenstandsbestimmung, so wären es vor allem die vielen, meist unscheinbar wirkenden Interaktionsbeziehungen im Alltag, die überhaupt erst „die wunderbare Unzerreißbarkeit der Gesellschaft" (Simmel 1908, S. 34) bilden und aufrechterhalten. Erst die Gesamtheit dieser vielen Beziehungen von Person zu Person – seien sie von langer oder kurzer Dauer, bewusst oder instinktiv – bildet jenes sich ständig wandelnde Beziehungsgeflecht des Sozialen. Da sich die Realität der Gesellschaft für SIMMEL im wechselseitigen Handeln der Individuen auflöst, findet bei ihm ‚Gesellschaft' nicht länger als statisch gedachter Einheitsbegriff Verwendung.

Interaktion: 136, 144, GI

> *„Gesellschaft ist dann nur der Name für einen Umkreis von Individuen, die durch derartig sich auswirkende Wechselbeziehungen aneinander gebunden sind und die man deshalb als eine Einheit bezeichnet, gerade wie man ein System körperlicher Massen, die sich in ihrem Verhalten durch ihre gegenseitigen Einwirkungen vollständig bestimmen, als Einheit ansieht"* (Simmel 1917, S. 14; vgl. auch: 1890, S. 131).

‚Vergesellschaftung' als Prozessbegriff

Tatsächlich zieht SIMMEL den Begriff der „Vergesellschaftung" vor. Wie bei allen Wörtern mit der Nachsilbe ‚ung' wird hier sprachlich bereits darauf hingewiesen, dass es sich nicht um etwas Dinghaftes oder einen abgeschlossenen Sachverhalt handelt, sondern um einen Prozess – eben jenen Prozess der Gesellschaftsbildung, welcher tagtäglich durch die wechselseitigen Verbindungen der Menschen in Gang gehalten wird.

Vergesellschaftung: 142ff.

> *„Vergesellschaftung ist ... die in unzähligen verschiedenen Arten sich verwirklichende Form, in der die Individuen auf Grund jener – sinnlichen oder idealen, momentanen oder dauernden, bewußten oder unbewußten, kausal treibenden oder teleologisch ziehenden – Interessen zu einer Einheit zusammenwachsen und innerhalb deren diese Interessen sich verwirklichen"* (Simmel 1917, S. 52).

In der konsequenten Ausrichtung auf den prozesshaften und relationalen Charakter des Sozialen, auf ihr „ewiges Fließen und Pulsieren, das die Individuen

Phänomenologische Beschreibung und Formenanalyse

verkettet" (Simmel 1908, S. 33), unterscheidet er sich deutlich von den anderen soziologischen Gründungsvätern.

Holismus: 51, 137f.

> Mit seiner interaktionistischen Soziologie steht SIMMEL gewissermaßen zwischen WEBER (als Vertreter der individualistischen Soziologie) und DURKHEIM (als Vertreter einer holistischen Soziologie).

Um seinem eigenen Anspruch gerecht zu werden, entwickelt SIMMEL eine soziologische Betrachtungsweise, die im Wesentlichen gekennzeichnet ist durch

Simmels soziologische Vorgehensweise

- die phänomenologische Beschreibung,
- die Formenanalyse (Reine bzw. Formale Soziologie),
- die Bestimmung der soziologischen Apriori,
- die Idee der Kreuzung sozialer Kreise.

Vertiefende Literatur: Simmel 1908, S. 13-41; ders. 1917; Dreyer 1995 (insbes. S. 61-71).

Phänomenologie: 104, 154

2.2 Phänomenologische Beschreibung und Formenanalyse

Bezogen die soziologischen Wegbereiter (MARX, vor allem aber AUGUSTE COMTE [1798-1857] und HERBERT SPENCER [1820-1903]) ihr Wissen über die soziale Realität vor allem aus fremden theoretischen Abhandlungen, empirischen Statistiken, historischen Überlieferungen oder zeitgenössischen Beschreibungen, so nutzt SIMMEL zudem im starken Maße eigene soziale Alltagserfahrungen. Seine soziologischen und sozialpsychologischen Essays belegen, dass er über die besondere Gabe zur sensiblen, phänomenologischen Beschreibung der sozialen Wirklichkeit verfügt. Anschaulich gemacht wird von ihm vor allem die Sinnhaftigkeit und der Interaktionscharakter von Alltagserscheinungen wie (um nur einige Beispiele zu nennen) Streit, Geheimnis, Treue und Dankbarkeit.

Rückgriff auf Alltagserfahrungen

Hinter den sensiblen Beschreibungen, die ähnlich wie bei WEBER durch die Methode des Verstehens gewonnen werden, steht jedoch mehr als der Versuch, die inhaltliche Vielgestaltigkeit und scheinbare Zufälligkeit des zwischenmenschlichen Zusammenlebens bloß anschaulich widerzuspiegeln. Eine kontextuelle Nachbildung der empirischen Erscheinungen ohne systematische Ordnung und analytische Durchdringung hätte für SIMMEL keinen wissenschaftlichen Wert gehabt. Heraus käme nicht mehr als eine bloße Oberflächenbeschreibung von Alltagsphänomenen. Der Anspruch seiner Soziologie ist es jedoch, tiefer liegende Strukturen, allgemeingültige Bedeutungen und Regelmäßigkeiten systematisch herauszuarbeiten.

Systematische Wissensgenerierung

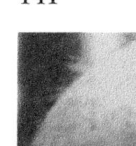

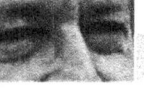

Georg Simmel

> Um sich nicht in der Mannigfaltigkeit der alltäglich ablaufenden Vergesellschaftungsprozesse zu verlieren, werden von SIMMEL die *Formen* der Vergesellschaftung (d. h. der sozialen Wechselwirkungen zwischen den Individuen) analytisch von den *Inhalten* getrennt.

Analytische Trennung von Inhalt und Form

Die Trennung zwischen Form und Inhalt bei der soziologischen Betrachtung wird vor allem mit KANTS erkenntnistheoretischer Position begründet, welche dieser in seiner Schrift DIE KRITIK DER REINEN VERNUNFT (1781) darlegte. Die Wirklichkeit „an sich" existiere lediglich als ungeordnetes Chaos, über das der Mensch keine gehaltvollen Aussagen machen könne. Erst durch entsprechende Begriffe (bzw. Kategorien) und deren Verknüpfung (Urteile) vermittelt und strukturiert, nehmen, so KANT, die *Inhalte* der sinnlich wahrgenommen Wirklichkeit eine *Form* der rationalen Erkenntnis an.

Auch für andere Wissenschaftsdisziplinen stellt die analytische Trennung von Form und Inhalt eine gängige methodische Herangehensweise dar. So hat es beispielsweise die Geometrie „an sich" mit einer unüberschaubaren Vielfalt von Untersuchungsgegenständen zu tun. Um den Überblick nicht zu verlieren, werden diese inhaltlich verschiedenen Gebilde bestimmten charakteristischen Formen wie Kreis, Dreieck, Viereck usw. zugeordnet und systematisiert.

Als soziologische Untersuchungsinhalte, „gleichsam die Materie der Vergesellschaftung", versteht SIMMEL

> „alles das, was in den Individuen ... als Trieb, Interesse, Zweck, Neigung, psychischen Zuständlichkeit und Bewegung derart vorhanden ist, daß daraus oder daran die Wirkung auf andre und das Empfangen ihrer Wirkungen entsteht ... Weder Hunger noch Liebe, weder Arbeit noch Religiosität, weder die Technik noch die Funktionen und Resultate der Intelligenz bedeuten, wie sie unmittelbar und ihrem reinen Sinne nach gegeben sind, schon Vergesellschaftung" (Simmel 1908, S. 18 f.; vgl. auch 1917, S. 51).

Form/Inhalt: 103

Übung: Vergleichen Sie diese Charakterisierung der soziologisch relevanten Untersuchungsinhalte mit Webers Definition des sozialen Handelns! Wo liegen die Gemeinsamkeiten und was sind die Unterschiede?

Konzeption der Formalen Soziologie

Die in dem Zitat oben aufgeführten Untersuchungsinhalte sind im Grunde die gleichen, mit denen auch die Psychologie oder andere Sozialwissenschaften konfrontiert werden. Der Soziologie müsse es nun gelingen, so SIMMEL, diese Inhalte auf eine spezifische Art und Weise, d. h. unter Zuhilfenahme soziologischer Kategorien, zu ordnen und zu systematisieren. Hierzu entwickelt er seine Formenanalyse, die Konzeption der *Reinen* bzw. *Formalen Soziologie* mit den „reinen Formen der Vergesellschaftung". SIMMEL nennt beispielhaft folgende Vergesellschaftungsformen, wobei er darauf verweist, dass diese Reihe erweitert bzw. noch weiter untergliedert werden müsste.

Formale Soziologie: 143

Vergesellschaft.: 140, 143f.

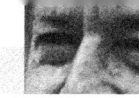

Phänomenologische Beschreibung und Formenanalyse

- Über- und Unterordnung
- Konkurrenz
- Nachahmung
- Arbeitsteilung
- Parteibildung
- Vertretung
- Gleichzeitigkeit des Zusammenschlusses nach innen und der Abschottung nach außen. (vgl. Simmel 1908, S. 21; 1917, S. 29).

Typische Formen der Vergesellschaftung

> Eine Vergesellschaftungsform markiert eine typische Verhaltensweise der Individuen (Interaktionsform). Soziale Erscheinungen können untersucht werden, ob sie in Hinblick auf diese Vergesellschaftungsform etwas gemein haben bzw. (im entgegengesetzten Fall) sich unterscheiden.

Um dies an einem Beispiel zu verdeutlichen: Auf den ersten Blick erscheint es etwas abwegig, das soziale Gebilde einer Religionsgemeinde systematisch vergleichen zu wollen mit einer Verschwörerbande oder mit einer Wirtschaftsgenossenschaft (vgl. Simmel 1917, S. 29). Orientiert sich die soziologische Untersuchung jedoch an den Vergesellschaftungsformen, so ergibt der empirische Vergleich möglicherweise, dass in diesen drei an sich vollkommen heterogenen sozialen Gebilden, die Vergesellschaftungsform der Unterordnung vorkommt – wenn auch in unterschiedlicher Ausprägung. Aus dieser vergleichenden Beobachtung könnte schließlich eine soziologische Theorie abgeleitet werden, deren Reichweite nicht auf einen Kontext (also auf ein einzelnes dieser drei empirisch untersuchten sozialen Gebilde) allein beschränkt bleiben muss. Möglich wäre eine kontextübergreifende, zusammenfassende und somit generalisierbare (d. h. verallgemeinerbare) soziologische Theorie über die Interaktionsform der Unterordnung (vgl. ebd.).

Anwendungsbeispiel für soziologische Formenanalyse

In methodologischer Hinsicht weist SIMMELS Formenanalyse Parallelen zur soziologischen Vorgehensweise von WEBER auf. Wie dessen Idealtypen (z. B. Idealtypen des sozialen Handelns oder der Herrschaft) sind nämlich die reinen Formen der Vergesellschaftung abstrakte, rein zu Erkenntniszwecken gebildete Leitbilder. Da sie gedanklich konstruiert sind, können Vergesellschaftungsformen und Idealtypen in ihrer abstrakten Begrifflichkeit weder im empirischen Untersuchungsfeld beobachtet noch aus diesem abgeleitet werden. Vielmehr soll mit ihrer Hilfe die Beobachtung erst strukturiert und methodisch kontrollierbar werden.

Idealtyp: 167, 170f., 181

Vergleich mit Webers Idealtypen

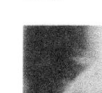

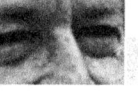

Georg Simmel

2.3 Die soziologischen Apriori

Wissen um das Vergesellschaftetsein

Einen weiteren Versuch zur Systematisierung der Soziologie unternimmt SIMMEL in seinem Essay mit dem Titel EXKURS ZUM PROBLEM: WIE IST GESELLSCHAFT MÖGLICH? (1908, S. 42-61). Ausgangspunkt bei der Beantwortung dieser Fragestellung ist die Auffassung, dass bei jedem menschlichen Individuum ein Bewusstsein darüber ausgeprägt ist, in der Gesellschaft integriert, d. h. vergesellschaftet, zu sein. „Das Bewußtsein, Gesellschaft zu bilden, ist zwar nicht in abstracto dem Einzelnen gegenwärtig, aber immerhin *weiß* jeder den andern als mit ihm verbunden" (ebd. S. 46). Gibt es Bedingungen, welche die Vergesellschaftung der Individuen ermöglichen, müssten, so SIMMELS Schlussfolgerung, diese Bedingungen den Individuen auch mehr oder weniger bewusst sein. Er beschreibt drei solcher Bedingungen und nennt sie ‚soziologische Apriori'.

Individuum: 145f., 149f., GI

Vergesellschaft.: 140, 142f. Soziolog. Apriori: 145f.

▶ Ein soziologisches Apriori bedeutet hier ein kognitives Orientierungsmuster, d. h. eine Kategorie, unter der die Individuen im Rahmen ihrer alltäglichen Vergesellschaftung sich selbst und sich gegenseitig wahrnehmen, einordnen und beurteilen, um eine Interaktion eingehen bzw. aufrecht halten zu können.

Interaktion: 136, 140, GI

Erstes Apriori: Gattungsmerkmale

Das erste Apriori besagt, dass zwar bei jeder zwischenmenschlichen Beziehung konkrete individuelle Persönlichkeiten aufeinandertreffen, aber man dennoch „den Andern in irgend einem Maße verallgemeinert" (ebd. S. 47) sieht. Das Verhalten einer anderen (aber auch der eigenen) Person wird nach *allgemeinen* Wertmaßstäben eingeschätzt und typisiert. Gilt jemand beispielsweise als ‚guter Mensch', ein anderer als ‚herrisch', hat man sich – wie es so schön heißt – von dieser Person „ein Bild gemacht" bzw. „ein Urteil gebildet". Wir sind geradezu auf solche allgemeinen Werteraster und Typisierungen angewiesen, da sich, wie SIMMEL betont, die reine Individualität einer Person unserer Erkenntnis entzieht. „Es scheint, als hätte jeder Mensch einen tiefsten Individualitätspunkt in sich, der von keinem andern ... innerlich nachgeformt werden kann" (ebd. S. 48).

Individualität: 145f.

▶ Bei der Wahrnehmung und Beurteilung der eigenen oder einer anderen Persönlichkeit wird von der reinen Individualität abstrahiert. Erst durch entsprechende Einschätzungen und Typisierungen anhand allgemein anerkannter Kategorien erlangen wir eine soziale Distanz und eine gewisse Verhaltenssicherheit, wie sie für Handlungssituationen unabdingbar sind.

Zweites Apriori: Gruppenzugehörigkeit

Das zweite Apriori besagt, dass beim Menschen „die Art seines Vergesellschaftet-Seins ... bestimmt oder mitbestimmt [ist] durch die Art seines Nicht-Vergesellschaftet-Seins" (ebd. S. 51). Was hier zunächst wie eine spitzfindige Wort-

Die soziologischen Apriori

spielerei klingt, erlangt schnell Plausibilität, wenn sogenannte ‚gesellschaftliche Außenseiter' betrachtet werden, wie Fremde, Feinde, Verbrecher oder auch Arme. Solche Personen eint das Schicksal, „von der Gesellschaft ... grade irgendwie ausgeschlossen" (ebd. S. 51) zu werden. Obwohl sie in der Regel stigmatisiert, sozial benachteiligt und ausgegrenzt werden, sind sie dennoch immer Bestandteil der Gesellschaft. Worauf SIMMEL hinaus will, ist, dass gerade jenes durch die sozialen Stigmatisierungs- und Ausschließungspraktiken noch verstärkte individuelle *Außenseiter*dasein (Nicht-Vergesellschaftet-Sein) dieser Personen zugleich auch deren Stellung *innerhalb* der Gesellschaft (Vergesellschaftet-Sein) ausmacht. Sie werden zu den berüchtigten „Ausnahmen", welche die „Regel", d. h. in diesem Fall: die sozialen Normen der Gesellschaft, bestätigen.

Die Gültigkeit dieses zweiten soziologischen Apriori zeigt sich, so SIMMEL, jedoch nicht nur bei den gesellschaftlichen Außenseitern. Auch jedes in einer sozialen Gruppe integrierte Individuum ist mit normativen Erwartungshaltungen konfrontiert, denen es nie *vollkommen* gerecht werden kann. Veranschaulicht wird dies anhand der beruflichen Arbeit.

Individuum: 146, 149f.

> „Wir wissen von dem Beamten, daß er nicht nur Beamter, von dem Kaufmann, daß er nicht nur Kaufmann, von dem Offizier, daß er nicht nur Offizier ist; und dieses außersoziale Sein [d. h. seine individuelle Besonderheit; U. K.], sein Temperament und der Niederschlag seiner Schicksale, seine Interessiertheiten und der Wert seiner Persönlichkeit ... gibt ihm doch für jeden ihm Gegenüberstehenden jedesmal eine bestimmte Nuance und durchflicht sein soziales Bild mit außersozialen Imponderabilien [d. h. Unwägbarkeiten; U. K.]" (ebd. S. 51).

Dynamik: 136, 139f. Rolle: 149f., GI

Die Lebendigkeit der Gesellschaft, die Dynamik der Vergesellschaftungsprozesse, führt SIMMEL mit darauf zurück, dass die Menschen nie als reine Rollenträger agieren. Immer geht der „ganze Mensch" mit seiner Individualität und Persönlichkeit in die soziale Wechselwirkung ein und durchbricht damit auch unter Umständen vorgegebene normative Verhaltensmuster und -erwartungen seiner sozialen Umwelt.

Hier knüpft das dritte soziologische Apriori an. Dieses Apriori besagt, dass „jedes Individuum durch seine Qualität von sich aus auf eine bestimmte Stelle innerhalb seines sozialen Milieus hingewiesen ist" (ebd. S. 59). Das Verhältnis zwischen Individuum und sozialer Struktur der Gesellschaft damit idealisierend, behauptet SIMMEL weiter, „daß für jede Persönlichkeit eine Position bzw. Stellung und Leistung innerhalb der Gesellschaft bestehe, zu der sie ‚berufen' ist, und der Imperativ, so lange zu suchen, bis man sie findet" (ebd. S. 60). In letzter Konsequenz hieße dies, Individuum und Gesellschaft würden – analog dem Passungsverhältnis zwischen biologischem Organ und Gesamtorganismus – harmonisch aufeinander abgestimmt sein.

Zur Veranschaulichung des dritten soziologischen Apriori verweist SIMMEL wiederum auf die Berufsarbeit. Maßgeblich für die alltägliche Berufsarbeit in

Drittes Apriori: Position in der Sozialstruktur

einem Unternehmen oder einer anderen Einrichtung ist eine reglementierte Ordnung mit jeweils vorgegebenen Leistungsparametern, festgelegter Funktionsverteilung, Machthierarchie usw. Es gehört zur Charakteristik dieses durchstrukturierten Organisationsgefüges, dass eine (Arbeits-)Stelle prinzipiell „von Vielen ausgefüllt werden kann und dadurch sozusagen etwas Anonymes ist" (ebd. S. 60). Besteht einerseits in der Berufsarbeit die Tendenz zur prinzipiellen Austauschbarkeit des Stelleninhabers, so existiert nach SIMMEL andererseits die allgemeine Tendenz, dass eine Stelle „von dem Individuum auf Grund eines inneren ‚Rufes', einer als ganz persönlich empfundenen Qualifikation ergriffen wird" (ebd. S. 60). Erst das Zusammenspiel der beiden Seiten (äußere und innere Faktoren) ergibt das, was früher noch als ‚Berufung' galt und heute allgemein ‚Beruf' genannt wird.

▶ Die gesellschaftliche Position eines Individuums resultiert aus der Wechselwirkung zwischen äußeren Faktoren der sozialen Umwelt (Milieu-, Schicht- oder Berufszugehörigkeit) und inneren Faktoren der Persönlichkeit (hier vor allem dem eigenen Willen, Zielen und spontanen Impulsen).

Individuum: 145, 149f., Gl

Heuristischer Nutzen der drei Apriori

Aufgrund des essayistischen Schreibstils SIMMELs, seiner dichten Beschreibungen und sich überlagernden Argumentationsstränge kann schnell aus dem Blick geraten, wozu die drei soziologischen Apriori eigentlich dienen sollen. Ihr heuristischer Nutzen wird erkennbar, wenn die Apriori in Beziehung gesetzt werden zu dem seit THOMAS HOBBES (1588-1679) immer wieder aufgeworfenen Problem *Wie ist soziale Ordnung möglich?* SIMMEL gelingt es, eine neuartige Perspektive auf das HOBBESsche Ordnungsproblem einzunehmen. Gesellschaftliche Ordnung muss nicht erzwungen werden – weder (worauf HOBBES selbst insistierte) durch einen autoritären Staat, an den alle Untertanen ihren Machtanspruch abtreten, noch durch eine die Konkurrenzkräfte des ökonomischen Marktes regulierende „unsichtbare Hand" (vgl. ADAM SMITH [1723-1790]). Auch die Annahme eines solidarisch verbindenden Kollektivbewusstseins (vgl. DURKHEIM) scheint für eine soziologische Erklärung nicht notwendig zu sein.

Hobbes: 15f. Soziale Ordnung: 39, 93, 200, Gl Smith: 20

Durkheim: 115, 139

▶ In SIMMELs Perspektive ist die gesellschaftliche Ordnung vor allem eine sozial konstruierte Ordnung. Sie entsteht durch die alltäglich ablaufenden Bewusstseinsprozesse der Gesellschaftsmitglieder. Eine Orientierung im Vergesellschaftungsprozess erfolgt durch die kognitiven Muster, die drei Apriori.

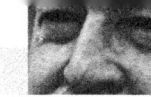

Die Kreuzung sozialer Kreise

Individualität: 144f., 150f.

Egal mit welcher Person man es zu tun hat, immer wird – natürlich mehr oder weniger bewusst – die Individualität der fremden (wie auch der eigenen) Person in Beziehung gesetzt

- zum allgemeinen sozialen Gattungswesen des Menschen (erstes Apriori);
- zu sozialen Gruppen, Schichten o. ä. (zweites Apriori);
- zum funktionalen Gesamtzusammenhang der Gesellschaft (drittes Apriori).

Vertiefende Literatur: Simmel 1908, S. 42-61; Ritsert 2001, S. 129-135.

2.4 Die Kreuzung sozialer Kreise

Individualisierung: 117
Differenzierung: 150, 174, 208, Gl

Wie die anderen Gründungsväter der Soziologie um die Jahrhundertwende, so beschreibt auch SIMMEL den Strukturwandel von traditionalen zu modernen Gesellschaften. Diesen Übergang sieht er nicht zuletzt durch eine wachsende Individualisierung bei gleichzeitig voranschreitender sozialer Differenzierung charakterisiert (vgl. Simmel 1908, S. 791 ff.). In dem Essay DIE KREUZUNG SOZIALER KREISE (1908, S. 456-511) arbeitet er heraus, welche Folgen diese beiden ineinander verwobenen gesellschaftlichen Teilprozesse für den einzelnen Menschen haben. Konstatiert wird vor allem eine

Kennzeichen moderner Gesellschaften

- Lockerung traditionaler sozialer Bindungen sowie ein Bedeutungsverlust der Zugehörigkeit zur Herkunftsfamilie;
- Zunahme freiwilliger, auf Rationalität und intellektuellen Neigungen beruhenden sozialer Beziehungen (‚soziale Kreise');
- verstärkte Konzentration auf das innere, psychische Erleben und auf die eigene Konfliktbewältigung;
- Erweiterung der Möglichkeiten zur individuellen Lebensgestaltung und zur Ausprägung der eigenen Identität.

Individ.: 139, 145, 149f., Gl
Vergesellsch.: 140, 142f., 152
Medien: 206f.

Ausgangspunkt der Betrachtung ist wiederum die Auffassung, dass der Mensch ein vergesellschaftetes Individuum sei. Die Vergesellschaftung geschieht innerhalb sozialer Kreise.

Soziale Kreise als Interaktionsbeziehungen

> Ein sozialer Kreis ist eine mehr oder weniger freiwillig eingegangene und relativ stabile personale Interaktionsbeziehung, aber ebenso eine durch Medien (wie z. B. das Geld) vermittelte Beziehungskonstellation.

Familie: 50, 197

So entsteht beispielsweise durch Wechselwirkungen von Familienmitgliedern ein ganz spezifischer sozialer Kreis, eben die Familie. Auch wenn sich die Fami-

Familie als sozialer Kreis

Georg Simmel

Traditional-dörfliche Interaktionsbeziehungen

lienformen historisch gewandelt haben, so ist die Familie jener soziale Kreis, in welchen der Einzelne zufällig hineingeboren wird und wo dessen primäre Sozialisation erfolgt (d. h. die erste Ausprägung von Verhaltens- und Persönlichkeitsmerkmalen sowie von Wertorientierungen).

Fehlen andersartige Sozialisationserfahrungen, ist die Prägekraft der Herkunftsfamilie in der Regel sehr groß. Das starke Eingebundensein in einer abgeschiedenen, traditional geprägten Dorfgemeinschaft wäre hierfür ein Beispiel. Aufgrund der gleichen Lebensweise, der gemeinsam geteilten Glaubens- und Wertvorstellungen sowie der engen direkten Kontakte zwischen den ähnlich veranlagten Familienangehörigen, weiteren Verwandten und Nachbarn ist der Einzelne mit seiner gesamten Person in der Gemeinschaft aufgehoben und emotional stark gebunden – er gehört ihr mit „Leib und Seele" an.

Sozialisation: 50, 126

> Eine Dorfgemeinschaft im traditionalen Sinne stellt lediglich eine quantitative Erweiterung des ursprünglichen sozialen Kreises der Familie dar – analog einem geometrischen Kreis, der einen kleineren Kreis konzentrisch in sich einschließt.

Konzentrische Kreisbildung

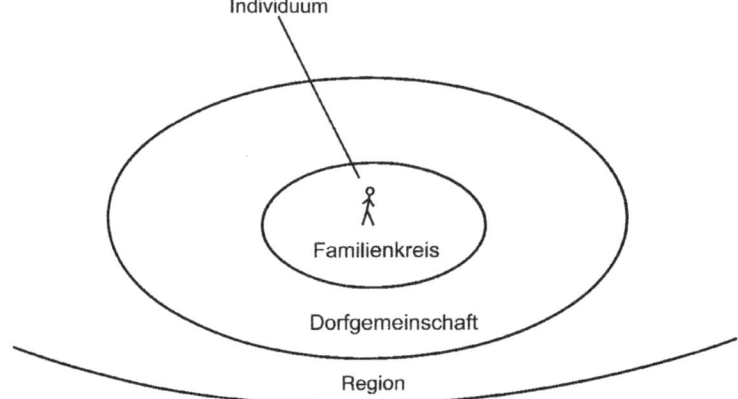

Übung: Vergleichen Sie Simmels Ausführungen zur Struktur sozialer Kreise in traditionalen Gesellschaften mit denen Durkheims über segmentär differenzierte Gesellschaften und Spencers über einfache Gesellschaften!

Moderne städtische Interaktionsbeziehungen

Mit der kulturellen Ausdifferenzierung der Moderne (seit dem 15. Jahrhundert) wurden die Menschen in Europa und später auch in Nordamerika stärker aus traditionalen, sie einengenden sozialen Beziehungskreisen freigesetzt. Die sozialisierende Wirkung der Herkunftsfamilie (wie auch der einheimischen Nachbarschaft) ist, so SIMMEL, vor allem dadurch abgeschwächt, dass der Einzelne „ein Band zu Persönlichkeiten [knüpft], welche außerhalb dieses ursprünglichen Assoziationskreises liegen und statt dessen durch sachliche Gleichheit der Anlagen, Neigungen, Tätigkeiten usw. eine Beziehung zu ihm

Moderne: 135, 151f., Gl

Die Kreuzung sozialer Kreise

besitzen" (Simmel 1908, S. 457). Entscheidend ist, dass die Wahl der sozialen Kreise, in die der Einzelne eintritt, stärker auf Freiwilligkeit beruht und entsprechend der individuellen intellektuellen Neigungen und rationalen Zwecksetzungen erfolgt. Die Anzahl solcher selbstbestimmten und interessengeleiteten Kreise kann beträchtlich sein – beispielsweise wenn

> *„der moderne Mensch zunächst der elterlichen Familie angehört, dann der von ihm selbst gegründeten und damit auch der seiner Frau, dann seinem Berufe, der ihn schon für sich oft in mehrere Interessenkreise eingliedern wird ...; wenn er sich seines Staatsbürgertums und der Zugehörigkeit zu einem bestimmten sozialen Stande bewußt ist, außerdem Reserveoffizier ist, ein paar Vereinen angehört und einen die verschiedensten Kreise berührenden geselligen Verkehr besitzt"* (Simmel 1908, S. 464 f.).

Bereits bei diesem einfachen Fallbeispiel wird deutlich, was mit dem Titel DIE KREUZUNG SOZIALER KREISE eigentlich gemeint ist.

> Die sozialen Kreise, denen der Einzelne angehört, sind so heterogen, dass sie – wiederum analog zur Geometrie betrachtet – nicht mehr konzentrisch angeordnet sind. Vielmehr kreuzen sich die Kreise, wobei ihre *gemeinsame* Schnittmenge die Persönlichkeit des Individuums ausmacht.

Individuum: 144f., Gl

Rolle:145, 150, Gl

Durch die Teilhabe an mehreren, sich teilweise stark unterscheidenden Beziehungskreisen gerät das Individuum zu einem Dividuum, einem in sich Geschiedenen. Es ist Träger von verschiedenen Rollen (z. B. des Sohnes, Ehemannes, Berufstätigen, Staatsbürgers, Reserveoffiziers und des Vereinsmitglieds usw.).

Persönlichkeit als Schnittmenge sozialer Kreise

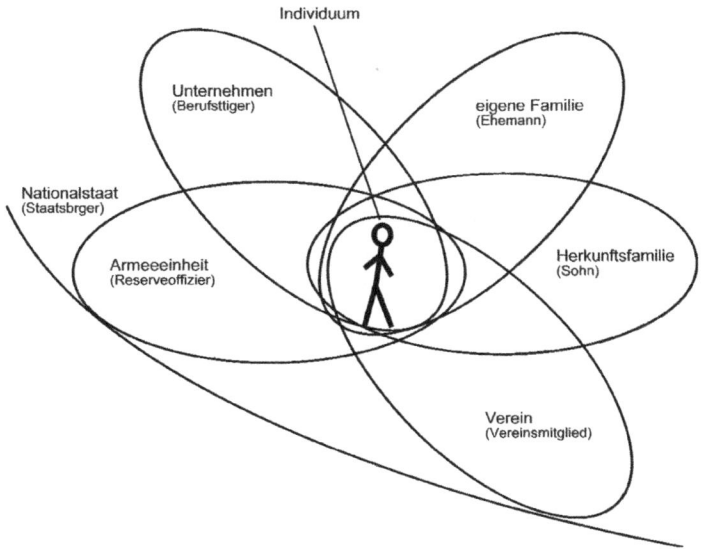

Kreuzung sozialer Kreise

Georg Simmel

Rollenkonflikte

Da jede Rolle mit spezifischen, in dem jeweiligen sozialen Kreis vorherrschenden Interessen, Wert- und Normenvorstellungen verknüpft ist, und diese selten im Einklang miteinander stehen, müssen unweigerlich „Konflikte äußerer und innerer Art auftreten, die das Individuum mit seelischem Dualismus, ja mit Zerreißung bedrohen" (Simmel 1908, S. 468).

> Das Individuum in der ausdifferenzierten modernen Gesellschaft unterliegt nicht nur dem Zwang, in verschiedene Kreise einzutreten, um am Vergesellschaftungsprozess teilzuhaben, sondern es muss auch lernen, mit den sich daraus ergebenden Konflikten umgehen zu können.

Der Fähigkeit, Rollenkonflikte auszuhalten und auszutragen spricht SIMMEL eine positive Bedeutung zu. Sie dient der Ausprägung einer eigenen Identität, denn „je mannigfaltigere Gruppeninteressen sich in uns treffen und zum Austrag kommen wollen, umso entschiedener wird das Ich sich seiner Einheit bewußt" (Simmel 1908, S. 468).

 *Übung: Finden Sie Beispiele dafür, dass der aktive Umgang mit Konflikten durchaus produktive Folgen haben kann!*

Soziale Welt als Vernetzung von Beziehungskreisen

SIMMELS Idee der Kreuzung sozialer Kreise lädt ein zum folgenden Gedankenexperiment: Würde man nämlich alle innerhalb einer Gesellschaft existierenden Beziehungskreise (wie in der Abbildung oben) erfassen und kartographieren, ergäbe sich ein dynamisches und komplexes Beziehungsnetz, in welchem jedes Gesellschaftsmitglied irgendwie mit jedem anderen verbunden wäre. Eine vollständige Darstellung solch eines sozialen Koordinatensystems scheitert natürlich aufgrund der Komplexität aller ineinander verwobenen Beziehungskreise. Jedoch lässt sich mit diesem Gedankenexperiment noch einmal nachvollziehen, warum SIMMEL weniger von ‚Gesellschaft' als vielmehr von ‚Vergesellschaftung' spricht. Mit Hilfe des Gedankenexperiments wird aber auch eine weitere Überlegung plausibel:

Komplexität: 137

> „Die Zugehörigkeit zu ... [jeweils einem neuen Kreis; U. K.] läßt der Individualität noch einen weiteren Spielraum; aber je mehr es werden, desto unwahrscheinlicher ist es, daß noch andre Personen die gleiche Gruppenkombination aufweisen werden, daß diese vielen Kreise sich noch einmal in einem *Punkte schneiden*" (Simmel 1908, S. 466).

Soziologische Bestimmung der Individualität

Diese Überlegung zielt auf eine rein soziologische Bestimmung der Individualität (d. h. der Einzigartigkeit) des Menschen. SIMMEL argumentiert, dass sich die Menschen aufgrund der voranschreitenden gesellschaftlichen Differenzierung zwangsläufig immer unähnlicher werden.

Differenzierung: 88, 114, 147, GI

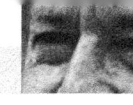

> Die individuelle Lebensgestaltung und die Ausprägung einer unverwechselbaren Identität im Rahmen der Vergesellschaftungsprozesse der Moderne ist nicht in der reinen Selbstbezogenheit und sozialer Distanz begründet, sondern setzt, im Gegenteil, die Partizipation an möglichst vielen heterogenen sozialen Kreisen voraus.

Übung: Stellen Sie einen gedanklichen Zusammenhang zwischen Simmels soziologischer Bestimmung der Individualität und seinen soziologischen Apriori (insbesondere zum 2. und 3. Apriori) her!

Vertiefende Literatur: Simmel 1908, S. 456-511.

2.5 Zeitdiagnose der kulturellen Moderne

Seine soziologischen Beobachtungen und Überlegungen nutzt SIMMEL für zeitdiagnostische Analysen der kulturellen Moderne. Allerdings hinterließ er keine in sich geschlossene Theorie der kulturellen Moderne. Die Vielzahl seiner Essays reflektiert – analog einem zersplitterten Hohlspiegel – die Moderne in fragmentierter Form. So bruchstückhaft die Essays der Form nach auch sind, so geht es in ihnen dem Inhalt nach immer wieder um das Spannungsverhältnis zwischen Individuen und dem gesellschaftlichen Umfeld, in das sie sozial, psychologisch, kulturell und auch wirtschaftlich gestellt sind.

Fragmentarischer Charakter der Zeitdiagnose

Ähnlich wie bei den anderen Gründungsvätern der Soziologie WEBER und DURKHEIM wird der Zustand der modernen Gesellschaft nicht mehr länger als Ausdruck eines linear verlaufenden Fortschritts interpretiert. Kritisch wird die eigene Gegenwart hinterfragt und auch Anzeichen krisenhafter Erscheinungen sowie pathologischer Entwicklungstendenzen analysiert.

Analyse gesellschaftlicher Krisen

Fortschritt: 92
Pathologie: 120

Moderne: 148, 152f., GI

> Grundsätzlich charakterisiert SIMMEL die Moderne als in sich widersprüchlich, als ambivalent. Die kulturell und sozial ausdifferenzierte Gesellschaft ermöglicht zwar ein höheres Maß an persönlicher Unabhängigkeit und Selbstbestimmung. Andererseits droht jedoch eine Sinnentleerung und Nivellierung der menschlichen Existenz.

Was verbirgt sich hinter dieser Ambivalenz? Und inwiefern lassen sich diese gegensätzlichen Bestimmungen als zwei Kehrseiten ein und derselben gesellschaftlichen Realität auffassen?

Ambivalenz der Moderne

Nach SIMMEL resultiert die Ambivalenz zwischen Freiheitsgewinn und Freiheitsverlust in der Moderne aus gesellschaftlichen Erscheinungen, die er als das

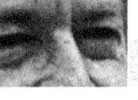

Georg Simmel

"messende, wägende, rechnerisch exakte Wesen der Neuzeit" (Simmel 1900, S. 613) zusammenfasst. Es handelt sich um Erscheinungen wie

- moderne Geldwirtschaft,
- großstädtische Lebensweise,
- Rationalisierung des Lebensalltags und einsetzender Massenkonsum sowie
- fortschreitende Arbeitsteilung.

Moderne Geldwirtschaft

Am Umgang mit Geld wird erkennbar, wie schmal der Grat der individuellen Freiheit in der modernen Gesellschaft tatsächlich ist: „mit dem Gelde in der Tasche sind wir frei ... Allein wie oft bedeutet nun gerade diese Freiheit zugleich Inhaltslosigkeit des Lebens und Lockerung seiner Substanz" (Simmel 1896, S. 185). Sich nach Möglichkeit alles erkaufen zu wollen, hat zur Folge, dass man an der ökonomisch nicht ausdrückbaren Bedeutung der Dinge, an ihrer qualitativen Sonderart, vorbei lebt. Die Frage, *was* einem etwas wert ist, wird verdrängt durch die Frage, *wieviel* es wert ist (vgl. ebd. S. 187). Schnell kann das Geld zum Selbstzweck werden, dem sich der Mensch in seiner individuellen Lebensgestaltung unterordnet (vgl. Simmel 1900, S. 482 ff.).

Geld: 60, 137, 206f.
Freiheit: 152, 181, 202

Großstädtische Lebensweise

Die Tendenzen der Nivellierung und des Freiheitsverlustes zeigen sich, so SIMMEL, vor allem anhand der großstädtischen Lebensweise. In der Stadt ist der Mensch einer enormen „Steigerung des Nervenlebens" (d. h. einer permanenten Reizüberflutung) ausgesetzt, da hier – im Gegensatz zur „Gemütlichkeit" des traditionalen Dorfes – vor allem Hektik, Schnelllebigkeit, und Buntheit vorherrscht (vgl. Simmel 1903, S. 197 f.). Die großstädtische Lebensweise ist nach SIMMEL, der selbst an einem Verkehrsknotenpunkt im Zentrum von Berlin aufwuchs, durch Blasiertheit (Abgestumpftsein, Übersättigtsein von Reizen, Entnervtsein) gekennzeichnet. Untereinander sind die Menschen reserviert, gleichgültig oder gar distanziert und abweisend, denn im alltäglichen Leben könnte keiner alle flüchtigen Beziehungen in sich aufnehmen, ohne sich zu atomisieren (vgl. ebd.). Wie im dichten Gewühl der Straße ist der Einzelne in der großstädtischen Anonymität zurückgeworfen auf sich selbst.

Rationalisierter Alltag und Massenkonsum

Obwohl in der anonymen Großstadt die Enge traditionaler Beziehungskreise aufgebrochen ist und die von Generation zu Generation „vererbten" Verhaltensweisen und Wertorientierungen immer weniger eine uneingeschränkte Gültigkeit besitzen, werden sich die Menschen in gewisser Hinsicht immer ähnlicher. Es setzt sich *ein* moderner Lebensstil durch, erkennbar an der allgemeinen Verbreitung der Taschenuhren, der Berechenbarkeit und Exaktheit des Tuns sowie der Pünktlichkeit in Versprechungen und Leistungen (vgl. ebd. S. 193 ff.). Die Rationalisierung und Versachlichung des Lebensalltags greifen unmittelbar in den Vergesellschaftungsprozess ein. Vorrangig bilden die Menschen soziale Kreise aufgrund ihrer intellektuellen Neigungen, Interessen und ihres bewussten Strebens nach psychischer Erlebnissteigerung. Auch der um die Jahrhundertwende langsam einsetzende Massenkonsum trägt mit dazu bei, dass sich ein relativ homogener kultureller Lebensstil durchsetzt – angefangen bei der Mode, über die Esskultur bis hin zur Freizeitgestaltung.

Vergesellschaftung: 140, 142f., 147

Zeitdiagnose der kulturellen Moderne

Arbeitsteilung: 20, 64ff., 82f., 115, Gl

Entfremdung: 67f.

Im unmittelbaren Arbeitsprozess sieht SIMMEL ebenfalls Tendenzen einer Fremdbestimmung und Nivellierung der menschlichen Persönlichkeit ausgeprägt. Die Arbeitsteilung, von ihm definiert als Produktionsteilung, Arbeitszerlegung und Spezialisierung (Simmel 1900, S. 633), ist im Zuge der industriekapitalistischen Entwicklung so weit fortgeschritten, dass die „Vollendung des Produkts auf Kosten der Entwicklung des Produzenten" (ebd. S. 628) geht. Aufgrund der maschinellen Massenproduktion fließt nicht mehr (wie etwa bei einem Künstler) die gesamte Persönlichkeit des Arbeiters in das Produkt ein, sondern lediglich nur noch „einige Handgriffe". SIMMELs Ausführungen zur Arbeitsteilung knüpfen an MARX' Kritik am Entfremdungs- und Verdinglichkeitscharakter der (Industrie-)Arbeit an. Kritisiert wird, dass die Arbeitskraft zur reinen Ware geworden ist, die „schaffende Persönlichkeit" von dem „geschaffenen Werk" und seinen Arbeitsmitteln abgetrennt ist, und die alleinige Verfügungsgewalt bei den Kapitalisten liegt (vgl. ebd. S. 631 ff.).

Fortschreitende Arbeitsteilung

> Die gesellschaftlichen Erscheinungen der neuzeitlichen Moderne – vor allem die moderne Geldwirtschaft, die großstädtische Lebensweise, die Rationalisierung des Lebensalltags und der einsetzende Massenkonsum sowie die fortschreitende Arbeitsteilung – bilden zusammen jene Kehrseite des sozio-kulturellen Wandels, die zur Einschränkung der Freiheitsmöglichkeiten des Einzelnen und zur Abstumpfung und Nivellierung seiner Persönlichkeit führt.

Marx: 69f.
Weber: 163

Utopie: 60, 94, Gl

SIMMEL geht mit dem Aufzeigen des ambivalenten Charakters der Moderne nicht soweit wie MARX, der die gesellschaftlichen Verhältnisse in Hinblick auf eine mögliche revolutionäre Umgestaltung kritisiert. Eher wie WEBER mit seinem Postulat der Wertfreiheit meint auch er, dass es nicht die Aufgabe eines Soziologen sein kann, „anzuklagen oder zu verzeihen, sondern allein zu verstehen" (Simmel 1903, S. 204). Insofern lehnt er utopische Gesellschaftsentwürfe ebenso ab wie die Einmischung als Sozialwissenschaftler und Philosoph in die gesellschaftliche Praxis. Dennoch ist der kulturkritische Anspruch seiner zeitdiagnostischen Analysen nicht zu übersehen. Dieser offenbahrt sich vor allem dort, wo auf die „Diskrepanz zwischen objektiver und subjektiver Kultur" bzw. die „Hypertrophie [d. h. ein übermächtiges Anwachsen; U. K.] der objektiven Kultur" hingewiesen wird (vgl. Simmel 1900; 1903). Die objektive Kultur, die sich vor allem in der Sprache, im Recht, in der Technik, Produktion, Kunst und Wissenschaft manifestiert, sind jene Gebilde, „die zwar aus den Beiträgen der Individuen entstanden sind, aber ein eigenes, objektiv geistiges Leben gewonnen haben" (Simmel 1900, S. 645). Allerdings hätten, so SIMMEL, die Verselbstständigungstendenzen der objektiven Kultur ein solches Ausmaß angenommen, dass die geistige Entwicklung der Individuen gewissermaßen hinterherhinkt. Hierin sieht er die eigentliche „Tragödie der modernen Kultur" (vgl. Simmel 1911).

Soziologie zwischen Analyse und Kritik

> „Die Kulturobjekte erwachsen immer mehr zu einer in sich zusammenhängenden Welt, die an immer wenigeren Punkten auf die subjektive Seele mit ihrem Wollen und Fühlen hinuntergreift. ... Dinge und Menschen sind auseinandergetreten" (Simmel 1900, S. 638 f.; vgl. auch 1903, S. 192).

Übung: Ist Simmels Zeitdiagnose mit der Betonung des ambivalenten Charakters der modernen Kultur heute noch aktuell?

Vertiefende Literatur: Simmel 1900, S. 617-654; ders. 1903; Lichtblau 1997, S. 68-82; Frisby 1989, S. 45–115.

3. Rezeption und Wirkungsgeschichte

Simmels geistige Hinterlassenschaft

Obwohl SIMMEL eine Reihe von namhaften Schülern und Schülerinnen hatte, hinterließ er keine eigene theoretische Schule. Ähnlich wie WEBER geriet er ab den 20er Jahren zunächst in Vergessenheit. Er selbst schien dies zu ahnen, beschrieb er doch seine theoretische Hinterlassenschaft als eine

> „in barem Gelde, das an viele Erben verteilt wird, und jeder setzt sein Teil in irgendeinen Erwerb um, der seiner Natur entspricht: dem die Provenienz aus jener Hinterlassenschaft nicht anzusehen ist" (Susman 1959, S. 5).

Geheimer Raubbau und fehlende Anerkennung

Einige Jahrzehnte fungierte SIMMEL als kreativer Stichwort- und Ideengeber. Sein Werk wurde als Steinbruch benutzt, oftmals ohne die Herkunft der übernommenen Gedanken preiszugeben (vgl. Schnabel 1974, S. 282). Dieser „geheime Raubbau" verhinderte seine Anerkennung innerhalb der Sozialwissenschaften.

Einfluss auf die Chicago School

Tatsächlich ist der Nachweis von Theorietraditionen sehr schwer. Eine direkte Beeinflussung lässt sich am ehesten bei den frühen Vertretern der Chicago School (20er und 30er Jahre) nachweisen. Eine der zentralen Figuren dieser soziologischen Richtung, ROBERT E. PARK (1864-1944), studierte um die Jahrhundertwende bei SIMMEL in Berlin. PARK übernahm dessen phänomenologische Betrachtungsweise und formulierte darauf aufbauend die Forschungsmaxime, dass nur jene Aussagen über die Wirklichkeit Gültigkeit beanspruchen dürfen, die auf eigenen Beobachtungen des Forschers basieren.

Phänomenologie: 104, 141

Anknüpfungen an die Formale Soziologie

LEOPOLD VON WIESE (1876-1969) knüpfte ähnlich wie ALFRED VIERKANDT (1867-1953) direkt an die Formale Soziologie SIMMELs an. Er entwickelte eine Beziehungslehre, in der (wie es SIMMEL selbst anregte) die acht reinen Formen der Vergesellschaftung erweitert und zu einem Klassifikationsraster systematisiert wurden. Während er auf 650 Formen kommt, unterscheidet der amerikanische Soziologe DONALD N. LEVINE (*1931) bei seinem Klassifizierungsversuch 123 Formen.

Formale Soziologie: 143f.

Wissenssoziologische Frage

Die grundlegende Fragestellung, aus der heraus SIMMEL seine drei soziologischen Apriori entfaltet – die Frage nach den Voraussetzungen, damit sich ein Subjekt als vergesellschaftetes Wesen erleben und erfahren kann – sollte nicht

Apriori: 144ff.

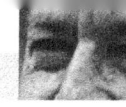

folgenlos bleiben. Sie tauchte später als Leitfrage der Wissenssoziologie wieder auf. Vertreter wie KARL MANNHEIM (1893-1947), PETER L. BERGER (*1929) und THOMAS LUCKMANN (*1927) gingen ebenso wie SIMMEL davon aus, dass die Gesellschaft eine durch die Individuen sozial konstruierte Ordnung sei.

Mit seiner Idee der Kreuzung sozialer Kreise und weiteren Überlegungen zur Herausbildung der Individualität im Zuge der sozialen Differenzierung nahm SIMMEL wesentliche Gedanken der Gruppensoziologie vorweg. Auch die soziologische Rollentheorie (z. B. des Symbolischen Interaktionismus) und die Konflikttheorie (insbesondere LEWIS COSER [*1913]) verdanken diesem Gründungsvater der Soziologie wesentliche theoretische Impulse.

Gruppen- und konfliktsoziologischer Ansatz

Seit den letzten beiden Jahrzehnten gibt es verstärkt erfolgreiche Bemühungen, die Anschlussfähigkeit an SIMMEL unter Beweis zu stellen. Hierzu haben zum einen die auf 24 Bände angelegte SIMMEL-GESAMTAUSGABE und die in Bielefeld ansässige Simmel-Gesellschaft beigetragen. Zum anderen wurde im Zuge der Diskussionen um die sogenannte ‚Postmoderne' die Aktualität seiner soziologischen Überlegungen, aber vor allem seiner kulturellen Zeitdiagnose offenbar. SIMMEL ist heute für jene ein wichtiger Referenztheoretiker geworden, die das traditionale Selbstverständnis der modernen Gesellschaft hinterfragen und (postmoderne) Erscheinungen thematisieren, wie die Dynamik, den Stilpluralismus und die modische Vergänglichkeit der Kultur (z. B. DAVID FRISBY) oder die gesellschaftlich produzierten Unsicherheiten, Angstgefühle, Ambivalenzerfahrungen, die verlorengegangenen klaren Ordnungen und allgemeinverbindlichen Wahrheiten (z. B. ZYGMUNT BAUMAN [*1925]).

Anknüpfungen durch Postmodernismus

Dynamik: 136, 139f.

Vertiefende Literatur: Bauman 1992; Dahme 1981, Teil 1, S. 87-101; Frisby 1989; Gephart 1994; Gerhardt 1976; Junge 2000; Krähnke 1999; Levine 1981; Lichtblau 1997; Popitz 1968.
Simmel Newsletter [Anm.: bei dieser zweimal jährlich erscheinenden Zeitschrift handelt es sich um das Fachorgan der Georg-Simmel-Gesellschaft, das den aktuellen Forschungsstand zu Simmel präsentiert].

4. Zusammenfassung

Eine Wechselwirkung liegt dann vor, wenn zwischen Erscheinungen eine gegenseitige Abhängigkeit und Beeinflussung auftritt, so dass sie zusammen eine Einheit ergeben. Während ein kausal-deterministisches Denken lediglich eine eindimensionale Ursache-Wirkung-Beziehung erfassen kann, wird beim Denken in Wechselwirkungen die Wirkung wiederum selbst als eine Ursache angesehen, welche auf die ursprüngliche Ursache zurückwirkt.

Begriff der Wechselwirkung

Der Perspektivengegensatz zwischen einer rein individualistischen und einer rein holistischen Soziologie will SIMMEL dadurch aufheben, dass der Vergesellschaftungsprozess, welcher aus den täglichen Wechselwirkungen (Interaktionen) der Menschen resultiert, in den Vordergrund der soziologischen Betrach-

Interaktionistische Perspektive

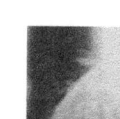

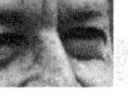

Georg Simmel

tung gerückt wird. Betont wird damit das intersubjektive und dynamische Geschehen der sozialen Welt.

Konzeption der Formalen Soziologie

Um sich bei der soziologischen Analyse nicht in der Mannigfaltigkeit der alltäglich ablaufenden Vergesellschaftungsprozesse zu verlieren, trennt SIMMEL die Formen der Vergesellschaftung von ihren Inhalten. Diese auf die Erkenntnistheorie KANTs zurückgehende analytische Unterscheidung erlaubt ein systematisches Vorgehen im Rahmen seiner Soziologiekonzeption. Das Unterscheidungsraster SIMMELs umfasst u. a. die Vergesellschaftungsformen: Über- und Unterordnung, Konkurrenz, Nachahmung, Arbeitsteilung, Parteibildung, Vertretung und Gleichzeitigkeit des Zusammenschlusses nach innen bei gleichzeitiger Abschottung nach außen. Jede Vergesellschaftungsform markiert eine typische soziale Verhaltensform. Erscheinungen können daraufhin soziologisch untersucht werden, ob sie im Hinblick auf diese Vergesellschaftungsform etwas gemein haben oder sich unterscheiden.

Bestimmung der drei soziologischen Apriori

Für SIMMEL ist die gesellschaftliche Ordnung nicht zuletzt eine sozial konstruierte Ordnung. Sie entsteht durch jene alltäglich ablaufenden Bewusstseinsprozesse, in welchen sich die einzelnen Gesellschaftsmitglieder wechselseitig nach kognitiven Mustern, den drei soziologischen Apriori, beurteilen und typisieren. Im Zuge der Vergesellschaftung wird die Individualität der fremden (wie auch der eigenen) Person in Beziehung gesetzt

- zum allgemeinen sozialen Gattungswesen des Menschen (erstes Apriori);
- zu sozialen Gruppen, Schichten o. ä. (zweites Apriori);
- zum funktionalen Gesamtzusammenhang der Gesellschaft (drittes Apriori).

Idee der Kreuzung sozialer Kreise

Durch das Ineinandergreifen der gesellschaftlichen Individualisierungs- und Differenzierungsprozesse in der Moderne überschneiden sich die heterogenen Beziehungskreise, die ein Individuum eingeht, wobei die gemeinsame Schnittmenge der Kreise die Persönlichkeit des Individuums ausmacht. Die Folgewirkungen auf das Individuum sind vor allem eine

- Lockerung traditionaler sozialen Bindungen sowie ein Bedeutungsverlust der Zugehörigkeit zur Herkunftsfamilie;
- Zunahme freiwilliger, auf Rationalität und intellektuellen Neigungen beruhenden sozialer Beziehungen (,soziale Kreise');
- verstärkte Konzentration auf das innere, psychische Erleben und auf die eigene Konfliktbewältigung;
- Erweiterung der Möglichkeiten zur individuellen Lebensgestaltung und zur Ausprägung der eigenen Identität.

Diagnose der kulturellen Moderne

Grundsätzlich sieht SIMMEL die Moderne durch eine Ambivalenz geprägt: Einerseits ermöglicht die kulturell und sozial ausdifferenzierte Gesellschaft ein höheres Maß an persönlicher Unabhängigkeit und Selbstbestimmung, andererseits jedoch droht eine Sinnentleerung und Nivellierung der menschlichen Existenz. Dieser ambivalente Charakter offenbahrt sich in bestimmten gesellschaftlichen

Erscheinungen – vor allem in der modernen Geldwirtschaft, der großstädtischen Lebensweise, der Rationalisierung des Lebensalltags und dem einsetzenden Massenkonsum sowie der fortschreitenden Arbeitsteilung.

5. Kontrollaufgaben

- Worauf zielt der Begriff der Wechselwirkung?
- Warum betont Simmel die „seelischen Wechselwirkungen zwischen den Individuen" und setzt den Begriff ‚Vergesellschaftung' anstelle von ‚Gesellschaft'?
- Erläutern Sie, wie Simmel bei seinen soziologischen Analysen methodisch vorgeht!
- Inwiefern ist mit den drei soziologischen Apriori eine Antwort auf das Hobbessche Problem möglich?
- Welche Folgewirkungen für das Individuum ergeben sich aus dem Zusammenspiel zwischen sozialen Individualisierungs- und Differenzierungsprozessen?
- Wie ist nach Simmel die kulturelle Moderne gekennzeichnet?

6. Literaturverzeichnis

Bauman, Zygmunt (1992): Moderne und Ambivalenz. Das Ende der Eindeutigkeit. Hamburg.

Bevers, Antonius (1985): Dynamik der Formen bei Georg Simmel. Eine Studie über die methodische und theoretische Einheit eines Gesamtwerkes. Berlin.

Bloch, Ernst (1958): Aussprüche G. Simmels. In: Kurt Gassen/Michael Landmann [Hrsg.]: Buch des Dankes an Georg Simmel. Briefe, Erinnerungen, Bibliographie. Zu seinem 100. Geburtstag am 1. März 1958. Berlin. S. 250-251.

Dahme, Heinz-Jürgen (1981): Soziologie als exakte Wissenschaft. Georg Simmels Ansatz und seine Bedeutung in der gegenwärtigen Soziologie. Stuttgart.

Dreyer, Wilfried (1995): Gesellschaft, Kultur und Individuum. Zur Grundlegung der Soziologie bei Georg Simmel. In: Felicitas Dörr-Backes [Hrsg.]: Georg Simmel between Modernity and Postmodernity – Georg Simmel zwischen Moderne und Postmoderne. Würzburg. S. 59-104.

Frisby, David (1989): Fragmente der Moderne. Georg Simmel – Siegfried Kracauer – Walter Benjamin. Rheda-Wiedenbrück.

Gassen, Kurt/Landmann, Michael [Hrsg.] (1958): Buch des Dankes an Georg Simmel. Briefe, Erinnerungen, Bibliographie. Zu seinem 100. Geburtstag am 1. März 1958. Berlin.

Gephart, Werner (1994): Georg Simmels Bild der Moderne. In: Berliner Journal für Soziologie. H. 2. S. 183-192.

Gerhardt, Uta (1976): Georg Simmels Bedeutung für die Geschichte des Rollenbegriffs in der Soziologie. In: Hannes Böhringer/Karlfried Gründer [Hrsg.]: Ästhetik und Soziologie um die Jahrhundertwende: Georg Simmel. Frankfurt/M. S. 71-83.

Junge, Matthias (2000): Ambivalente Gesellschaftlichkeit. Die Modernisierung der Vergesellschaftung und die Ordnungen der Ambivalenzbewältigung. Opladen.

Kant, Immanuel (1781): Kritik der reinen Vernunft. Riga.

Krähnke, Uwe (1999): Dynamisierte Theoriebildung. Das Forschungsprogramm von Georg Simmel. In: Berliner Journal für Soziologie. H. 1. S. 85-104.

Levine, Donald N. u. a. (1981): Simmels Einfluß auf die amerikanische Soziologie. In: Wolf Lepenies [Hrsg.]: Geschichte der Soziologie. Frankfurt/M. S. 231-281.

Lichtblau, Klaus (1997): Georg Simmel. Frankfurt/M.

Nedelmann, Birgitta (1984): Georg Simmel als Klassiker soziologischer Prozeßanalysen. In: Heinz-Jürgen Dahme/Otthein Rammstedt [Hrsg.]: Georg Simmel und die Moderne. Frankfurt/M. S. 91-115.

Popitz. Heinrich (1968): Der Begriff der sozialen Rolle als Element der soziologischen Theorie. Tübingen.

Ritsert, Jürgen (2001): Soziologie des Individuums. Eine Einführung. Darmstadt.

Schnabel, Peter-Ernst (1974): Die soziologische Gesamtkonzeption Georg Simmels. Eine wissenschaftshistorische und wissenschaftstheoretische Untersuchung. Stuttgart.

Simmel, Georg (1881): Das Wesen der Materie nach Kants Physischer Monadologie. Dissertation. Berlin. Bestand Phil. Fak. 254/1. Archiv der Humboldt-Universität zu Berlin.

Simmel, Georg (1890): Über soziale Differenzierung. Sociologische und psychologische Untersuchungen. Zitiert nach: Georg Simmel Gesamtausgabe (GSG) Bd. 2. S. 109-295. Frankfurt/M. 1989.

Literaturverzeichnis

Simmel, Georg (1892): Die Probleme der Geschichtsphilosophie. Eine erkenntnistheoretische Studie. Zitiert nach: GSG Bd. 2. Frankfurt/M. S. 297-421. 1989.

Simmel, Georg (1892/93): Einleitung in die Moralwissenschaft. Eine Kritik der ethischen Grundbegriffe. Zitiert nach: GSG Bd. 3/4. Frankfurt/M. 1989/1991.

Simmel, Georg (1896): Das Geld in der modernen Kultur. Zitiert nach: GSG Bd. 5. Frankfurt/M. S. 178-196. 1992.

Simmel, Georg (1900): Philosophie des Geldes. Zitiert nach: GSG Bd. 6. Frankfurt/M. 1991.

Simmel, Georg (1903): Die Großstädte und das Geistesleben. Zitiert nach: Georg Simmel: Das Individuum und die Freiheit. Frankfurt/M. S. 192-204. 1993.

Simmel, Georg (1908): Soziologie. Untersuchungen über die Formen der Vergesellschaftung. In: GSG Bd. 11. Frankfurt/M. 1991.

Simmel, Georg (1909): Beiträge zur Philosophie der Geschichte. Zitiert nach: Georg Simmel: Das individuelle Gesetz. Philosophische Exkurse. Frankfurt/M. S. 33-40. 1987.

Simmel, Georg (1911): Philosophische Kultur. Gesammelte Essays. Zitiert nach der 2. Auflage. Leipzig. 1919.

Simmel, Georg (1913): Das individuelle Gesetz. Zitiert nach: Ders.: Das individuelle Gesetz. S. 174-230. Frankfurt/M. 1987.

Simmel, Georg (1917): Grundfragen der Soziologie. Individuum und Gesellschaft. Berlin.

Simmel, Georg (1918): Lebensanschauung. Zitiert nach dem unveränderten Nachdruck der 1922 erschienenen 2. Auflage. Berlin. Duncker und Humblot 1994.

Susman, Margarete (1959): Die geistige Gestalt Georg Simmels. Tübingen.

Max Weber

1.	Einleitung	161
1.1	Biographie und Zeitbezug	162
1.2	Rationalität und Verstehen	163
2.	Webers Beitrag zur Soziologie	165
2.1	Verstehende Soziologie	165
2.1.1	Idealtypen	167
2.1.2	Orientierung an der Legitimität von Ordnung	169
2.2	Gesellschaftliche Ordnungen	170
2.2.1	Herrschaftsordnungen	170
2.2.2	Verwaltungsordnungen	172
2.2.3	Ungleichheitsordnungen	172
2.2.4	Ordnungen in der modernen Massendemokratie	173
2.3	Die Deutung des Kapitalismus als okzidenter Rationalismus	173
2.3.1	Ausdifferenzierung der Privatwirtschaft	173
2.3.2	Die ‚Protestantismus-These'	175
2.3.3	Die Wirtschaftsethik der Weltreligionen	177
2.4	Zeitdiagnose des modernen Kapitalismus	179
3.	Rezeption und Wirkungsgeschichte	181
4.	Zusammenfassung	183
5.	Kontrollaufgaben	183
6.	Literaturverzeichnis	184

Ditmar Brock

MAX WEBER

geboren am 21. 4. 1864 in Erfurt; gestorben am 14. 6. 1920 in München.

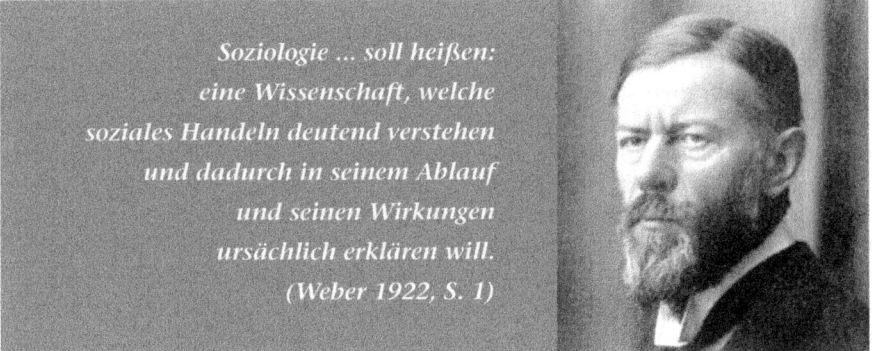

Soziologie ... soll heißen: eine Wissenschaft, welche soziales Handeln deutend verstehen und dadurch in seinem Ablauf und seinen Wirkungen ursächlich erklären will.
(Weber 1922, S. 1)

1. Einleitung

MAX WEBERS wissenschaftliches Werk kreist um die Frage, wieso es nur in Nordwesteuropa und den Vereinigten Staaten von Amerika zu einer umfassenden Rationalisierung aller gesellschaftlichen Lebensbereiche gekommen ist. Das Fundament für diesen, die weitere Entwicklung prägenden, gesellschaftlichen Modernisierungsprozess besteht nach WEBER in der Kultur, insbesondere in den von der Reformation ausgehenden religiösen Impulsen. Aufgrund dieser Arbeiten zählt WEBER zu den Gründungsvätern der modernen Soziologie. Er wird auch in anderen Disziplinen (Geschichte, politische Wissenschaften) als wichtiger Klassiker geschätzt. Bis hinein in die Gegenwart haben vor allem folgende Aspekte seines umfangreichen Werkes die Soziologie geprägt:

Webers grundlegende Fragestellung

▸ Das Konzept seiner „verstehenden Soziologie": Soziologie setzt am sozialen Handeln an, dessen Beweggründe es zu verstehen gilt;

Webers Beitrag zur Soziologie

▸ Die Deutung des Kapitalismus als okzidentaler Rationalismus: Charakteristisch für moderne Gesellschaften ist ein alle Bereiche durchdringendes Streben nach Rationalität;

▸ Die Protestantismus-These: Der moderne Kapitalismus beruht auf der kulturellen Grundlage des asketischen Protestantismus;

▸ Die Wirtschaftsethik der Weltreligionen: Ein Vergleich der großen Weltreligionen erklärt, warum sich nur in Nordwesteuropa und den USA der Prototyp moderner Gesellschaften entwickeln konnte.

Marginalien: Verstehende Soz.: 165f. Kapitalismus: 173f. Protestantismusthese: 175ff. Weltreligionen: 177ff.

Max Weber

1.1 Biographie und Zeitbezug

Webers Biographie

MAX WEBER wurde am 21. 4. 1864 in Erfurt geboren. Er wuchs in einem großbürgerlichen Milieu auf, das nicht zuletzt über die politischen und intellektuellen Interessen des Vaters wichtige Anregungen vermittelte. WEBER studierte Jura, Nationalökonomie, Geschichte und Philosophie in Heidelberg, Straßburg, Berlin und Göttingen. Diese Studien schloss er 1889 mit einer rechtshistorischen Dissertationsschrift ab. Obwohl er in den folgenden Jahren sowohl eine Syndikus-Stelle wie auch eine akademische Karriere anstrebt, vollziehen sich die nächsten akademischen Karriereschritte rasch und scheinbar reibungslos. 1891 habilitierte er sich mit einer ebenfalls rechtshistorischen Arbeit über *DIE RÖMISCHE AGRARGESCHICHTE*. Gerade dreißigjährig folgte er dem Ruf auf eine Professur für Nationalökonomie nach Freiburg und wechselte zwei Jahre später auf den prestigeträchtigen Lehrstuhl für Nationalökonomie nach Heidelberg. Parallel und konkurrierend zu dieser wissenschaftlichen Karriere entwickelte WEBER starke sozialpolitische Interessen und trat für soziale und liberale Reformen ein. Dieses gesellschaftspolitische und zum Teil auch journalistische Engagement prägte phasenweise auch die weitere Biographie, ohne dass WEBER in der Politik wirklich Fuß fasste – bei einigen Positionen kam er nicht zum Zuge, andere Angebote schlug er aus.

WEBERS weitere wissenschaftliche Karriere verlief überaus wechselhaft. Intensive Schaffensperioden, in denen seine wichtigsten soziologischen Schriften entstehen, wechselten sich mit psychischen Krisen ab, die unter anderem zur Aufgabe seiner akademischen Lehrtätigkeit im Alter von nur 39 Jahren führten. Eine größere Erbschaft versetzte ihn in die Lage zu privatisieren. Erst kurz vor seinem Tode strebte er wieder eine akademische Lehrtätigkeit an (1918 in Wien, 1919 in München). Am 14. Juni 1920 starb WEBER, gerade 56 Jahre alt, an einer Lungenentzündung.

Webers Hauptwerke

Zu Lebzeiten wurde nur eines seiner drei Hauptwerke veröffentlicht, *DIE PROTESTANTISCHE ETHIK UND DER GEIST DES KAPITALISMUS* (1904/1905). Die beiden anderen, *WIRTSCHAFT UND GESELLSCHAFT* und *DIE WIRTSCHAFTS-ETHIK DER WELTRELIGIONEN*, erschienen erst postum, herausgegeben von seiner Frau MARIANNE WEBER.

Als WEBER 1920 starb, war er zweifellos eine bekannte Persönlichkeit, ein wichtiger Repräsentant der politisch-wissenschaftlichen Elite Deutschlands. Dennoch hat sein Werk zunächst für die Soziologie kaum eine Rolle gespielt. Zum soziologischen Klassiker wurde er erst durch die mit TALCOTT PARSONS (1902-1979) einsetzende und erst nach dem Zweiten Weltkrieg von den USA auf Europa überspringende, in mehreren Phasen erfolgende Rezeption seines Werkes.

Parsons: 194

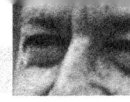

1.2 Rationalität und Verstehen

WEBERS intellektuelle Persönlichkeit und seine spezifische Denkart zu umreißen ist sehr schwierig, da diese beiden Aspekte bis heute kontrovers diskutiert werden. Man kann jedoch zunächst festhalten, dass WEBER zu einer Zeit Nationalökonom war, als Soziologie als nationalökonomische Hilfswissenschaft angesehen wurde. Er gehört zweifellos zu jenen Nationalökonomen, die sich in besonderem Maße für diese Hilfswissenschaft interessiert haben und bestrebt waren, mit Hilfe soziologischer Analysen wirtschaftswissenschaftliche Fragestellungen zu klären.

Interesse an Soziologie

Während die englische Nationalökonomie von Beginn an eine starke analytisch-begriffliche Orientierung aufwies, dominierte in der deutschen Nationalökonomie im 19. Jahrhundert zunächst ganz unangefochten die sogenannte Historische Schule. Sie interessierte sich insbesondere für die institutionellen Grundlagen des Wirtschaftens und deren Entstehungsgeschichte. Ende des 19. und Anfang des 20. Jahrhunderts setzte sich auch im deutschen Sprachraum immer mehr eine analytisch-begriffliche Vorgehensweise durch, die entscheidend von der Wiener Schule (KARL MENGER [1840-1921]; EUGEN VON BÖHM-BAWERK [1851-1914]; FRIEDRICH VON WIESER [1851-1926] u. a.) vorangetrieben wurde. WEBER sympathisierte mit der neuen, neoklassischen Richtung, betrieb aber selbst umfangreiche historische Studien. Daher konnte er auf die Nationalökonomie nicht stilbildend wirken.

Weber als Nationalökonom und Soziologe

Seine Analysen haben jedoch einen starken und durchaus stilbildenden Einfluss auf die Soziologie gewonnen, weil er in seinen Analysen umfangreiche sozialhistorische Materialien mit analytischen Begriffen geordnet hat. Diese Ordnungsleistungen sind es, die WEBER postum zu einem soziologischen Klassiker gemacht haben.

Webers Stilprägung innerhalb der Soziologie

Ordnung ist nach WEBER nur insoweit möglich, als menschliche Rationalität reicht. Diese Maxime charakterisiert die Möglichkeiten und Grenzen von WEBERS Begriffsbildung. Grenzen für die analytische Durchdringung der Realität bestehen immer dort, wo Menschen ihr Handeln nicht mehr auf klare Motive zurückführen können, wo die Geltungsgründe für Institutionen verschwimmen oder auch dort, wo persönliche Meinungen ausgeklammert werden müssen. Für WEBERS Denken ist charakteristisch, dass er solche Grenzen des Rationalen explizit zieht und auf ihrer Einhaltung dezidiert besteht.

Grenze der analytischen Durchdringung

So entwickelte WEBER beispielsweise das Postulat, dass in der Wissenschaft zwischen den in der Person des Wissenschaftlers begründeten Werturteilen und der wissenschaftlichen Analyse möglichst klar getrennt werden müsse. Eine Vermischung zwischen wissenschaftlicher Analyse und dem wissenschaftlicher Methodik unzugänglichen persönlichen Werturteil würde nur die Seriosität wissenschaftlicher Analysen beschädigen. Sieht man einmal von GEORG SIMMEL (1858-1918) ab, stand WEBER mit dieser Auffassung bei seinen damaligen Fachkollegen ziemlich allein, so dass er sich immer wieder zu Austritten aus Fachverbänden gezwungen sah. So gehörte er als einer der Mitbegründer zum Vorstand der „Deutschen Gesellschaft für Soziologie". Nach nur drei Jahren verbandspolitischer Aktivitäten trat er mit der Begründung aus, „er wolle nicht

Trennung zwischen Werturteil und wissenschaftlicher Analyse

Simmel: 153

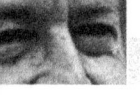

Max Weber

Rationalisierung

länger von den unendlich gleichgültigen subjektiven Wertungen der anderen Herren behelligt werden" (Korte 1993, S. 98).

Innerhalb der rationalisierungsfähigen Bereiche unterscheidet WEBER zwischen

> Rationalisierung: 174, 180

- ▸ dem methodischen Hilfsmittel einer rationalen begrifflichen Rekonstruktion und
- ▸ dem Prozess gesellschaftlicher Rationalisierung und „Entzauberung".

Rationalisierung als wissenschaftlicher Prozess

Im Sinne eines methodischen Hilfsmittels wirkt Rationalität dann, wenn man Handlungen oder Ereignisse auf subjektiv rationale Gründe bzw. Ursachen zurückführen kann. Dann ist man nach WEBER in der Lage, auch kulturelle Grenzen zu überspringen und die Rationalität und Systematik fremder Kulturen nachzuvollziehen. Hier liegt für WEBER der Ansatzpunkt für eine typenbildende wissenschaftliche Betrachtung, der es darum zu gehen hat, die in verschiedenen Lebensbereichen enthaltene innere Rationalität offen zu legen. So hat WEBER beispielsweise soziologische Grundkategorien des Wirtschaftens entwickelt, um die im Wirtschaftsleben enthaltenen vielfältigen Rationalitätsmuster herauszupräparieren (Weber 1922, S. 31-121). In ähnlicher Weise zielt seine Staatssoziologie (ebd. S. 815-868) darauf ab, die im modernen Staat enthaltenen unterschiedlichen Rationalitätsmuster eines Herrschaftsverbandes, des Herrschaftsbetriebes, des Parteienwesens und der Parteienorganisation usw. offen zu legen.

Rationalisierung als gesellschaftlicher Prozess

WEBER verwendet Rationalität nicht nur als methodisches Hilfsmittel. Die Rationalisierung – in diesem Zusammenhang wird auch der Begriff Entzauberung verwendet – ist für ihn ein zentrales Merkmal gesellschaftlicher Entwicklung. In dieser Hinsicht stellt der „okzidentale Rationalismus", die nur in Nordwesteuropa erreichte Durchrationalisierung aller Lebensbereiche, den am weitesten fortgeschrittenen Gesellschaftstyp dar. Eine zentrale Rolle bei dem Prozess gesellschaftlicher Rationalisierung spielen die großen Weltreligionen. Dies aus folgenden Gründen: Zunächst einmal haben religiöse Heilswege und Wertüberzeugungen einen besonders starken Einfluss auf die Menschen, zweitens tendieren nach WEBER alle großen Weltreligionen dazu, ihre Heilsbotschaften und Ethiken immer weiter zu systematisieren. Das bedeutet aber drittens, dass sie ein der WEBERschen Typenbildung entsprechendes Verfahren in die Realität übersetzen und auf diesem Wege die Gesellschaft rationalisieren.

> Weltreligionen: 177ff.

 Vertiefende Literatur: Schluchter 1979, S. 11; Weber 1903-06, S. 537.

2. Webers Beitrag zur Soziologie

2.1 Verstehende Soziologie

Durkheim: 111f., 119f.
Soziales Handeln: 161, 166f., Gl

Zeitlich in etwa parallel zu EMILE DURKHEIM (1858-1917) entwirft WEBER ein systematisches Konzept für eine als Erfahrungswissenschaft zu betreibende Soziologie. Während DURKHEIM die Verbindlichkeit und Objektivität des gesellschaftlichen Zusammenlebens betont („Soziale Tatsachen") und zum Ausgangspunkt seines Soziologiekonzepts macht, setzt WEBER am sozialen Handeln der Individuen an. Sie sind die eigentlichen Akteure und führen gesellschaftliche Verflechtungen herbei, sobald sie ihr Handeln an andere Menschen adressieren. WEBER schließt damit nicht aus, dass Menschen als Gruppe handeln oder ihr Handeln an allgemein geltenden Ordnungsvorstellungen orientieren. Naturwissenschaftlichen Idealen folgend geht es ihm zunächst darum, die kleinstmögliche Einheit des Sozialen zum Ausgangspunkt zu machen.

Soziales Handeln als Ausgangspunkt der Analyse

> Das Handeln des Einzelnen ist für die Soziologie aber nur dann von Belang, wenn es auf die Umwelt ausgerichtet wird und auf das Verhalten anderer Menschen bezogen ist.

In § 1 seiner Kategorienlehre hat WEBER diesen Gesichtspunkt folgendermaßen formuliert:

Definition des sozialen Handelns

„Handeln soll dabei ein menschliches Verhalten (einerlei ob äußeres oder innerliches Tun, Unterlassen oder Dulden) heißen, wenn und insofern als der oder die Handelnden mit ihm einen subjektiven Sinn verbinden. ‚Soziales' Handeln soll aber ein solches Handeln heißen, welches seinem von dem oder den Handelnden gemeinten Sinn nach auf das Verhalten anderer bezogen wird und daran in seinem Ablauf orientiert ist" (Weber 1922, S. 1).

Nach dieser Definition besteht der Gegenstandsbereich der Soziologie im sozialen Handeln, also nur in solchen Handlungen von Menschen, die explizit auf das Verhalten anderer Menschen bezogen sind. Das bedeutet unter anderem, dass ein bloßer Unglücksfall noch kein soziales Handeln darstellt. Wenn beispielsweise ein Radfahrer einen Fußgänger anfährt, weil er mit den Gedanken woanders war oder ihn nicht bemerkt hat, dann war der soziale Bezug in diesem Fall für den Ablauf der Handlung nicht prägend. Das wäre erst bei einem absichtsvollen Zusammenstoß der Fall.

Soziales Handeln und Verhalten

Zu beachten ist weiterhin, dass WEBER nicht formuliert hat, soziales Handeln müsse auf das soziale Handeln anderer bezogen sein. Er spricht vielmehr vom Verhalten anderer. Wenn soziales Handeln immer nur auf soziales Handeln bezogen wäre, dann müsste man diesen Begriff einfach voraussetzen und könnte nicht verstehen, wieso es zu sozialem Handeln kommt. Die weitergefasste Formulierung löst dieses Startproblem jedoch. Sie macht deutlich, dass soziales Handeln nicht nur als Antwort auf eine von anderen auf den Akteur gerichte-

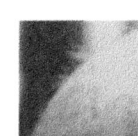

Max Weber

Definition der Soziologie

te Handlung entstehen muss. Soziales Handeln kann sich eben auch an anderen Dingen entzünden, wie z. B. an der Müdigkeit, Aufgekratztheit oder Schweigsamkeit eines anderen.

Aus dieser Definition des Gegenstandsbereiches leitet WEBER die Aufgabenstellung der Soziologie ab.

> „Soziologie (im hier verstandenen Sinn dieses vieldeutig gebrauchten Wortes) soll heißen: eine Wissenschaft, welche soziales Handeln deutend verstehen und dadurch in seinem Ablauf und seinen Wirkungen ursächlich erklären will" (ebd.).

Verstehen und Erklären

Die beiden wichtigen Formulierungen aus dieser Definition sind: „deutend verstehen" und „ursächlich erklären". Was ist damit gemeint? Wir können eine menschliche Handlung nur dann hinreichend als Handlung verstehen, wenn wir die Ziele und die Motive des Handelnden kennen und nachvollziehen können. Schon wenn wir eine Handlung beobachten wollen, müssen wir mit ihr vertraut sein. Dies ist nach WEBER der Ausgangspunkt für soziologische Erklärungen. Auch dem Soziologen muss es darum gehen, die Handlungen der Akteure in seinem Forschungsfeld deutend zu verstehen (etwa durch Beobachtung und Befragung), um auf dieser Grundlage Handlungsabläufe und Handlungseffekte ursächlich erklären zu können.

Statistischer Zusammenhang und Sinnzusammenhang

Eine ursächliche Erklärung sollte nach WEBER zwei Erklärungsebenen miteinander verbinden. Zusammenhänge zwischen unterschiedlichen Handlungen sollten einmal als eine Wahrscheinlichkeitsregel, im Idealfall quantifiziert, beschrieben werden. Dieser mit den Methoden der empirischen Sozialforschung erfassbare statistische Zusammenhang sollte aber darüber hinaus als ein Sinnzusammenhang zwischen handelnden Akteuren erklärt werden können.

Methode: GI

> Eine vollständige soziologische Erklärung erfordert, dass ein sozialer Zusammenhang als eine Wahrscheinlichkeitsregel beschrieben und als ein Sinnzusammenhang zwischen handelnden Akteuren verstanden werden kann.

Vom Verstehen zum Erklären

Dieses Konzept einer sinnverstehenden Soziologie ist zunächst sehr stark auf die Analyse von Einzelfällen hin ausgerichtet. Wie kommt nun WEBER von der Einzelfallanalyse zu allgemeinen wissenschaftlichen Aussagen, die seinen Kriterien wissenschaftlicher Erklärungen entsprechen? Dazu ist es notwendig, typische von untypischen Fällen zu unterscheiden.

Typische Fälle auf der statistischen Erklärungsebene liegen dann vor, wenn Zusammenhänge (Korrelationen) häufig auftreten und sich auf der Zeitachse nicht schnell ändern. Sinnzusammenhänge können dann als verallgemeinerbar angesehen werden, wenn sie nach durchschnittlichen Denk- und Gefühlsgewohnheiten als „typisch" angesehen werden. WEBER verwendet hier den Begriff sinnhaft adäquates Verhalten.

Verstehende Soziologie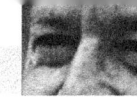

	Einzelfall	Typische Fälle
Naturwissenschaftliche Methode: Kausalerklärung	– Ursächlich erklären – Wahrscheinlichkeitsregel	– Kausaladäquanz – Statistisch signifikante Zusammenhänge
Geisteswissenschaftliche Methode: Hermeneutik/ Verstehen	– Nachvollziehbare Handlung	– Sinnadäquanz – Typischer Sinnzusammenhang

2.1.1 Idealtypen

Idealtyp: 143, 168ff., 181

Als Instrument für soziologische Analysen bildet WEBER Idealtypen. Diese Art der Begriffsbildung strebt ein „Optimum von Sinnadäquanz" (Weber 1922, S. 10) an. Idealtypen sollen, ähnlich der Sinnadäquanz, soziale Zusammenhänge modellartig deutlich machen.

Idealtypen als soziologische Vergleichsinstrumente

> „Damit ... etwas Eindeutiges gemeint sei, muß die Soziologie ihrerseits ‚reine' (‚Ideal'-) Typen von Gebilden jener Art entwerfen, welche je in sich die konsequente Einheit möglichst vollständiger Sinnadäquanz zeigen, eben deshalb aber in dieser absolut idealen reinen Form vielleicht ebenso wenig je in der Realität auftreten wie eine physikalische Reaktion, die unter Voraussetzung eines absolut leeren Raumes errechnet ist" (Weber 1922, S. 10).

Idealtypen sind keine „Realtypen", wie man sie mit statistischen Verfahren gewinnen kann. Sie sollen vielmehr charakteristische Zusammenhänge aus einer komplexeren Realität herauspräparieren und damit verständlich machen. Weil die soziale Realität in der Regel sehr komplex ist, geht es bei den Idealtypen darum, Zufälliges und soziologisch weniger Bedeutsames auszublenden, um einen bestimmten sozialen Zusammenhang identifizieren zu können.

Idealtypen sind für WEBER ein wichtiges analytisches Hilfsmittel. Sein Konzept einer verstehenden Soziologie will ‚Evidenz' über das soziale Geschehen dadurch erzielen, dass sie vom Einzelfall auf das sozial Typische zielt und sie will das sozial Typische durch die Bildung von Idealtypen verstehbar machen. Deswegen setzt WEBER, nachdem er in § 1 die Aufgabenstellung der Soziologie benannt hat, seine Kategorienlehre mit einem § 2 fort, der dem Leser vier Idealtypen des Handelns, wohlgemerkt nicht nur des sozialen Handelns, anbietet.

Vier Idealtypen des Handelns

Soziales Handeln: 165f., 168f., 193, GI

- Handeln kann *zweckrational* bestimmt sein: „Durch Erwartungen des Verhaltens von Gegenständen der Außenwelt und von anderen Menschen und unter Benutzung dieser Erwartungen als ‚Bedingungen' oder als ‚Mittel' für rational, als Erfolg, erstrebte und abgewogene eigene Zwecke" (Weber 1922, S. 12).

Zweckrationales Handeln

167

Max Weber

Etwas leserfreundlicher formuliert: Menschen können versuchen, Ziele, die sie sich selbst gesetzt haben, besonders rational und konsequent zu verwirklichen, indem sie bei anderen Menschen bestimmte Verhaltensweisen oder Reaktionen als gegeben unterstellen oder auch der physischen Umwelt bestimmte Reaktionen unterstellen.

Wertrationales Handeln

▸ Menschliches Handeln kann aber auch *wertrational* bestimmt sein: „Durch bewußten Glauben an den – ethischen, ästhetischen, religiösen oder wie auch immer sonst zu deutenden – unbedingten Eigenwert eines bestimmten Sichverhaltens rein als solchen und unabhängig vom Erfolg" (ebd.).
Während zweckrationales Handeln immer den individuellen Erfolg anstrebt, spielt dieser Gesichtspunkt bei wertrationalem Handeln keine Rolle. Hier geht es allein darum, normative oder ästhetische Überzeugungen besonders konsequent auszudrücken. Während bei Zweckrationalität das eigene Überleben, das eigene Wohlergehen bzw. das von Kollektiven letzter Bezugspunkt des Handelns ist, wird hier charakteristischerweise dieser Bezugspunkt zugunsten eines gewissermaßen demonstrativen Handelns aufgegeben. Beispielsweise nehmen christliche Märtyrer um ihres Glaubens willen Tod und Folter in Kauf oder Wissenschaftler riskieren ihr Leben um des wissenschaftlichen Fortschritts willens.

Affektuelles Handeln

▸ Menschliches Handeln kann aber auch *affektuell* bestimmt sein: In diesem Falle bestimmen Gefühlslagen Art und Richtung des Handelns. Die Rationalität affektuellen Handelns kann im Ausagieren von Emotionen und Stimmungen liegen, charakteristisch ist ein ‚Gefühlsausbruch', bei dem emotionaler Druck durch spontanes und explosives Ausagieren abgebaut wird. Affektuelles Handeln hat weder wie wertrationales einen Eigenwert, noch lassen sich auf diesem Wege individuelle Ziele besonders effizient erreichen. Insofern ist es charakteristisch, dass affektuelles Verhalten vielfach im Nachhinein entschuldigt werden muss, weil es weder zweck- noch wertrational motiviert ist.

Traditionales Handeln

▸ Menschliches Handeln kann schließlich *traditional* sein: In diesem Falle wird es durch „eingelebte Gewohnheit" (ebd. S. 12) bestimmt. Es liegt „ganz und gar an der Grenze und oft jenseits dessen, was man ein ‚sinnhaft' orientiertes Handeln überhaupt nennen kann. Denn es ist sehr oft ein dumpfes, in der Richtung der einmal eingelebten Stellung ablaufendes Reagieren auf gewohnte Reize" (ebd.). Beispiele für traditionales Handeln liefern Bräuche wie das Ostereiersuchen. Man tut es, ohne über den Sinn dieses Brauchs groß nachzudenken. Bei traditionalem Handeln liegen vor allem die Formen weitgehend fest. Das unterscheidet diesen Idealtypus vom wertrationalen Handeln. Dort werden bestimmte Wertüberzeugungen vorausgesetzt, während die Anlässe und Formen sehr stark variieren können. So kann man sich z. B. für Meinungsfreiheit auf ganz unterschiedlichen Feldern einsetzen.

Grenzen der Idealtypenbildung

WEBER selbst hat die vier Idealtypen des Handelns weder als eine ‚erschöpfende Klassifikation' (ebd. S. 13) noch als eine gleichgewichtige Typologie angesehen. Affektuelles und traditionales Handeln gelten nur als Grenzfälle von

Idealtyp: 143, 167, 181

Verstehende Soziologie

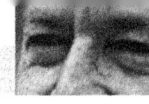

beschränkter wissenschaftlicher Evidenz. Das hängt damit zusammen, dass nach WEBERS Konzept einer verstehenden Soziologie Handeln nur insoweit versteh- und typisierbar ist, als es irgendeine Form von Rationalität aufweist.

Typus des Handelns	Bestimmungsgrund des Handelns (Motivation)
Zweckrationales Handeln	Erfolgsaussicht; vernünftige Kalkulation
Wertrationales Handeln	Bewusster (religiöser) Glaube, unabhängig vom eigentlichen Erfolg
Affektuelles Handeln	Aktuelle Affekte und Gefühlslagen
Traditionales Handeln	Eingelebte Gewohnheiten

2.1.2 Orientierung an der Legitimität von Ordnung

WEBERS Kategorienlehre setzt mit den erläuterten Grundbegriffen ein und versucht von dort aus zu immer komplexeren sozialen Gebilden vorzustoßen. Sie endet im § 17 mit einer Darstellung des ‚politischen Verbandes'. Wie kommt WEBER nun von seinen Elementarbegriffen, „soziales Handeln" und „Idealtypen des Handelns", zu den soziologischen Grundlagen komplexer sozialer Gebilde?

Vom sozialen Handeln des Individuums zu komplexen Sozialeinheiten

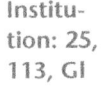

Institution: 25, 113, Gl

Der entscheidende Schritt ist in den §§ 5 bis 7 enthalten. Dort führt WEBER, in heutige Sprache übersetzt, den Begriff der Institution als empirische Tatsache ein.

„Handeln, insbesondere soziales Handeln, und wiederum insbesondere eine soziale Beziehung, können von Seiten der Beteiligten an der Vorstellung *vom Bestehen einer* legitimen Ordnung *orientiert werden. Die Chance, daß dies tatsächlich geschieht, soll ‚Geltung' der betreffenden Ordnung heißen"* (Weber 1922, S. 16).

Während die Geltung einer Ordnung als ein empirisches Phänomen behandelt werden kann – es ist mit empirischen Methoden überprüfbar, inwieweit Menschen ihr Handeln tatsächlich an der Vorstellung von Ordnungen ausrichten –, beruht *legitime* Geltung für WEBER wiederum auf den in den Idealtypen des Handelns fixierten grundlegenden Motiven (vgl. Weber 1922, § 7, S. 19 f.).

Glaube an die Legitimität von Ordnungen

WEBER ist der Meinung, dass die Menschen an die Legitimität einer Ordnung glauben können, entweder „kraft Tradition: Geltung des immer gewesenen" oder „kraft affektuellen ... Glaubens: Geltung des neu offenbarten oder des vorbildlichen" (Weber 1922, S. 19). Die Menschen können aber auch aus wertrationalen Gründen an die Legitimität einer Ordnung glauben. In diesem Fall sind sie von ihrer normativen Richtigkeit überzeugt. Die vierte und letzte Quelle des Legitimitätsglaubens besteht darin, dass die Menschen davon überzeugt

Max Weber

sind, dass eine bestimmte Ordnung legal zustande gekommen ist. Das ist der für heutige Gesellschaften charakteristischste Fall. „Die heute geläufigste Legitimitätsform ist der Legalitätsglaube: die Fügsamkeit gegenüber *formal* korrekt und in der üblichen Form zustande gekommenen Satzungen" (ebd. S. 19).

Vertiefende Literatur: Weber 1922, S. 1-20; Allerbeck 1982.

2.2 Gesellschaftliche Ordnungen

Soziologische Themenfelder von Weber

WEBER stand allen Bemühungen, eine gesellschaftliche Gesamtordnung ausfindig zu machen, skeptisch gegenüber und konzentrierte seine begrifflichen Anstrengungen in *WIRTSCHAFT UND GESELLSCHAFT* auf die Analyse zentraler gesellschaftlicher Bereiche. Die nachfolgende Darstellung gibt vier ausgewählte Ordnungskomplexe wieder, die die weitere Diskussion in dem jeweiligen Themenfeld geprägt haben.

Vertiefende Literatur: Kalberg 1989.

2. 2. 1 Herrschaftsordnungen

Macht und Herrschaft

Ein wichtiger Aspekt nahezu aller Ordnungen in komplexen Gesellschaften ist der der Herrschaft. WEBER hat drei Idealtypen der legitimen Herrschaft gebildet, mit denen die Sozialwissenschaft sich bis heute intensiv beschäftigt.

WEBER trennt strikt zwischen der allgemein vorkommenden Ausübung von „Macht" und „Einfluss" auf der einen Seite und „Herrschaft" auf der anderen. „Macht bedeutet jede Chance, innerhalb einer sozialen Beziehung den eigenen Willen auch gegen Widerstreben durchzusetzen, gleichviel worauf diese Chance beruht" (Weber 1922, S. 28). Machtausübung kann sich also überall ereignen und auf unterschiedlichste Weise betrieben werden. Herrschaftsausübung ist dagegen formalisiert. Hier geht es um „Befehl" und „Gehorsam", wobei zugleich geregelt sein muss, wer befugt ist, wem Befehle zu erteilen (vgl. Weber ebd.; § 16). Darüber hinaus geht WEBER davon aus, dass Herrschaftsausübung nur dann über längere Zeiträume Bestand haben kann, wenn die Beherrschten „ein bestimmtes Minimum an Gehorchen *wollen*, also Interesse am Gehorchen" aufweisen (ebd. S. 122). Diese Erkenntnis gehört auch zum Bestandteil des Herrschaftswissens. Deswegen sind herrschende Personen oder auch Gruppen bestrebt, den Glauben an die Legitimität ihrer Herrschaft zu wecken und zu pflegen. Dieser Legitimitätsglaube ist für WEBER die eigentliche soziologische Grundlage von Herrschaft. Er kann auf unterschiedliche Weise geweckt werden. Von diesem Gesichtspunkt aus entwickelt WEBER drei Idealtypen der Herrschaft, von denen jeder eine andere Quelle des Legitimitätsglaubens aufweist:

Herrschaft: 12, 171, Gl

Idealtyp: 143, 167

Gesellschaftliche Ordnungen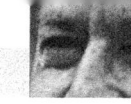

- Traditionale Herrschaft,
- Charismatische Herrschaft,
- Legale Herrschaft.

Drei Idealtypen der Herrschaft

Traditionale Herrschaft beruht auf dem Glauben an von jeher bestehende heilige Herrschaftsordnungen.

Traditionale Herrschaft

> „Der Herrschende ist persönlicher Herr, sein Verwaltungsstab besteht aus ... persönlichen ... ‚Dienern', die Beherrschten sind ... entweder: erstens ‚traditionale Genossen' ... oder zweitens ‚Untertanen'. Nicht sachliche Amtspflicht, sondern persönliche Dienertreue bestimmen die Beziehungen des Verwaltungsstabes zum Herrn" (Weber 1922, S. 130).

Ein wichtiges Merkmal traditioneller Herrschaft besteht darin, dass die Beherrschten einer zum Herrscher berufenen Person gehorchen. Möglicher Widerstand richtet sich deswegen auch gegen die Person des Herrn und nicht gegen die Herrschaftsform.

Charismatische Herrschaft gründet sich auf das Charisma eines Führers. Unter Charisma versteht man eine als nicht alltäglich geltende Eigenart bzw. eine Persönlichkeit, die als übermenschlich, gottgesandt, vorbildlich, mit besonderen Fähigkeiten ausgestattet, angesehen wird. Charismatische Herrschaft üben typischerweise Schamanen oder Propheten aus.

Charismatische Herrschaft

> „Über die Geltung des Charisma entscheidet die durch Bewährung – ursprünglich stets durch Wunder – gesicherte freie, aus Hingabe an Offenbarung, Heldenverehrung, Vertrauen zum Führer geborene Anerkennung durch die Beherrschten ... diese ‚Anerkennung' ist psychologisch eine aus Begeisterung oder Not und Hoffnung geborene, gläubige, ganz persönliche Hingabe" (Weber 1922, S. 140).

Der Glaube an das Charisma eines religiösen oder politischen Führers begründet „emotionale Vergemeinschaftung" (ebd. S. 141). Charakteristisch für den Herrschaftsverband ist das Fehlen formaler Regelungen und qualifikativer Voraussetzungen. Das Herrschaftssystem ist in hohem Maße auf die emotionale Beziehung ausgerichtet.

Der Idealtyp der *legalen Herrschaft* beruht dagegen auf der Vorstellung einer abstrakten unpersönlichen Ordnung, der Herrschende wie Beherrschte unterworfen sind. Seine Grundlage ist der Glaube, dass beliebiges Recht geschaffen werden könne und aus abstrakten Regeln bestehe. Ihm muss Folge geleistet werden, insoweit es nach den dafür vorgesehenen Regeln zustande gekommen ist. „Der reinste Typus der legalen Herrschaft ist diejenige mittels bürokratischen Verwaltungsstabes" (ebd. S. 126). Er wird in besonderem Maße verkörpert von Beamten, die sachlichen Amtspflichten zu gehorchen haben, mit Amtskompetenzen ausgestattet sind, sich in einer Amtshierarchie bewegen und über eine fachliche Qualifikation verfügen.

Legale Herrschaft

Bürokratie: 172, 211

Idealtypen der Herrschaft	Legitimitätsglaube der Beherrschten
Traditionale Herrschaft	Glaube an von jeher bestehende Herrschaft
Charismatische Herrschaft	Glaube an charismatische Fähigkeiten eines Führers
Legale Herrschaft	Glaube an Rechtsordnung als Herrschaftsgrundlage

 Vertiefende Literatur: **Dahrendorf 1974, S. 242-263.**

2.2.2 Verwaltungsordnungen

Herrschaftsausübung durch moderne Bürokratie

Ein weiteres grundlegendes Merkmal moderner Gesellschaften ist für WEBER die Bürokratie. Sie ist zentrales Element des Herrschaftsapparates im Rahmen seiner Herrschaftssoziologie. Ähnlich wie die Staatsgewalt mit der Herausbildung eines „Erzwingungsstabes" entscheidend an Durchschlagskraft gewinnt, so erlangen auch Formen der legalen Herrschaft durch einen „bürokratischen Verwaltungsstab" (Weber 1922, S. 124) universelle Bedeutung. Bürokratie beruht nach WEBER auf sachlichen Amtspflichten anstelle persönlicher Loyalität, auf hierarchischer Organisation mit fest abgegrenzten Kompetenzen, auf vertraglich geregelter Arbeit, was eine Auslese nach fachlicher Qualifikation erlaubt wie auch die Ausübung eines Amtes als Beruf. Weitere Merkmale sind Amtsdisziplin und Laufbahnordnungen. Anders als die heutige Organisationssoziologie zeichnet WEBER das Bild eines ausschließlich von oben nach unten dirigierten arbeitsteiligen Apparates, dessen Rationalität in der sachlichen Verfolgung von Amtspflichten unter Zurückstellung aller persönlichen Interessen besteht.

Bürokratie: 171, 211

Rationalität: 175

2.2.3 Ungleichheitsordnungen

Klasse, Stand und Partei

Mit der Unterscheidung von unterschiedlichen Dimensionen sozialer Ungleichheit ist WEBER zu einem Wegbereiter empirischer Analysen sozialer Ungleichheit geworden. Mit den Begriffen ‚Klasse', ‚Stand' und ‚Partei' unterscheidet er drei ganz unterschiedliche Dimensionen sozialer Ungleichheit, die sich nicht aufeinander reduzieren lassen. ‚Klasse' spricht dabei die materielle Dimension an, die WEBER dann noch feiner untergliedert entlang einer Unterscheidung zwischen Besitz- und Erwerbsklassen. ‚Stand' bezeichnet dagegen die Zuerkennung von Ansehen und Prestige, die streng von der unterschiedlichen Verteilung wirtschaftlicher Chancen unterschieden werden muss. Gleiches gilt schließlich für ‚Partei', also den Zusammenschluss mit dem Ziel, politischen Einfluss zu gewinnen.

Klasse: 69, 71, Gl

 Vertiefende Literatur: **Weber 1922, S. 531 ff.**

Deutung des Kapitalismus als okzidentaler Rationalismus

2. 2. 4 Ordnungen in der modernen Massendemokratie

Idealtyp: 167, 170f.

Aus WEBERS umfangreichen Arbeiten zur Politik stellen nur seine beiden Vorträge WISSENSCHAFT ALS BERUF und POLITIK ALS BERUF aus dem Jahre 1919 Beiträge zur Soziologie im engeren Sinne dar. In POLITIK ALS BERUF bestimmt WEBER die moderne Massendemokratie als eine Mischung aus den Idealtypen legaler und charismatischer Herrschaft. Diese Analyse ist ein instruktives Beispiel für die Nützlichkeit der Idealtypenlehre, da sie sehr gut zeigt, wie mit Hilfe der Idealtypen die inneren Probleme auf diesem Feld „deutend verstanden" werden können. Darüber hinaus kennzeichnet WEBER sehr deutlich ein zweites Dilemma des damaligen wie auch des heutigen Politikbetriebes: Politiker können nach WEBER entweder von der Politik oder für die Politik leben. Im ersten Fall wird der Lebensunterhalt durch politische Ämter gesichert. Im zweiten Fall wird die politische Betätigung als moralische Verpflichtung angesehen.

Politik als Beruf

Vertiefende Literatur: Weber 1921, S. 505-560.

2.3 Die Deutung des Kapitalismus als okzidentaler Rationalismus

Kapitalismus: 66, 174ff., 180, 182

2. 3. 1 Ausdifferenzierung der Privatwirtschaft

Marx: 63, 66f.
Profit: 65f.

WEBER akzeptiert marxistische Positionen insoweit, als auch er davon ausgeht, dass die entwickelten Industriegesellschaften der Gegenwart unter das Stichwort ‚Kapitalismus' gebracht werden können. Während KARL MARX (1818-1883) jedoch der Auffassung war, dass Industriegesellschaften durch das Profitstreben der Kapitalisten in ihrer Dynamik wie auch in ihrer Problemhaftigkeit bestimmt werden, steht für WEBER ein immer weiter um sich greifendes Rationalitätsstreben im Mittelpunkt.

Vergleich zu Marx' Kapitalismusauffassung

Während das Profitstreben ein uraltes Phänomen sei, so argumentiert er gegen MARX, sei es erst in der Neuzeit und zunächst nur im Okzident (genauer: in Nordwesteuropa) zu einer umfassenden Rationalisierung der gesellschaftlichen Verhältnisse gekommen.

Rationalisierung als Kennzeichen des modernen Okzidents

> „Schrankenloseste Erwerbsgier ist nicht im mindesten gleich Kapitalismus, noch weniger gleich dessen ‚Geist'. Kapitalismus kann geradezu identisch sein mit Bändigung, mindestens mit rationaler Temperierung, dieses irrationalen Triebes" (Weber 1920, S. 4).

Rationales Gewinnstreben beginnt, wie WEBER weiter ausführt, mit der Kapitalrechnung, also mit der Erstellung systematischer Bilanzen.

Freiheit: 152, 181
Ausbeutung: 68f.

MARX wie WEBER sehen in der arbeitsvertraglich geregelten, freien Lohnarbeit eine wichtige Grundlage der Entwicklung hin zum Kapitalismus. Während MARX in der Diskrepanz zwischen formeller Freiheit und gesellschaftlicher Ausbeutung der Arbeiter den Schlüssel zum Verständnis der gesellschaftlichen

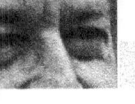

Max Weber

Ausdifferenzierung der Wirtschaftssphäre

Widersprüche sieht, betont WEBER die mit der freien Lohnarbeit gegebenen Möglichkeiten gesellschaftlicher Differenzierung. Erst die freie Arbeit ermöglicht eine strikte Trennung zwischen Haushalt und Betrieb, zwischen Arbeit zur Bedürfnisbefriedigung und erwerbswirtschaftlichen Aktivitäten auf der anderen Seite. Auf diese Weise wird zwischen einem hauswirtschaftlichen Bereich getrennt, der nach wie vor der direkten Bedürfnisbefriedigung dient und solidarisch organisiert ist, und Betrieben, die wirtschaftliche Zwecke verfolgen. Nur weil im kapitalistischen Betrieb der hauswirtschaftliche Aspekt ausgegliedert ist und Unternehmer wie Arbeiter Erwerbszwecken nachgehen, kann hier methodisch-rational kalkuliert werden. Das Aufkommen von auf Gewinne ausgerichteten privatwirtschaftlichen Unternehmen setzt aber zum anderen auch eine Trennung zwischen Staats- und Privatwirtschaft voraus, damit das Erwerbsstreben ausschließlich an „Chancen des *Gütermarktes*" (ebd. S. 7) und nicht mehr an machtpolitischen oder sonstigen Gesichtspunkten orientiert werden kann. In die heutige Terminologie übersetzt, hebt WEBER hervor, dass es erst in dem Moment zu einer stabilen, systematischen und irreversiblen Rationalisierung der Betriebsorganisation kommen konnte, als sie als eigene Sphäre ausdifferenziert worden war.

Differenzierung: 88, 114, GI

Rationalisierung: 164

Sonstige Wirtschaftstätigkeit/ Materiale Rationalität	Privatwirtschaft/ Formale Rationalität
Staatswirtschaft:	Betrieb:
Private Haushalte Arbeit dient zur direkten Bedürfnisbefriedigung	Erwerbsarbeit Rationales Gewinnstreben ist orientiert an Chancen des Gütermarktes

Okzidentaler Rationalismus

Die Bedeutung des okzidentalen Rationalismus geht aber weit über die wirtschaftliche Sphäre hinaus. WEBER rekonstruiert die von Europa ausgehende neuzeitliche Entwicklung als einen universellen Rationalisierungsprozess, der das gesamte gesellschaftliche Leben durchdringt. In der Sphäre der Wissenschaft, der Kunst, im Bereich staatlicher Organisation – überall identifiziert WEBER ein identisches Muster: Eigengesetzliche Lebensbereiche differenzieren sich aus, spezifische Elemente rationaler Organisation entwickeln sich und ermöglichen auf dieser Grundlage kontinuierliche und immer systematischere Rationalisierungsprozesse. Im Bereich der Wissenschaft bildet sich mit den Elementen des rationalen Beweises und des rationalen Experiments ein systematischer Fachbetrieb. Der Staatsapparat mutiert zu einer „politischen Anstalt, mit rational gesatzter Verfassung, rational gesatztem Recht und einer an Gesetzen orientierten Verwaltung durch Fachbeamte" (Weber 1920, S. 3 f.). Sogar im Bereich der Kunst sieht WEBER vergleichbare Rationalisierungsprozesse am Werk.

Rationalismus: 175ff.

 Vertiefende Literatur: Bader u. a. 1987, S. 261-308.

Protes-

Deutung des Kapitalismus als okzidentaler Rationalismus

2.3.2 Die ‚Protestantismus-These'

tantismus: 176, 180, Gl
Kapitalismus: 173f., 179f.

WEBERS erstes Hauptwerk ist die 1904/1905 erschienene Studie *DIE PROTESTANTISCHE ETHIK UND DER GEIST DES KAPITALISMUS*. Nach WEBER kann man die Entstehung des modernen Kapitalismus erst dann hinreichend verstehen, wenn man erklären kann, wieso Menschen rational zu wirtschaften anfangen, bevor es eine gesellschaftlich institutionalisierte Marktwirtschaft gibt. Die Erklärung muss dabei so beschaffen sein, dass sie über einzelne Ausnahmefälle deutlich hinausgeht.

Grundlegende Fragestellung

> „Damit jene der Eigenart des Kapitalismus angepaßte Art der Lebensführung und Berufsauffassung ‚ausgelesen' werden, d. h.: über andere den Sieg davontragen konnte, mußte sie offenbar zunächst entstanden sein, und zwar nicht in einzelnen isolierten Individuen, sondern als eine Anschauungsweise, die von Menschengruppen getragen wurde. Diese Entstehung ist also das eigentlich zu Erklärende" (Weber 1920, S. 37).

Liberalismus: 94f., Gl

Was ist nun unter ‚Geist des Kapitalismus' zu verstehen? Hierbei handelt es sich nicht um ein bloßes Nutzenkalkül, womit der klassische Liberalismus wie auch die modernen Wirtschaftswissenschaften wirtschaftliche Aktivitäten zu erklären versuchen. Kapitalistischer Geist ist für WEBER vielmehr eine ethisch-moralische Haltung, die Unterordnung von Bestrebungen zur Bedürfnisbefriedigung und des individuellen Nutzenkalküls unter eine generelle Verpflichtung auf beruflichen Fleiß und wirtschaftliche Rationalität. Kapitalistischer Geist meint

Geist des Kapitalismus

Rationalität: 172

> „vor allem: der Gedanke der Verpflichtung des Einzelnen gegenüber den als Selbstzweck vorausgesetzten Interessen an der Vergrößerung seines Kapitals ... Der Mensch ist auf das Erwerben als Zweck seines Lebens, nicht mehr das Erwerben auf den Menschen als Mittel zum Zweck der Befriedigung seiner materiellen Lebensbedürfnisse bezogen ... In der Tat: jener eigentümliche, uns heute so geläufige, in Wahrheit doch so wenig selbstverständliche Gedanke der Berufspflicht ... Dieser Gedanke ist es, welcher der ‚Sozialethik' der kapitalistischen Kultur charakteristisch ... ist" (Weber 1920, S. 33 ff.).

Nur eine ethisch-moralische Verpflichtung auf berufliche Leistungen und kontinuierliches Gewinnstreben ist nach WEBERS Ansicht in der Lage, kapitalistischen Geist so lange zu produzieren, bis die neue kapitalistische Gesellschaft hinreichende ökonomische Mechanismen für das Überleben der neuen wirtschaftlichen Einstellung entwickelt hat.

Wie kommt nun ‚kapitalistischer Geist' zustande? WEBER war der Auffassung, dass nur jene aus der Reformation hervorgegangenen Kirchen bzw. Sekten in der Lage waren, die Gläubigen total auf den Beruf und den beruflichen Erfolg zu verpflichten, welche die im Protestantismus angelegten asketischen Glaubenselemente konsequent und radikal in den Vordergrund ihrer Glaubensüberzeugungen gerückt haben. Während die Lutheraner in dieser Hinsicht auf halbem Wege stehen geblieben waren, wurde der asketische Protestantismus insbesondere von den Calvinisten, den Pietisten, den Methodisten und

Entstehung des kapitalistischen Geists aus der protestantischen Ethik

Max Weber

verschiedenen täuferischen Sekten konsequent entwickelt und verbreitet. Jenseits aller dogmatischen Unterschiede stimmen sie in der Überzeugung überein, dass es den Gläubigen von Gott aufgegeben sei, zu seinem Wohle in dieser Welt zu wirken. Wirken bedeutet schlicht arbeiten, tätig sein, Erfolg haben und nicht Nächstenliebe oder christliche Mildtätigkeit.

Prädestinationslehre und innerweltliche Askese

Am deutlichsten treten diese Zusammenhänge im Calvinismus hervor. Nach calvinistischer Überzeugung ist das religiöse Schicksal jedes Menschen von Gott vorherbestimmt (Prädestinationslehre). Er hat in seiner unerklärbaren Vernunft darüber entschieden, wer in den Himmel kommen und wer der Verdammnis anheim fallen wird. Deswegen wäre es überheblich, durch gute Taten oder einen moralisch einwandfreien Lebenswandel das eigene Seelenheil herbeiführen zu wollen. Es ist vielmehr die Aufgabe der von Gott Auserwählten, zu seiner Ehre und zu seinem Ruhme in dieser Welt zu wirken und die sittlichen Gebote Gottes in aller Strenge und Konsequenz zu befolgen. Darauf zielt der Begriff ‚innerweltliche Askese'. Beruflicher und geschäftlicher Erfolg kann indessen als Anzeichen dafür interpretiert werden, dass man zu jenen Auserwählten gehört, denen ein positives religiöses Schicksal vorherbestimmt ist.

Prädestination: 178

Innerweltl. Askese: 177

Durchsetzung der kapitalistischen Ordnung im Okzident

Auf diesem religiösen Weg wird ‚kapitalistischer Geist' so fest in den Gläubigen verankert, dass sie auch aus einer Minderheitenposition heraus eine kapitalistische Ordnung durchsetzen können. Dieser letztere Gedanke ist relativ einfach nachzuvollziehen, denn die starke religiöse Verankerung des beruflichen Leistungsstrebens macht es wahrscheinlich, dass zumindest einige der Gläubigen wirtschaftlichen Erfolg haben und diesen als Unternehmer dann immer weiter ausbauen werden (als Akt religiöser Pflichterfüllung). Auf diesem Wege steigt ihre wirtschaftliche Macht immer weiter an, so dass sie sich schließlich auch auf ökonomischem Wege durchsetzen werden.

Für WEBERS Erklärung sprechen zunächst einmal starke empirische Fakten. Denn die Vormächte des ‚modernen Kapitalismus', zunächst die Niederlande, dann Großbritannien, dann die Vereinigten Staaten, waren zumindest in ihrer wirtschaftlichen Blütezeit am stärksten vom asketischen Protestantismus geprägt. In den Vereinigten Staaten ist der Einfluss dieser religiösen Bewegungen bis heute ungebrochen. Daher kann WEBER erklären, wieso sich nur dort der „moderne Kapitalismus" entwickelt hat.

Kapitalismus: 173, 175, 179f.

Rationalisierung religiöser Botschaften

WEBER setzt auf die Religion, weil nur sie seiner Meinung nach in der Lage ist, Wertüberzeugungen in größeren Gruppen existenziell verbindlich zu verankern. Dies liegt daran, dass Religionen verbindliche Antworten auf ‚Probleme innerer Not' geben und existenzielle Grundfragen wie die nach den Ursachen des Bösen und Ungerechten auf dieser Welt zu erklären versuchen. Seit der Herausbildung der großen Weltreligionen im ersten Jahrtausend v. Chr. tendieren Religionen dazu, ethisch-moralische Botschaften zu formulieren und diese immer konsequenter weiterzuentwickeln. Der asketische Protestantismus zeichnet sich dabei durch besondere Konsequenz aus – WEBER sieht in der Prädestinationslehre eine von drei konsequent rationalen Möglichkeiten der Lösung des Theodizee-Problems. Die Prädestinationslehre besagt, dass die Welt, ihr weiteres Schicksal, wie auch die Frage, wer von Gott für das Himmelreich ausgewählt sei, auf einer dem Menschen nicht ergründlichen göttlichen Weisheit beruhen.

Religion: 124f., 177f., 208

Individualisierung: 117, 147

Eine praktische Folge dieses religiösen Denkens ist die Individualisierung. WEBER betont an vielen Stellen seines Textes, dass die Anhänger der protestantischen Sekten auf religiösem Wege individualisiert werden. Die Devise lautet, dass man nur Gott vertrauen solle, aber nicht seinen Mitbrüdern. Das bedeutet nichts anderes, als dass jeder eine möglichst gottgefällige Lebensweise selbstverantwortlich entwickeln soll. Die Anschauung, dass man selbst von Gott auserwählt sei und die meisten anderen Menschen der Verdammnis anheim fielen, verstärkt hier noch elitäre Züge, die auch anderen protestantischen Sekten eigen sind. Insbesondere Menschen, die als nicht-auserwählt angesehen werden, fallen der Verachtung anheim. Sich um sie zu kümmern ist ethisch nutzlos, teilweise sogar verwerflich.

Elitäre Individualisierung

Innerweltliche Askese: 176

> Religiöse Ethik protestantischer Sekten führt zum Bruch mit Traditionen und zur Ausrichtung des Lebens auf wirtschaftlichen Erfolg. Die Auswirkungen der innerweltlichen Askese zeigen sich in einer methodisch-rationalen Lebensführung und einem Berufsmenschentum. Der Erwerb wird zum Lebenszweck.

Vertiefende Literatur: Weber 1920, S. 30-43.

Weltreligionen: 178f.

2.3.3 Die Wirtschaftsethik der Weltreligionen

WEBERS aus heutiger Sicht wichtigstes Werk, das ihn nach Veröffentlichung der Studie über die protestantische Ethik am meisten beschäftigt hat, war eine vergleichende Studie über DIE WIRTSCHAFTSETHIK DER WELTRELIGIONEN. In dieser umfangreichen Untersuchung möchte WEBER aufzeigen, warum es nicht zuerst in anderen Weltgegenden, insbesondere in Indien und China, trotz jahrhundertelanger Zivilisationsvorsprünge zum „okzidentalen Rationalismus" gekommen ist.

Vergleichende empirische Studie

Rationalismus: 174, 178f.

Wiederum sieht WEBER die Ursachen in den religiösen Orientierungen der Menschen. Ihm geht es weniger um dogmatische Haltungen der Weltreligionen gegenüber der Wirtschaft, sondern vielmehr um die von ihnen ausgehenden „praktischen Antriebe zum Handeln" (Weber 1920, S. 238). Dieser Einfluss ist schon deswegen gravierend, weil alle Weltreligionen die Haltung der Gläubigen zur außerreligiösen Welt beeinflussen. Vor allem erzeugen oder verstärken sie die Distanz der Gläubigen zu ihrem sozialen Umfeld.

Distanz zwischen Religion und Welt

„Als Stätte der Unvollkommenheit, der Ungerechtigkeit, des Leidens, der Sünde, der Vergänglichkeit, der notwendig schuldbelasteten, notwendig mit immer weiterer Entfaltung und Differenzierung, immer sinnloser werdenden Kultur: in allen diesen Instanzen mußte so die Welt, rein ethisch gesehen, dem religiösen Postulat eines göttlichen ‚Sinnes' ihrer Existenz, gleich brüchig und entwertet erscheinen" (Weber 1920, S. 571).

Diese Diskrepanz zwischen religiösem Postulat und diesseitiger Welt ist eine universelle religiöse Grundproblematik, auf die alle großen Weltreligionen in je spezifischer Weise antworten. Der „rationale Kern" aller Weltreligionen besteht darin, dass sie Antworten auf Diskrepanzen zwischen ethisch-moralischen Ansprüchen und den tatsächlichen Gegebenheiten der Welt geben.

Alle Weltreligionen enthalten eine dogmatische Lösung dieses Problems, die den Gläubigen zugleich bestimmte Heils- oder Erlösungswege aufzeigt. Bei diesen religiösen Botschaften kommt es wiederum auf die innere Geschlossenheit (immanente Rationalität) des jeweiligen Lösungsvorschlages an, weil davon der Einfluss der Religion auf die Lebensführung der Gläubigen zentral abhängt.

> *„Auch das Rationale im Sinne einer logischen oder theologischen ‚Konsequenz', einer intellektuell-theoretischen oder praktisch-ethischen Stellungnahme hat nun einmal (und hatte von jeher) Gewalt über die Menschen" (Weber 1920, S. 537).*

Lösungen des Theodizee-Problems

Hieraus erklärt sich, warum gerade die besonders konsequenten Lösungen des Theodizee-Problems das Denken und Handeln der Gläubigen in besonderer Weise geprägt haben. So führt die Prädestinationslehre zum „okzidentalen Rationalismus". Eine andere, besonders konsequente Lösung besteht in der Kharma-Lehre im Hinduismus. Danach ist die Welt ein „lückenloser Kosmos ethischer Vergeltung" (Weber 1922, S. 318), in dem jede gute oder böse Handlung dem Akteur angerechnet wird. Die ethische Bilanz wird dann nach dem Tode in Form eines Wiedergeburtsglaubens gezogen. Ein positiver moralischer Saldo verbessert den Geburtsstatus und umgekehrt.

Prädestination: 176
Rationalismus: 174, 177, 179

Aktive und passive Weltverneinung

Der Buddhismus treibt die Kharma-Lehre noch weiter mit der These, dass „Erlösung" nur in der Befreiung der Seele von diesem Wiedergeburtszwang liegen könne. Auf die Einstellungen der Gläubigen zur Wirtschaft hat diese dogmatische Lösung diametral entgegengesetzte Konsequenzen zur Prädestinationslehre. Der Unterschied liegt in der Art der Weltverneinung. Die „protestantische Ethik" verpflichtet die Gläubigen auf eine aktive Weltverneinung. Sie sollen als „Berufsmenschen" zum Wohle Gottes rational wirtschaften, ohne sich dabei um Traditionen zu kümmern. Ihre aktive Distanz zur Welt ermöglicht ihre umfassende Rationalisierung. Die ethische Konsequenz der vom Hinduismus wie vom Buddhismus verfolgten Kharma-Lehre besteht dagegen in einer *passiven Weltverneinung*: Erlösung kann der Gläubige hier nur in der weltabgeschiedenen Meditation finden. Er muss sich gerade aus der Verstrickung in die Welt lösen (Weltflucht), um sein religiöses Schicksal zu verbessern.

Chinesische Morallehren

Noch gravierender sind die Unterschiede zwischen protestantischer Ethik und Konfuzianismus und Taoismus. Diese chinesischen Morallehren streben danach, das Spannungsverhältnis zwischen Religion und Welt zu überbrücken. Ihre Anhänger sollen mit den Gegebenheiten dieser Welt versöhnt werden, und zwar sowohl mit den natürlichen Gegebenheiten wie auch mit den sozialen, also den vorhandenen Traditionen. Weil die chinesischen Morallehren des Konfuzianismus und Taoismus keine Weltverneinung aufkommen lassen, entwickelt die chinesische Kultur große Kontinuität und einen starken Hang zur Traditionspflege. Neuerungen werden eher integriert, als dass sie zu starken

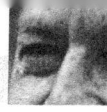

Zäsuren oder Brüchen führen. Zwar spricht WEBER vom „konfuzianischen Rationalismus" (Weber 1920, S. 512), aber er macht klar, dass die für China charakteristischen ethisch-moralischen Systeme ein Grundelement religiöser Rationalisierung, nämlich die Aufgabe magischer Vorstellungen, überhaupt nicht in Angriff genommen haben. Das bedeutet insbesondere, dass sie die religiöse Bedeutung von Familie und Abstammung nicht abgestreift haben. Ein Spannungsverhältnis zwischen Religion und Welt wird in diesen ethischen Systemen nicht aufgebaut, so dass auch alle Ansätze zu einer gegen die diesseitige Welt und ihre Traditionen gerichteten systematisierten Lebensführung entfallen. Die Bedingungen für ein gesinnungsethisch orientiertes Berufsmenschentum und für eine gesinnungsethisch rationalisierte Lebensführung sind damit besonders ungünstig.

| | Religiöse Weltbezüge ||
	Aktive Heilssuche	Passive Heilssuche
Weltverneinung	Welt*beherrschung*: Judentum/Christentum	Welt*flucht*: Hinduismus/Buddhismus
Weltbejahung	Welt*anpassung*: Konfuzianismus/Taoismus	Welt*anschauung*: Antike/Griechische Philosophie

(in Anlehnung an: Habermas 1981 Bd. 1, S. 293)

Vertiefende Literatur: Tenbruck 1975; Schluchter 1976.

2.4 Zeitdiagnose des modernen Kapitalismus

Kapitalismus: 173f., 180

Anders als bei DURKHEIM oder SIMMEL sind Diagnosen zur Gegenwartsgesellschaft keine zentralen Bestandteile in WEBERS Hauptwerken. Das liegt daran, dass er sich stärker mit den historischen Grundlagen des „modernen Kapitalismus" beschäftigt und daraus grundlegende analytische Kategorien gewonnen hat. Seine wohl systematischsten Überlegungen zur Zeitdiagnose entwickelt WEBER in der „Zwischenbetrachtung" seiner Studie über DIE WIRTSCHAFTSETHIK DER WELTRELIGIONEN (Weber 1920, S. 536-573). Diese Überlegungen sind ein Nebenprodukt der religionsanalytischen Überlegungen, die in dem Moment zeitdiagnostisch werden, wo die Prägekraft religiöser Orientierungen verloren geht. Gedanklicher Ausgangspunkt ist die auch für DIE PROTESTANTISCHE ETHIK charakteristische Weltablehnung. Diese abgelehnte Welt weist nun nach WEBERS Analyse fünf Sphären auf, die klar voneinander unterschieden werden müssen:

Zeitdiagnose als Resultat seiner Religionsanalyse

Max Weber

Ausdifferenzierungen der Wertsphären

- die ökonomische,
- die politische,
- die ästhetische,
- die erotische und
- die intellektuelle Sphäre.

Diese Sphären sind zu unterscheiden, weil sie unterschiedliche Eigengesetzlichkeiten enthalten und sich deswegen in unterschiedliche Richtungen entwickeln. Während die Religion um moralisch-praktisches Wissen kreist, geht es in der Kunst um Ästhetik, in der erotischen Sphäre um Hedonismus oder in der Wirtschaft um monetäres Kalkül. WEBER bezeichnet den Vorgang als Ausdifferenzierung „der Eigengesetzlichkeit der einzelnen Wertsphären" (Weber 1920, S. 541). Je mehr sich diese nicht miteinander zu vereinbarenden Eigengesetzlichkeiten aber entfalten, desto schwieriger wird es für die Menschen, zu einem einheitlichen Weltverständnis zu gelangen. Eine völlig durchrationalisierte Welt ist nach WEBER durch den Gegensatz unversöhnlicher Wert- und Lebensordnungen gekennzeichnet. Eine Alltagsweisheit ist,

Differenzierung: 88, 114, 174, Gl

> „daß etwas wahr sein kann, obwohl und indem es nicht schön und nicht heilig und nicht gut ist. Aber das sind nur die elementarsten Fälle dieses Kampfes der Götter der einzelnen Ordnungen und Werte ... Es ist wie in der alten, noch nicht von ihren Göttern und Dämonen entzauberten Welt, nur in anderem Sinne: wie der Hellene [Grieche; D. B.] einmal der Aphrodite opferte und dann dem Apollon und vor allem jeder den Göttern seiner Stadt, so ist es, entzaubert ... noch heute" (Weber 1903-06, S. 604).

Sinn- und Freiheitsverlust im modernen Okzident

Die durchrationalisierte moderne Gesellschaft stellt aber den Einzelnen nicht nur vor kaum noch lösbare Sinnprobleme. Sie führt auch zum Freiheitsverlust.

Rationalisierung: 164, 174

> „Der Puritaner wollte Berufsmensch sein, – wir müssen es sein. Indem die Askese aus den Mönchzellen heraus in das Berufsleben übertragen wurde ... half sie ... jenen mächtigen Kosmos der modernen, an die technischen und ökonomischen Voraussetzungen mechanisch-maschineller Produktion gebundenen, Wirtschaftsordnung erbauen, der heute den Lebensstil aller einzelnen, die in dies Triebwerk hineingeboren werden, ... mit überwältigendem Zwange bestimmt und vielleicht bestimmen wird, bis der letzte Zentner fossilen Brennstoffs verglüht ist. Nur wie ‚ein dünner Mantel, den man jederzeit abwerfen könnte', sollte nach Baxters Ansicht die Sorge um die äußeren Güter um die Schultern seiner Heiligen liegen. Aber aus dem Mantel ließ das Verhängnis ein stahlhartes Gehäuse werden. [So] ... gewannen die äußeren Güter dieser Welt zunehmende und schließlich unentrinnbare Macht über den Menschen, wie niemals zuvor in der Geschichte" (Weber 1920, S. 203 f.).

WEBER behauptet also, dass der entwickelte Kapitalismus ohne „kapitalistischen Geist", d. h. ohne jene ethisch-moralischen Überzeugungen aus dem Protestantismus und Calvinismus auskommt und aufgrund materieller Zwän-

Kapitalismus: 173ff.

Freiheit: 152

ge, denen die Menschen sich unterworfen haben, wie eine „gut geölte Maschine" funktioniert. Der Preis für dieses Funktionieren besteht aber darin, dass der moderne Mensch seine geistige Freiheit verliert.

WEBERS Zeitdiagnose besteht somit aus zwei kritischen Thesen. Einmal komme es zu einer Rationalisierung der Wertsphären, die kein konsistentes Weltverständnis mehr zulassen. Das ist die These vom Sinnverlust des modernen Menschen. Daneben vermutet WEBER, dass materielle Abhängigkeiten immer stärker an die Stelle kultureller Überzeugungen treten. Das ist die These vom Freiheitsverlust des modernen Menschen.

Vertiefende Literatur: Habermas 1981 Bd. 1, S. 332-345.

3. Rezeption und Wirkungsgeschichte

Parsons: 194

Nach seinem Tod wurde WEBER zunächst weitgehend vergessen. Zu einem wichtigen Klassiker wurde er erst durch das Werk von PARSONS, das die breite Rezeption WEBERS nach dem Zweiten Weltkrieg vorbereitet. WEBER war und ist für die Soziologie bedeutsam, weil sein Werk wichtige konzeptionelle Anregungen, aber keine fertigen Lösungen enthält.

WEBERS Konzept einer Verstehenden Soziologie, die am sozialen Handeln ansetzt und mit Idealtypen arbeitet, ist heute noch insofern bedeutsam, als es klarstellt, dass Soziologie auf interpretative Verfahren angewiesen ist. Die einzelnen Elemente dieses Konzepts sind nicht unumstritten. Das gilt insbesondere für WEBERS Elementarbegriff des ‚sozialen Handelns'. Spätere Autoren haben gezeigt, dass er den Zeithorizont und den Prozesscharakter des sozialen Handelns nicht hinreichend beachtet hat. Wenn wir nach dem Sinn sozialer Handlungen gefragt werden, fallen unsere Antworten anders aus, je nach dem, ob eine Handlung noch nicht abgeschlossen ist oder ob wir im Nachhinein über eine abgeschlossene Handlung Auskunft geben. ALFRED SCHÜTZ (1899-1959) führt aus diesem Grund die Unterscheidung zwischen ‚um zu'- und ‚weil'-Motiven ein (vgl. Schütz 1974, S. 11-56).

Aufnahme und Kritik der Verstehenden Soziologie

Zweitens: Auch wenn WEBER Formen des Duldens und Unterlassens mit einbezieht, so bleiben in dieser Definition Passivformen des Sozialen unterbelichtet, wie z. B. der Transport von Normen oder Erfahrungen via Fernsehen und Kino. NIKLAS LUHMANN (1927-1998) unterscheidet deswegen zwischen Handeln als Aktivform und Erleben als Passivform des Sozialen.

Grenzen des Grundbegriffs ‚soziales Handeln' und seiner Idealtypen

Drittens stellt sich die Frage, ob nicht die sprachliche Verständigung, also eine dem Handeln in vielerlei Hinsicht vorgelagerte Sphäre als grundlegend anzusehen sei. Deswegen wird von einigen neueren Autoren Kommunikation als soziologischer Elementarbegriff gebraucht (Luhmann 1984, S. 191-241; Habermas 1981).

Idealtyp: 167f.

WEBERS Idealtypen des Handelns sind weder erschöpfend noch gleichgewichtig. Die Idealtypen des traditionalen und des affektuellen Handelns sind für WEBER Grenzfälle von begrenzter Erklärungskraft, weil WEBER ihnen

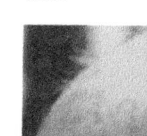

begrenzte Rationalität unterstellt und einen Zusammenhang zwischen innerer Rationalität des Handelns und seiner wissenschaftlichen Erklärbarkeit sieht. Der Idealtyp des traditionalen Handelns wiederholt nur jene Karikatur des Traditionalen, die dann entsteht, wenn man es aus modernem Blickwinkel betrachten und damit an den Kriterien von Zweck- und Wertrationalität messen würde. Insofern kann WEBER durchaus von einem Grenzfall sprechen. Er übersieht dabei aber gerade die innere Rationalität traditionalen Handelns, die in der Aufrechterhaltung kultureller Überlieferung besteht. Traditionales Handeln orientiert sich – und auch hier ist Rationalitätssteigerung ähnlich wie bei den anderen Idealtypen möglich – an dem Vorbild der Alten bzw. der früher lebenden Vorfahren, die nach denselben kulturellen Traditionen lebten. Der Rückgriff auf das Vorbild der Alten ist insofern rational, als er in besonderem Maße geeignet ist, die Authentizität der Überlieferung zu bewahren.

Anknüpfung an Webers Kapitalismusanalyse

WEBERS Deutung des Kapitalismus als okzidentaler Rationalismus gilt auch heute noch zweifellos als ein wichtiger und anregender Beitrag zum Verständnis der Frage, wie es überhaupt zur modernen Gesellschaft gekommen ist. Während seine historisch-ideengeschichtliche Analyse wenig umstritten ist, wurde sehr intensiv und mit unterschiedlichem Ergebnis nach WEBERS dahinterliegendem Forschungskonzept, insbesondere nach seinem Verständnis gesellschaftlicher Modernisierung gefragt.

Kapitalismus: 173ff.

Aktualität von Weber

WEBERS vergleichende Untersuchung über DIE WIRTSCHAFTSETHIK DER WELTRELIGIONEN ist durch den Prozess zunehmender wirtschaftlicher Globalisierung erneut hochaktuell geworden. Insbesondere fordern die in Süd- und Ostasien, im indischen, chinesischen und indo-chinesischen Kulturraum mit hohen Tempo ablaufenden Modernisierungsprozesse zu einer Auseinandersetzung mit WEBERS Analysen heraus.

Globalisierung: 73f., Gl Modernisierung: 212, Gl

Während heutige Soziologen sich vor allem ausschließlich auf fachspezifische Fragestellungen konzentrieren und den Menschen nicht als Ganzes, sondern nur als „soziales Wesen" zur Kenntnis nehmen, ging es WEBER noch um das Schicksal des Menschen in der modernen Welt.

Diese Anmerkungen ändern aber nichts daran, dass WEBERS Werk seit der Rezeption durch PARSONS die Soziologie und ihre weitere Entwicklung zutiefst geprägt hat. WEBER ist auch heute noch ein sehr aktueller Klassiker.

Vertiefende Literatur: Bader u. a. 1987, S. 65-99; Hennis 1996, S. 3-89; Schluchter 1979; Tenbruck 1975.

4. Zusammenfassung

Während Durkheim ein makrosoziologisches Soziologiekonzept entwickelt hat, setzt Weber mikrosoziologisch an. Sein Ausgangspunkt ist der individuelle Akteur, der sein Handeln auf andere Menschen richtet („soziales Handeln"). Sobald dieses Handeln erwidert wird (Interaktion bzw. soziale Beziehung), bilden sich soziale Verflechtungen heraus.

Ausgangspunkt für die soziologische Erklärung ist der subjektive Sinn, der einer sozialen Handlung zugeschrieben werden kann.

Webers religionssoziologische Studie (*Die Protestantische Ethik und der Geist des Kapitalismus*) arbeitet die kulturellen Grundlagen heraus, aus denen sich moderne kapitalistische Gesellschaften entwickelt haben. Sie liegen in einer vom asketischen Protestantismus kultivierten methodisch-rationalen Lebensführung, welche die Menschen ausschließlich auf Arbeit und beruflichen Erfolg programmiert. Weber war der Meinung, dass die „protestantische Ethik" den „okzidentalen Rationalismus" keineswegs vollständig erklären könne, aber ein wesentlicher Entwicklungsfaktor sei.

5. Kontrollaufgaben

- Was meint das Adjektiv „sozial" des Grundbegriffs „soziales Handeln"?
- Ist ein Mord soziales Handeln im Sinne von Weber?
- Wie sollte ein Soziologe vorgehen, wenn er sich an Webers Konzept einer „verstehenden Soziologie" orientiert?
- Wozu dienen „Idealtypen"?
- Was unterscheidet wertrationales von zweckrationalem Handeln?
- Was unterscheidet die Idealtypen der legitimen Herrschaft von der Ausübung von Macht?
- Was unterscheidet den modernen Kapitalismus nach Weber von dem Streben nach Gewinn und Profit?
- Was ist unter dem Begriff der „Rationalisierung" zu verstehen?
- Warum wurden calvinistische Unternehmer zu Vorreitern des modernen Kapitalismus?
- Warum hat sich der moderne Kapitalismus in Westeuropa und nicht in China zuerst entwickelt?
- Was kritisiert Weber am „modernen Kapitalismus"?

6. Literaturverzeichnis

Allerbeck, Klaus (1982): Zur formalen Struktur einiger Kategorien der verstehenden Soziologie. In: Kölner Zeitschrift für Soziologie und Sozialpsychologie. 34. Jg. S. 665-676.

Bader, Veit M./Berger, Johannes/Ganßmann, Heiner/v. d. Knesebeck, Jost (1987): Einführung in die Gesellschaftstheorie. Gesellschaft, Wirtschaft und Staat bei Marx und Weber. 4. Auflage. Frankfurt/M./New York.

Dahrendorf, Ralf (1974): Amba, Amerikaner und Kommunisten. Zur These der Universalität von Herrschaft. In: Ders.: Pfade aus Utopia. München/Zürich. S. 242-263.

Habermas, Jürgen (1981): Theorie des kommunikativen Handelns. Bd. 1. Frankfurt/M.

Hennis, Wilhelm (1996): Max Webers Wissenschaft vom Menschen. Tübingen.

Kalberg, Stephen (1989): Max Webers historisch-vergleichende Untersuchungen und das „Webersche Bild der Neuzeit". Eine Gegenüberstellung. In: Weiß, Johannes [Hrsg.]: Max Weber heute. Frankfurt/M. S. 425-444.

Korte, Hermann (1993): Einführung in die Geschichte der Soziologie. Opladen.

Luhmann, Niklas (1984): Soziale Systeme. Grundriß einer allgemeinen Theorie. Frankfurt/M.

Schluchter, Wolfgang (1976): Die Paradoxie der Rationalisierung. Zum Verhältnis von ‚Ethik' und ‚Welt' bei Max Weber. In: Zeitschrift für Soziologie. 5. Jg. S. 256-284.

Schluchter, Wolfgang (1979): Die Entwicklung des okzidentalen Rationalismus. Eine Analyse von Max Webers Gesellschaftsgeschichte. Tübingen.

Schütz, Alfred (1974): Der sinnhafte Aufbau der sozialen Welt. Eine Einleitung in die verstehende Soziologie. Frankfurt/M.

Tenbruck, Friedrich (1975): Das Werk Max Webers. In: Kölner Zeitschrift für Soziologie und Sozialpsychologie. 27. Jg. S. 663-702.

Weber, Max (1903-06): Gesammelte Aufsätze zur Wissenschaftslehre. Zitiert nach der Ausgabe von 1972. Tübingen.

Weber, Max (1920): Gesammelte Aufsätze zur Religionssoziologie I. Zitiert nach der Ausgabe von 1988. Tübingen.

Weber, Max (1921): Gesammelte Politische Schriften. Zitiert nach der Ausgabe von 1988. Tübingen.

Weber, Max (1922): Wirtschaft und Gesellschaft. Grundriß der verstehenden Soziologie. Studienausgabe. Zitiert nach der Ausgabe von 1988. Tübingen.

Matthias Junge

Übergang III: Parsons' Ablösung vom Denken der Gründungsväter

Bilanzierend lässt sich für die Gründungsväter der Soziologie festhalten, dass sie mit jeweils unterschiedlicher Ausrichtung fünf grundlegende Fragen zu beantworten suchen. Sie definieren den Gegenstand der Soziologie (a) und klären in einem zweiten Schritt den Gesellschaftsbegriff (b). Parallel zu dieser Arbeit entwickeln sie Methoden für die Soziologie, die eine angemessene Umsetzung der erfahrungswissenschaftlichen Orientierung der Soziologie erlauben (c). Die Zeitwahrnehmung einer allgemeinen gesellschaftlichen Krise nehmen die Gründungsväter in ihren zeitdiagnostischen Arbeiten auf (d) und versuchen in diesem Zusammenhang schließlich die Frage nach der gesellschaftlichen Integration zu beantworten (e).

Problemstellungen der Gründungsväter

Ad a)
Für die Gründungsväter war es wichtig, der Soziologie erst einmal einen spezifischen Gegenstandsbereich zu definieren, den nur sie legitimerweise bearbeiten darf, um sich ihren Platz im Wissenschaftssystem zu sichern. Für DURKHEIM ist dies die moralische Tatsache der Gesellschaft, die als normative Regulationssphäre wirkt und den Individuen sowohl als handlungsprägende zwingende Macht gegenübertritt wie auch von den Individuen für erstrebenswert erachtet wird. WEBER und SIMMEL hingegen suchen den Gesellschaftsbegriff zu meiden und sprechen stattdessen von Vergesellschaftung. SIMMEL erkennt den Gegenstand der Soziologie in den Interaktionen, den Wechselwirkungen zwischen Individuen, während für WEBER Soziologie eine Wissenschaft ist, die das soziale Handeln von Individuen analysiert.

Definition des soziologischen Gegenstands

Ad b)
Daran anschließend entwickeln die Gründungsväter nun Gesellschaftsbegriffe. Für DURKHEIM ist Gesellschaft eine soziale und moralische Tatsache, die das Handeln der Individuen bestimmt und ihnen mit Widerständigkeit gegenüber steht. SIMMEL und WEBER hingegen versuchen, den Gesellschaftsbegriff nur formal aufzugreifen oder zu umgehen. Für SIMMEL ist aufgrund seines Interesses an den Prozessen der Wechselwirkung der Gesellschaftsbegriff ein nur formaler Begriff für die Summe aller Wechselwirkungen, ohne dass Gesellschaft als eine Realität sui generis betrachtet wird. Auch WEBER spricht nicht von Gesellschaft, sondern verwendet das Begriffspaar Vergemeinschaftung und Vergesellschaftung, um verschiedene typische Handlungsorientierungen zu erfassen.

Bestimmung des Gesellschaftsbegriffs

Übergang III

Entwicklung einer soziologischen Methode	Ad c) In methodischer Hinsicht unterscheiden sich die Gründungsväter in den jeweils bevorzugten Vorgehensweisen, sie stimmen aber vollständig darin überein, dass Soziologie eine systematische Erfahrungswissenschaft sein soll. DURKHEIM strebt nach einer in Analogie zu den Naturwissenschaften Erklärungen ermöglichenden Soziologie. Demgegenüber konzentriert sich SIMMEL vollständig auf die Entwicklung einer sinnverstehenden (phänomenologischen) Methode. WEBER schließlich strebt auf der Basis der verstehenden Konstruktion von Idealtypen eine verstehend-erklärende Soziologie an.
Zeitdiagnose	Ad d) Das zeitdiagnostische Interesse der Gründungsväter zeigt sich in unterschiedlichen Fragestellungen. So suchen DURKHEIMS Analysen des Selbstmordhandelns zu belegen, dass dieses durch Krisen des gesellschaftlichen Normengefüges (Anomie) beeinflusst wird und sich folglich je nach der konkreten Form der Normenkrise vier typische Formen des Selbstmords unterscheiden lassen. SIMMELS Analysen versuchen die Auswirkungen der sich durchsetzenden Geldwirtschaft auf die Ausbildung von Lebensstilen und die damit einhergehende Problematik einer dem Individuum gemäßen Lebensführung aufzuklären. Auch WEBERS Analysen zur bürokratischen Rationalisierung zeigen, dass der gesellschaftliche Strukturentwicklungsprozess für die Individuen mit der Gefahr des Sinn- und Freiheitsverlustes einhergeht und in ein „Gehäuse für die neue Hörigkeit" führen kann, welches die Individuen zu Gefangenen der Logik bürokratischer Rationalisierung, Reglementierung und Verwaltung macht.
Frage nach der gesellschaftlichen Integration	Ad e) Die Problematik der Integration kann von den Gründungsvätern in unmittelbarem Anschluss an ihre Zeitdiagnose diskutiert werden. Für DURKHEIM sind das schwindende Kollektivbewusstsein und die zunehmende gesellschaftliche Arbeitsteilung Indizien, die auf eine Umstellung der gesellschaftlichen Integration von mechanischer auf organische Solidarität hinweisen. SIMMEL spricht im strengen Sinne nicht von einem Integrationsproblem, doch zeigt gerade sein Theorem der Kreuzung sozialer Kreise, dass das Individuum mit der Aufgabe konfrontiert ist, die an es gerichteten unterschiedlichen Rollenerwartungen zu integrieren und zu einer kohärenten Einheit auszugestalten. Auch WEBER spricht nicht von Integration, allerdings ist seine Diskussion legitimer Ordnungen der Ort, an dem WEBER zeigen kann, wie der Glaube an das Bestehen einer bestimmten legitimen Ordnung zur Grundlage einheitlicher gesellschaftlicher Verhältnisse wird.

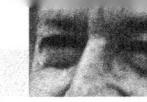

Parsons Ablösung vom Denken der Gründerväter

	Durkheim	Simmel	Weber
Gegenstand der Soziologie	Soziale und moralische Tatsachen/Gesellschaft	Soziale Wechselwirkungen/soziale Beziehungen	Soziales Handeln/ Individuum
Gesellschaftsbegriff	Faktor, der das Handeln der Individuen bestimmt	Summenbegriff für alle Wechselwirkungen	Historisch je einmalige Erscheinung
Methode	Erklären	Sinnverstehend (phänomenologisch)	Verstehend-erklären
	Gemeinsames Interesse an Zeitdiagnose		
Zeitdiagnose	Anomie	Lebensstile	Sinn- und Freiheitsverlust
Integration	Solidaritätsformen	Individuum	Legitime Ordnungen

An diesen Stand der Theorieentwicklung schließt nun die Soziologie von PARSONS an. Er entwickelt in einer umfassenden Untersuchung des Denkens der Gründungsväter, vor allem DURKHEIMS und WEBERS, eine Konvergenzthese. Diese besagt, dass das soziologische Denken beider Gründungsväter trotz aller Unterschiede auf einen gemeinsamen Fluchtpunkt zugelaufen sei: auf die Entwicklung einer auf dem Handlungsbegriff aufbauenden Soziologie. Anschließend an diese These entwickelt PARSONS eine konsequent ausgeführte soziologische Handlungstheorie. Dabei gibt er die Gegenüberstellung von Individuum und Gesellschaft auf, weil im Begriff des sozialen Handelns die dichotomen Pole von Individuum und Gesellschaft zusammengeführt und verschmolzen werden. Sie sind von nun an nur analytisch zu trennende Bestandteile der soziologischen Perspektive auf das Handeln. Damit wurde indirekt bereits ein weiteres Merkmal der Theorieentwicklung von PARSONS angesprochen: Die soziologische Theorie wird mit seinem Werk einem bedeutsamen Abstraktionsschub ausgesetzt, weil er einen analytisch-klassifikatorischen Begriffsrahmen für die Soziologie entwickelt, der sich auf beliebige Zusammenhänge anwenden lässt.

Parsons' Anknüpfung an die Gründungsväter

Die leitende Frage von PARSONS und damit auch die Leitfrage des folgenden Kapitels ist: Wie kann eine analytische Handlungstheorie aufgebaut werden, die der menschlichen Freiheit ebenso wie der Bestimmung menschlichen Handelns durch gesellschaftliche Strukturen gerecht wird?

Parsons' Leitfrage

Viertes Kapitel

Ein Hauptvertreter der Soziologie im 20. Jahrhundert

Talcott Parsons

Talcott Parsons

1.	Einleitung	191
1.1	Biographie und Zeitbezug	191
1.2	Parsons' Denkweise	192
2.	Parsons' Beitrag zur Soziologie	194
2.1	Gesellschaft als Ordnung von Handlungssystemen	194
2.2	Die analytisch-klassifikatorische Methode	200
2.3	Parsons' Formulierung und Lösung des Ordnungsproblems	200
2.4	Die pattern variables	203
2.5	Parsons' Zeitdiagnose	205
3.	Rezeption und Wirkungsgeschichte	213
4.	Zusammenfassung	215
5.	Kontrollaufgaben	216
6.	Literaturverzeichnis	216

Matthias Junge

TALCOTT PARSONS

geboren am 13. 12. 1902 in Colorado Springs; gestorben am 8. 5. 1979 in München.

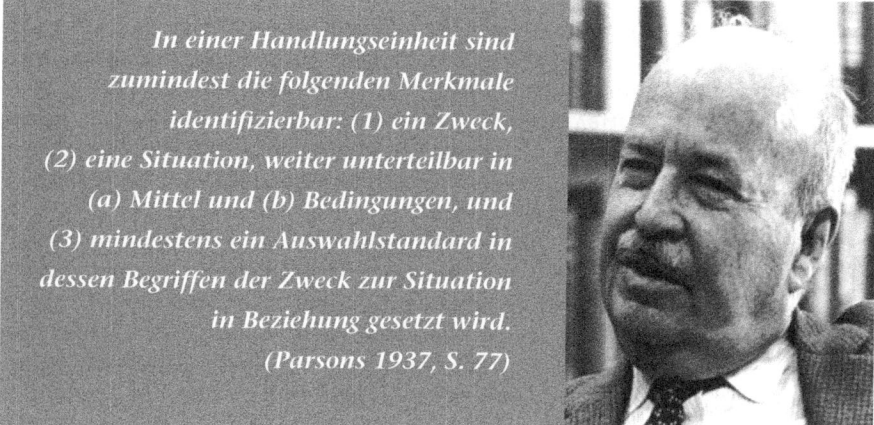

In einer Handlungseinheit sind zumindest die folgenden Merkmale identifizierbar: (1) ein Zweck, (2) eine Situation, weiter unterteilbar in (a) Mittel und (b) Bedingungen, und (3) mindestens ein Auswahlstandard in dessen Begriffen der Zweck zur Situation in Beziehung gesetzt wird.
(Parsons 1937, S. 77)

1. Einleitung

TALCOTT PARSONS führt in die Entwicklung der soziologischen Theorie zwei Elemente ein, die die nachfolgenden Versuche der Theoriebildung stark beeinflusst haben. Zuerst ist hier sein Anspruch zu nennen, eine allgemeine, an der Bedeutung von Handlungen ansetzende Theorie vorzuschlagen. Dieser Vorschlag zielt auf eine Vereinheitlichung der Arbeitsgrundlagen aller Handlungswissenschaften (etwa von Ökonomie und Soziologie) und damit auf eine Integration unterschiedlicher Theoriemodelle in einem einzigen Modell. Zweitens ist hieran anschließend darauf hinzuweisen, dass diese Idee nur unter Verwendung eines abstrakten begrifflichen Rahmens zu erreichen ist. Er hat so die soziologische Theorie einem bedeutsamen, ihre Leistungsfähigkeit steigerndem Abstraktionsschub ausgesetzt und damit grundlegend zur Weiterentwicklung der Soziologie beigetragen.

Parsons' Bedeutung für die Soziologie

1.1 Biographie und Zeitbezug

Den historischen Zeitbezug der Theorie von PARSONS stellen vor allem die Vereinigten Staaten von Amerika in den 50er und 60er Jahren des 20. Jahrhunderts dar. Die demokratische Verfasstheit und die soziale Struktur Amerikas ist ihm Modellfall und Ausgangspunkt für die Entwicklung von Modernisierungstheo-

Zeitbezug der 50er und 60er Jahre

rien und auch für die Entwicklung allgemeiner theoretischer Modelle in der Soziologie. Ethnische und kulturelle Vielfalt, die Dominanz der bürgerlichen Kleinfamilie, die Bedeutung räumlicher Mobilität sowie die soziale Akzeptanz tiefgreifender sozialer Ungleichheiten sind hier in ihrer die soziologische Theorie lange Zeit prägenden Gestalt auffindbar.

Parsons' Biographie

PARSONS wurde am 13. 12. 1902 in Colorado Springs, Colorado, USA geboren. Er ging auf das angesehene Amherst College in Massachusetts und absolvierte nach seinem Studium 1924 ein Auslandsstudium an der London School of Economics. 1927 promovierte er mit einer Arbeit über MAX WEBER (1864-1920) und WERNER SOMBART (1863-1941) in Heidelberg. Aus Europa zurückkehrend lehrte er anfänglich als Instructor Soziologie in Harvard bis er dort 1939 eine Professorenstelle auf Lebenszeit erhielt und 1944 zum Vorsitzenden der Fakultät für Soziologie gewählt wurde.

Hauptwerke

1949 übernimmt PARSONS die Präsidentschaft der Amerikanischen Gesellschaft für Soziologie. Sie bringt zum Ausdruck, dass PARSONS zu diesem Zeitpunkt einer der einflussreichsten Soziologen geworden war. Dies liegt vor allem an seiner bahnbrechenden Studie von 1937 *THE STRUCTURE OF SOCIAL ACTION*. Sie trug nicht nur zu einer Vermittlung zwischen europäischer und amerikanischer Soziologie bei, sondern sie leitete zudem eine Kanonisierung der Klassiker des soziologischen Denkens ein, die zu einer Stabilisierung des Selbstverständnisses der Soziologie beitrug. Über diese Studie hinaus hat er in vielen weiteren Büchern Beiträge zur Entwicklung der soziologischen Theorie, darunter sind *THE SOCIAL SYSTEM* von 1951 und *DAS SYSTEM MODERNER GESELLSCHAFTEN* von 1971 hervorzuheben, geleistet. Daneben hat er auch zu speziellen Soziologien wie etwa der Medizinsoziologie, der Bildungssoziologie oder der Wirtschaftssoziologie, hier ist vor allem das gemeinsam mit NEIL SMELSER (*1930) verfasste *ECONOMY AND SOCIETY* von 1956 zu erwähnen, wegweisende Arbeiten beigesteuert. PARSONS verstarb am 8. Mai 1979 nur wenige Tage nach einer Festveranstaltung zum 50. Jahrestage seiner Heidelberger Promotion in München.

Vertiefende Literatur: Parsons 1975, S. 1-68.

1.2 Parsons' Denkweise

Parsons' Denkweise

Die Entwicklung wissenschaftlicher Standards und Methoden soziologischer Theoriebildung waren zur Zeit PARSONS' so weit fortgeschritten, dass im strengen Sinne die Entwicklung einer eigenen Denkweise durch die korrekte Anwendung vorhandener Methoden soziologischer Forschung verdrängt worden war. Trotzdem muss ein Merkmal seiner Methodologie, d. h. von Annahmen über den Prozess der Erkenntnisgewinnung, im Zusammenhang mit der Darstellung der Denkweise erfolgen, weil dieses Merkmal die Theorie insgesamt prägt.

Kants Erkenntnistheorie

PARSONS geht von einer erkenntnistheoretischen und einer gegenstandsbezogenen Einsicht aus: Der Gegenstand der Soziologie wird erst durch die

Methode: GI

Parsons' Denkweise

Kant:
101f.

Analyseperspektive der Soziologie konstituiert. Diese Überlegung ist durch die erkenntnistheoretischen Schriften von IMMANUEL KANT (1724-1804) geprägt. Er hatte darauf hingewiesen, dass Erfahrung und Begriffe wechselseitig aufeinander angewiesen sind, um Erkenntnis zu ermöglichen, denn „Gedanken ohne Inhalte sind leer, Anschauungen ohne Begriffe sind blind" (Kant 1781, B 76).

***Vertiefende Literatur:* Kant 1781, B 74-79.**

Die Wissenschaftstheorie PARSONS', die er als „analytischen Realismus" bezeichnete, geht davon aus, dass im Sinne KANTS Begriff und Anschauung untrennbar sind. Konkret heißt das, dass etwas dann und nur dann eine Gesellschaft ist, wenn wir für das „etwas" den Begriff der Gesellschaft verwenden. Dieses „etwas" könnte aber auch, im Rahmen einer anderen, zum Beispiel ökonomischen Analyseperspektive, als eine Aktienbörse aufgefasst werden. Oder, nochmals eine andere Analyseperspektive verwendend, eine sozialpsychologische, das „etwas" könnte als eine durch Angst vor weiteren Kursverlusten erzeugte Massenpanik in einer Kurskrise an der Aktienbörse gesehen werden.

Analytischer Realismus

Die Realität, die wir untersuchen, erzeugen wir durch unsere Art und Weise, sie zu definieren.

Handlungstheorie:
195, 200

Vor diesem Hintergrund wird auch die Bemühung um eine allgemeine Handlungstheorie verständlich. Denn PARSONS folgt einer Theorieintention, die er vor allem in der Auseinandersetzung mit KANTS erkenntnistheoretischen Schriften gewonnen hatte. Dort versuchte er allgemeine, d. h. für alle Bereiche der Erkenntnis gültige Bedingungen der Möglichkeit von Erkenntnis herauszuarbeiten. In dieser Fragestellung folgt ihm PARSONS und fragt hierzu analog nach den Bedingungen der Möglichkeit des Handelns. In der Antwort auf diese Frage liegt die Chance, um zu einer umfassenden Beschreibung der Elemente jeder Handlung zu gelangen, wie sie im einleitenden Zitat festgehalten ist.

Bedingungen und Möglichkeiten des Handelns

Handeln:
165f.

PARSONS zielt auf die Entwicklung einer allgemeinen Handlungstheorie, d. h. einer auf der generellen Bedeutung des Handelns aufbauenden Theorie. Das Ziel einer solchen Theorieentwicklung besteht darin, dass alle handlungstheoretischen Wissenschaften zu Spezialfällen dieser allgemeinen Handlungstheorie werden. Der Vorteil einer solchen Konzeption ist, dass alle speziellen Handlungswissenschaften wie Ökonomie und Soziologie Bestandteile eines einheitswissenschaftlichen Paradigmas werden und dieses die Wissenschaft durchgängig anleitet. Dadurch würden etwa interdisziplinäre Forschungen leichter, weil alle im Grunde eine gemeinsame, eben handlungstheoretische Perspektive verwenden würden und dadurch die Kommunikation erleichtert wäre.

Allgemeine Handlungstheorie

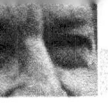

Talcott Parsons

> PARSONS wollte eine allgemeine Handlungstheorie entwickeln, die verschiedene Handlungswissenschaften auf eine einheitliche Grundlage stellt.

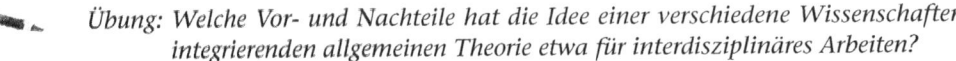

Übung: Welche Vor- und Nachteile hat die Idee einer verschiedene Wissenschaften integrierenden allgemeinen Theorie etwa für interdisziplinäres Arbeiten?

2. Parsons' Beitrag zur Soziologie

Handlungstheorie und Einheitswissenschaft

Das Ziel von PARSONS' grundlagentheoretischen Überlegungen zu einer handlungstheoretisch fundierten Soziologie besteht im Versuch, die Soziologie im Rückgriff auf die Gründungsväter, vor allem EMILE DURKHEIM (1858-1917) und WEBER (1864–1920), auf ein einheitliches handlungstheoretisches Fundament zu stellen. Mit diesem Versuch hat er einen entscheidenden Anstoß zur weiteren Entwicklung eines einheitswissenschaftlichen Paradigmas gegeben. Neben dieser Leistung hat er mit der Weiterentwicklung der funktionalistischen Theorie und ihrer Anwendung auf die Modernisierungs- und Differenzierungstheorie weitreichend und auch heute noch fruchtbar diskutierte Modelle entwickelt. Diese zeichnen sich alle durch einen hohen Grad an analytischer Abstraktion aus, welcher ebenfalls als ein entscheidender Beitrag zur Entwicklung der Soziologie angesehen werden muss. Das ist für die vorliegende Darstellung nicht folgenlos, weil eine Hinführung zur soziologischen Theorie von PARSONS nicht darum herumkommt, gelegentlich die oberen Ebenen der Abstraktionsfähigkeit in der Darstellung in Anspruch nehmen zu müssen.

Durkheim: 128
Weber: 181

2.1 Gesellschaft als Ordnung von Handlungssystemen

Frage nach Zusammenhalt sozialer Systeme

Was hält moderne soziale Systeme zusammen? So stellt PARSONS die Frage, die die Gründungsväter noch als Frage nach der Integration von Gesellschaften verstanden. Seine Antwort besteht in der Annahme, dass Gesellschaften durch das Bestehen einer kohärenten normativen Ordnung, d. h. durch Normen der Auswahl von Mitteln zur Erreichung von Zielen unter gegebenen situativen Bedingungen integriert werden. Gesellschaften werden durch normativen Konsens integriert, der letztlich im kulturellen System einer Gesellschaft verankert ist.

Handlungssystem: 195
Integration: 43, 114, 95, GI

Handlungszusammenhang durch die Verwirklichung der AGIL-Funktionen

PARSONS fragt nach den Bedingungen der Stabilität eines Handlungszusammenhangs. Dieser kann dabei sowohl eine konkrete einzelne Handlung als auch ein komplexes Handlungssystem wie die Ökonomie oder die Gesellschaft bezeichnen. Ein stabiler Handlungszusammenhang beruht darauf, dass verschiedene Funktionen, d. h. Aufgaben erfüllt werden. Die vier für das Bestehen eines Handlungssystems unverzichtbaren Funktionen werden im sogenannten AGIL-Schema zusammengefasst. Nach der Beschreibung dieses, auch Vierfel-

AGIL: 195ff.

Gesellschaft als Ordnung von Handlungssystemen

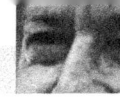

derschema genannten Modells werden in dieser einführenden Darstellung alle weiteren theoretischen Elemente von PARSONS' Soziologie unter Rückgriff auf dieses Schema eingeführt und gedeutet. Denn das Schema erlaubt eine umfassende Darstellung wesentlicher Elemente seines soziologischen Denkens.

Die Vorarbeiten zur Gewinnung des späteren AGIL-Schemas entstammen den Arbeiten von ROBERT F. BALES (*1916) zur Kleingruppenforschung (vgl. Parsons/Bales/Shils 1953). Diese Arbeiten waren der Frage gewidmet, welche Aufgaben müssen in einer Gruppe gelöst werden, damit sie als Gruppe bestehen bleibt und beispielsweise Gruppenaufträge erfolgreich erfüllen kann. In diesen Untersuchungen wurden Ergebnisse herausgearbeitet, die sich soweit verallgemeinern ließen, dass sie für die Entwicklung seiner allgemeinen Handlungstheorie fruchtbar gemacht werden konnten.

Vorarbeiten von Bales

Die Leistung von PARSONS besteht darin, diese Vorarbeiten soweit zu verallgemeinern, dass sie als allgemeiner Bezugspunkt der Analyse beliebiger Handlungseinheiten, sei es einer kleinen Gruppe wie einer Familie oder aber großer gesellschaftlicher Systeme wie Politik oder Ökonomie dienen können. Ein beliebiger Handlungszusammenhang, d. h. ein beliebiges Handlungssystem oder System, konkret hier eine Gruppe, muss zumindest die nachfolgenden vier Aufgaben erfüllen, wenn sie bestehen bleiben und ihre Aufgabe erfüllen will:

Vier Grundfunktionen des AGIL-Schemas

Handlungstheorie: 193ff., 200

System: 86, 92, 196f., 214, Gl

A Adaption: Die Anpassung des Systems an seine Umwelt muss hergestellt werden.
Konkret: Keine Gruppe besteht alleine, vielmehr gibt es daneben eine Vielzahl anderer Gruppen und eine begrenzte Menge Ressourcen für die Realisierung der Handlungsziele der Gruppen. Die anderen Gruppen und die Ressourcen sind Umwelten der eigenen Gruppe und sind für das Handeln und die Ziele der eigenen Gruppe zu berücksichtigen.

Anpassung

G Goalattainment: Ziele müssen gesetzt und die Bedingungen zu ihrer Realisierung bereitgestellt werden.
Konkret: In den meisten Gruppen gibt es oftmals lange Diskussionen darüber, was die Gruppe „eigentlich" will. So lästig solche Diskussionen einzelnen Mitgliedern gelegentlich auch erscheinen mögen, sie sind unverzichtbar, um festzulegen, was die Ziele einer Gruppe sind und wie die Zielerreichung angestrebt werden soll.

Zielerreichung

I Integration: Die verschiedenen Aufgaben und die zu ihrer Realisierung notwendigen Ressourcen müssen so verteilt werden, dass keine Aufgabe „unerledigt" bleibt.
Konkret: Jede Gruppe weist eine bestimmte Arbeitsteilung auf, manche haben oft gute Ideen, andere können gut organisieren oder etwas beschaffen und bearbeiten. Wie dies im Einzelfall auch sein mag, alle diese Tätigkeiten und Fähigkeiten müssen so miteinander abgestimmt werden, dass sie am Ende zusammenpassen und eine erkennbare Einheit, die Gruppe, ergeben.

Integration

L Latent pattern maintenance: Normerhaltung, die für die unterschiedlichen Aufgaben vorausgesetzten Strukturen müssen aufrechterhalten werden.

Normerhaltung

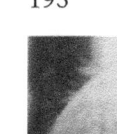

Konkret: Vereinsförmig organisierte Gruppen haben eine Satzung als ihre innere „Verfassung". Ohne Satzung und ihre Einhaltung löst sich ein Verein zumeist schnell auf und das Vereinsziel kann nicht mehr erreicht werden.

A: Anpassung	G: Zielerreichung
L: Normerhaltung	I: Integration

Ordnung der Theorie und Ordnung des Sozialen

Dieses Schema lässt sich auf die verschiedensten Handlungseinheiten anwenden. So besteht ein Teil der weiteren theoretischen Arbeit von PARSONS vor allem darin, dieses Schema auf die Handlungseinheit des sozialen Systems und des Gesellschaftssystems anzuwenden. Das AGIL-Schema kann deshalb als ein Generalschlüssel zum Verständnis der Theorie herangezogen werden. Im AGIL-Schema haben wir, gemäß der wissenschaftstheoretischen Annahmen des analytischen Realismus, eine die Ordnung der Theorie und die Ordnung des Sozialen zum Ausdruck bringende Formulierung. Denn das Schema gibt einerseits die innere Ordnung wichtiger konzeptioneller Bestandteile der Theorie wieder. Das AGIL-Schema zeigt andererseits, welche Funktionen in einem sozialen Zusammenhang erfüllt werden müssen, damit dieser tatsächlich eine soziale Ordnung darstellt.

Funktion: 86
Soz. Ordnung: 39, 93, 146, 200f., GI

> Die vier Funktionen des AGIL-Schemas – Anpassung, Zielerreichung, Integration und Normerhaltung – beschreiben Bedingungen, die in jedem beliebigen Handlungszusammenhang erfüllt werden müssen, damit dieser als Zusammenhang stabil bleiben kann.

Vertiefende Literatur: Wenzel 1991, S. 422-437.

Übung: Wenden Sie das AGIL-Schema auf das Beispiel einer Universität und einer Gruppe an und identifizieren Sie jeweils, wer (im Falle der Gruppe) oder welche Abteilung (im Falle der Universität) für welche Funktion vorgesehen ist.

Vier Teilsysteme des Sozialsystems

Die weitere Theoriekonstruktion folgt der mit dem AGIL-Schema gewonnenen Systematisierungsmöglichkeit. PARSONS unterschied anfänglich nur drei Handlungszusammenhänge, d. h. drei Teilsysteme des Sozialsystems – das gesellschaftliche System, das kulturelle System und das Persönlichkeitssystem (vgl. Parsons/Shils 1951, S. 45-275) – er fügte jedoch später in einem vierten, die Systematisierung vollendenden und dem AGIL-Schema folgenden Schritt noch das sogenannte Verhaltenssystem – die biologischen Grundlagen des Menschseins – hinzu.

System: 92, 195, GI

Gesellschaft als Ordnung von Handlungssystemen

„In Übereinstimmung mit unserem Vier-Funktionen-Schema zur Analyse von Handlungssystemen behandeln wir eine Gesellschaft als analytisch in vier primäre Subsysteme teilbar ... . Demnach ist das Normerhaltungs-Subsystem besonders für die Beziehung der Gesellschaft zum kulturellen System und, durch diese, für die letzte Realität zuständig, das Zielverwirklichungs-Subsystem oder das politische Gemeinwesen für die Persönlichkeit der Mitgliedsindividuen, das Anpassungs-Subsystem oder die Wirtschaft für den Verhaltensorganismus und, durch diesen, für die physische Welt. Diese Einteilungen sind am klarsten und wichtigsten für Gesellschaften, die auf der „Modernitätsskala" fortgeschritten sind" (Parsons 1971a, S. 20).

Vertiefende Literatur: Münch 1982, S. 81-86.

Anpassung (A): System des wirtschaftlichen Handelns	Zielerreichung (G): System des politischen Handelns
Normerhaltung (L): Kulturelles System	Integration (I): System der gesellschaftlichen Gemeinschaft

Soziales System: 195f., 198, GI

Unter einem sozialen System, beispielsweise einer Gesellschaft, kann man sich den Gesamtzusammenhang von verschiedenen sozialen Handlungsformen vorstellen. Ein Gesellschaftssystem benötigt ein System ökonomischen Handelns, um Güter und Ressourcen für die Gesellschaft zur Verfügung zu stellen und folglich Anpassung (A) an die Umwelt zu leisten. Das System politischen Handelns innerhalb einer Gesellschaft legt fest, welche Ziele eine Gesellschaft anstrebt, es erfüllt also die Funktion der Zielerreichung (G). Daneben sind sich die Bürger einer Gesellschaft einander nicht vollkommen gleichgültig, sondern sie verstehen sich als Bürger eines Staates oder als Angehörige einer bestimmten Religionsgemeinschaft und fühlen sich mit denen, die dasselbe Merkmal aufweisen, verbunden. Diese Verbundenheit integriert (I) die Bürger eines Staates und ist ein Beispiel einer gesellschaftlichen Gemeinschaft. Schließlich wird das soziale System noch einen Handlungsbereich aufweisen, der der Vermittlung von Werten und Normen innerhalb einer Gesellschaft gilt. Im Falle des Beispiels sind dies vor allem Familie und das Erziehungssystem, welches über Sozialisationsprozesse die besonderen Werte und Normen einer Gesellschaft an die nachwachsende Generation weitergeben und damit zur Normerhaltung (L) beitragen.

Vier Teilsysteme der Gesellschaft

Familie: 50, 147f.

Vertiefende Literatur: Parsons 1971a, S. 20-29.

Das AGIL-Schema ist prinzipiell geeignet, auf jeder Ebene der Analyse sozialer Ordnung zu einer Rekonstruktion und Erklärung funktionaler Tatbestände beizutragen. Also kann das Schema in sich selbst beliebig oft wieder angewandt

Verschachtelungstechnik

werden. Präziser: Das AGIL-Schema kann in sich selbst beliebig oft zur weitere Ebenen differenzierenden Anwendung kommen. Die Verschachtelungstechnik funktioniert wie die berühmte russische Steckpuppe Matrjoschka, die in sich selbst jeweils nochmals eine kleinere Ausgabe ihrer selbst enthält.

Mit Verschachtelungstechnik ist gemeint, dass die Ordnung des AGIL-Schemas innerhalb der einzelnen Felder des Schemas wiederholt werden kann. So kann in der obersten Ebene das System der Adaption (A) seinerseits nochmals in vier Subsysteme zerlegt werden und dessen Adaptionssystem (A) wiederum, so dass ein eine Ebene tiefer gelagertes System der Adaption (A) sichtbar wird.

A	G	G	
L	I		
L	I	G	
L		I	

Übung: Diskutieren Sie unter dem Gesichtspunkt der Zweckmäßigkeit für die Forschung, ob es sinnvoll ist, Grenzen für die Tiefe der Verschachtelung des AGIL-Schemas anzugeben.

Vier Teilsysteme eines Unternehmens im Teilsystem Ökonomie

Greift man nochmals auf das Beispiel der Darstellung der Teilsysteme eines Gesellschaftssystems zurück, so kann man dort beispielsweise innerhalb des ökonomischen Teilsystems fragen: Welche Funktionen müssen im System ökonomischen Handelns erfüllt werden, damit dieses wiederum seine Funktion innerhalb des sozialen Systems erfüllen kann? Und von hier kann man nochmals eine Stufe tiefer gehen und fragen: Welche Funktionen müssen in einem Unternehmen erfüllt werden, damit dieses seine Funktionen im ökonomischen Teilsystem erfüllen kann? So kann ein Unternehmen nur überleben, wenn es auf Veränderungen des Marktgeschehens, wie steigende oder sinkende Nachfrage, angemessen reagiert und die Mittel zur Erzeugung seiner Produkte bereitstellt (A) und die Unternehmensleitung die wirtschaftlichen Ziele des Unternehmens vorgibt (G). Weiterhin muss dafür Sorge getragen werden,

Gesellschaft als Ordnung von Handlungssystemen

dass eine Art „Unternehmenskultur" existiert, die die wesentlichen Grundsätze einer Unternehmung zum Ausdruck bringt (L). Schließlich müssen noch alle diese Aufgaben so aufeinander abgestimmt werden, dass sie nicht miteinander in Konflikt geraten (I).

Das AGIL-Schema besitzt noch eine weitere Eigenschaft. Es kann im Sinne einer Steuerungshierarchie und im Sinne einer Energiehierarchie interpretiert werden. Soziale Systeme benötigen zur Erfüllung ihrer Aufgaben Energie, um ihre Ziele realisieren zu können. Aber sie benötigen auch Intelligenz, d. h. die Fähigkeit, sich über ihre Ziele und ihre jeweilige Dringlichkeit klar zu werden, um die Verwendung der Energie zu steuern. Diese beiden Eigenschaften können durch unterschiedliche Lesarten des AGIL-Schemas ausgedrückt werden: Liest man das AGIL-Schema in der Buchstabenfolge AGIL, so gibt dies die Energiehierarchie wieder. Das erste System mit der Aufgabe der Umweltanpassung (A) hat die höchste Energiemenge, während das System der Strukturerhaltung (L) die geringste Energie aufweist. Liest man hingegen das Schema rückwärts, also in der Buchstabenreihenfolge LIGA, dann beschreibt es die Steuerungshierarchie in einem System. Hier enthält dann die Ebene der Strukturerhaltung (L) die höchste Menge an Informationen für die Steuerung, während die Ebene der Umweltanpassung (A) kaum Informationen für die Steuerung aufweist.

Steuerungs- und Energiehierarchie

Funktionale Dimension	Subsystem	Kybernetische Regulierung
L (Normerhaltung)	Kulturelles System	hohes Informationsmaß und niedriges Energiemaß
I (Integration)	Soziales System	
G (Zielerreichung)	Persönlichkeitssystem	
A (Anpassung)	Verhaltenssystem	niedriges Informationsmaß und hohes Energiemaß

Vertiefende Literatur: Wenzel 1991, S. 450-457.

Das AGIL-Schema integriert zwei Perspektiven auf Handlungen und Systeme von Handlungen. Einerseits führt es die vier Funktionen einer Handlungseinheit zusammen, die diese Handlungseinheit zugleich konstituieren. Andererseits kann damit der Energie- oder der Informationsreichtum jedes Subsystems angegeben werden. Das AGIL-Schema, gelesen als Darstellung von vier Elementen einer Handlungseinheit, stellt die Einheit der funktionalen Dimensionen, ihre Zusammengehörigkeit und Aufeinanderverwiesenheit in den Mittelpunkt. Die hierarchieorientierte Lesart hingegen betont die innere Rangordnung der Funktionen im Hinblick auf die Steuerungs- und Energiehierarchie der Funktionen.

Zwei Perspektiven des AGIL-Schemas

2.2 Die analytisch-klassifikatorische Methode

Parsons' soziologisches Denken

Die Arbeitsweise von PARSONS in der Ausarbeitung seiner soziologischen Theorie weist zwei wichtige Eigenschaften auf: eine einheitswissenschaftliche Intention und ein sehr ausgeprägtes analytisch-klassifikatorisches Denken. Die einheitswissenschaftliche Intention folgt der Idee, dass alle Sozialwissenschaften, wie etwa Ökonomie und Soziologie, auf derselben Grundlage aufgebaut sind. Das analytisch-klassifikatorische Denken sieht die Aufgabe der Wissenschaft vor allem darin, durch die Bereitstellung möglichst differenzierter Begriffssysteme zum besseren Verständnis der Gesellschaft beizutragen.

Streben nach einer Einheitswissenschaft

PARSONS sucht eine einheitswissenschaftliche Grundlegung der Soziologie herzustellen. Deshalb spricht er nicht von soziologischen Theorien im Plural, sondern von einer einzigen entstehenden einheitlichen soziologischen Theorie im Singular. D. h., dass die Idee einer multiparadigmatischen Soziologie, d. h. einer viele verschiedene Ansätze umfassenden Soziologie, im Prinzip abgelehnt wird. Vielmehr wird davon ausgegangen, dass alle Handlungswissenschaften einem abstrakten, allgemeinen, handlungstheoretischem Modell folgen, welches nur für die je besondere Perspektive auf Forschungsgegenstände zu spezifizieren ist.

Analytisch-klassifikatorisches Denken

Zum Zweiten soll Soziologie eine analytisch-klassifikatorische Wissenschaft sein. Dies bedeutet, dass Orientierung ermöglichende Kategorien, sogenannte konzeptionelle Schemata, entwickelt werden müssen, mit denen soziale Phänomene durch die Verwendung einer interpretatorischen Perspektive rekonstruiert werden können. Konzeptionelle Schemata können in Analogie zur Funktionsweise eines Fernglases verstanden werden. Je nachdem wie das Okular eingestellt wird, können wir entweder nahe oder ferne Gegenstände klar erkennen. Konzeptionelle Schemata erlauben das „Sehen", das Erkennen bestimmter Sachverhalte, je nachdem wie sie konzipiert sind.

> PARSONS folgt einer einheitswissenschaftlichen Intention und geht deshalb davon aus, dass es nur eine einzige soziologische Theorie geben kann, deren Aufgabe die Entwicklung analytisch-klassifikatorischer Begriffssysteme zur Beschreibung von beliebigen Handlungszusammenhängen ist.

2.3 Parsons' Formulierung und Lösung des Ordnungsproblems

Das Ordnungsproblem

Neben dem AGIL-Schema ist der Ordnungsbegriff ein zweiter Schlüssel für das Verständnis von PARSONS' Theorieentwicklung. Er entwickelte seine soziologische Handlungstheorie, indem er eine Antwort auf das Ordnungsproblem der Soziologie – die Frage: Wie ist soziale Ordnung möglich? – suchte. Er ging dabei davon aus, dass es soziale Ordnung faktisch gibt und deshalb die eigentliche

Soz. Ordnung: 39, 93, 146, 201ff., GI

Handl.-theorie: 193ff., 202

Formulierung und Lösung des Ordnungsproblems

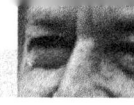

Frage der Soziologie so zu stellen ist: Wie ist es möglich, dass eine soziale Ordnung besteht? Gefragt wird also nach den Voraussetzungen des dauerhaften Bestehens einer sozialen Ordnung. Die Problemstellung ist also, analog der erkenntnistheoretischen Frage KANTS, die Frage nach den Bedingungen der Möglichkeit sozialer Ordnung.

Hobbes' Lösung

Hobbes: 15f.

Als Anknüpfungspunkt zur Entwicklung einer Lösung verwendet PARSONS die in seinen Augen klarste Formulierung des Ordnungsproblems: die, die THOMAS HOBBES (1588-1679) 1651 im *LEVIATHAN* vorgelegt hat. Dieser ging in seinem Verständnis des Ordnungsproblems davon aus, dass in einem fiktiven gesellschaftlichen Naturzustand ein „Krieg aller gegen alle" herrschen müsste. Denn kein Individuum würde im Rahmen seines individuellen Nutzenkalküls zur Einhaltung von Vereinbarungen oder Verträgen bereit sein: Die Gefahr, aufgrund eigener „Friedlichkeit" ein Opfer von Gewalt, Raub oder Betrug zu werden, ist für den Einzelnen so hoch, dass er sich ebenfalls zu Gewalt, Raub oder Betrug entschließen würde. Auf dieser Basis kann kein dauerhaft geordneter gesellschaftlicher Zustand, sondern nur der „Krieg aller gegen alle" entstehen. Deshalb geht die modellhafte Lösung des Ordnungsproblems von HOBBES davon aus, dass alle Individuen ihre Selbsterhaltungsinteressen – also ihren Wunsch, nicht das Opfer von Gewalt, Raub oder Betrug zu werden – erkennen und deshalb alle ihre Gewaltmöglichkeiten an einen übermächtigen Leviathan abgeben. Nur so scheint ein dauerhafter Zustand gesellschaftlicher Ordnung vorstellbar.

Vertiefende Literatur: Hobbes 1651, S. 151-156.

Utilitarismus: 117, 202, GI

Diese utilitaristische, auch vertragstheoretisch genannte Lösung des Ordnungsproblems ist in den Augen von PARSONS jedoch keine wirkliche Erklärung. Denn die utilitaristische Sozialtheorie erklärt nicht, warum alle Individuen nach derselben Einsicht handeln und auch nicht, warum sie alle zu derselben Einsicht gelangen. So kann diese modellhafte Überlegung nicht angeben, warum die besonders starken Individuen ihre Macht an einen Leviathan übertragen sollten, denn wenn niemand stark genug ist, um sie zu bedrohen, warum dann die eigene Macht abgeben? Mit diesem und verwandten Einwänden versucht PARSONS zu zeigen, dass die utilitaristische Lösung des Ordnungsproblems nur in einer begrenzten Anzahl von Fällen eine dauerhaft stabile Lösung ist.

Probleme der Hobbesschen Lösung

Idealismus: 59, GI

Nun könnte man versucht sein, einfach die theoretische Tradition zu wechseln und in einer anderen Theorie nach einer besseren Lösung des Ordnungsproblems zu suchen. Eine solche Alternative stellt beispielsweise die Tradition des Idealismus dar. Sie geht davon aus, dass die soziale Ordnung aus schon immer existierenden kulturellen Ordnungsvorstellungen abgeleitet werden kann. Allerdings ist auch diese Alternative für das Ordnungsproblem nicht ohne Schwäche, denn der mögliche Rückgriff auf die Erklärungstradition des Idealismus macht eine zur utilitaristischen Schwäche analoge Problematik offensichtlich: Diese besteht darin, dass die idealistische Tradition von gemeinsam geteilten Normen und ihrer sozialen Verbindlichkeit ausgeht, ohne jedoch die Entstehung dieser geteilten Normen erklären zu können.

Problem der idealistischen Lösung

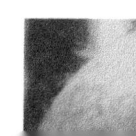

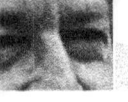

Talcott Parsons

Balance von Ordnung und Freiheit

Es sticht ins Auge, dass beide Theorietraditionen zueinander komplementäre Einseitigkeiten aufweisen: Die idealistische Tradition neigt in der Lösung des Ordnungsproblems dem Pol der sozialen Ordnung zu, während die utilitaristische Tradition dem Pol der Freiheit zuneigt. Aus diesem Grund strebt PARSONS eine Lösung an, die von einem ausbalancierten Verhältnis von individueller Freiheit und sozialer Ordnung ausgeht. Eine wirkliche Lösung des Ordnungsproblems muss es deshalb vermeiden, sich entweder zu sehr mit dem Pol individueller Freiheit – der Beliebigkeit von Zielen in der utilitaristischen Tradition – oder zu sehr mit dem Pol der sozialen Ordnung – der Dominanz kultureller Faktoren für die Bestimmung des Handelns in der idealistischen Tradition – zu identifizieren.

Soz. Ordnung: 200f., Gl Freiheit: 94, 152, 181

Voluntarismus

Die Lösung, die die voluntaristische Handlungstheorie von PARSONS für das Ordnungsproblem anbietet, besteht darin, dass sowohl individuelle Freiheit wie soziale Ordnung miteinander verbunden werden können, weil normative Orientierungen des Handelns eine Brücke zwischen den beiden Polen von individueller Freiheit und sozialer Ordnung darstellen. Oder anders: Eine stabile soziale Ordnung ist möglich, weil die Individuen freiwillig bestehende normative Ordnungen als Grundlage ihrer Handlungsorientierungen verwenden.

Utilitaristischer und voluntaristischer Handlungsbegriff

Dieser Lösungsvorschlag lässt sich am besten durch eine Kontrastierung der Handlungsbegriffe in der utilitaristischen Handlungstheorie und der durch PARSONS entwickelten voluntaristischen Handlungstheorie verdeutlichen. Im Utilitarismus wird eine Handlung rekonstruiert als die Verwendung von Mitteln (1) zur Erreichung beliebiger Ziele (2) unter Berücksichtigung situativer Gegebenheiten (3). Die voluntaristische Handlungstheorie geht hingegen davon aus, dass eine Handlung unter Verwendung von Mitteln (1) zur Erreichung von Zielen (2) unter Berücksichtigung situativer Gegebenheiten (3) und der Anwendung normativer Regeln (4) der Verbindung von Mitteln und Zielen kalkuliert wird. Durch die in der voluntaristischen Handlungstheorie eingeführte vierte Bedingung, die geteilten normativen Orientierungen, wird gesichert, dass alle Individuen denselben Einsichten folgen und somit das Ordnungsproblem lösbar wird, weil die Beliebigkeit und Zufälligkeit aus dem utilitaristischen Handlungsbegriff durch die normative Orientierung begrenzt wird. In diesem Schritt der Einführung von Normen und normativen Orientierungen in das ursprünglich dem Utilitarismus entstammende handlungstheoretische Nutzenkalkül, der Zweck-Mittel-Rationalität, besteht der große theorieprägende Fortschritt dieses Vorschlages von PARSONS.

Handlungstheorie: 193f., 200

	Ziele	Mittel	Randbedingungen	Normen/Werte (Auswahlstandards)
Voluntarismus	X	X	X	X
Utilitarismus	X	X	X	
Idealismus	X	X		X

> Während das AGIL-Schema die vier Funktionen für die Bestandserhaltung von Handlungssystemen – Anpassung (A), Zielerreichung (G), Integration (I) und Normerhaltung (L) – beschreibt, nennt der Handlungsbegriff hierzu analog die vier Elemente einer vollständigen Handlungsbeschreibung – Mittel, Ziele, Normen und Randbedingungen der Handlung.

Vertiefende Literatur: Münch 1982, S. 17-59.

Übung: Diskutieren Sie vergleichend an verschiedenen Beispielen Vor- und Nachteile des utilitaristischen, des idealistischen und des voluntaristischen Handlungsbegriffs!

2.4 Die pattern variables

Ein weiterer Schritt der Theorieentwicklung bestand nun darin, die seit FERDINAND TÖNNIES (1855-1936) geläufige Unterscheidung zwischen Gesellschaft und Gemeinschaft in einer komplexeren Theoriesprache zu entwickeln. Dieser hatte 1887 in seinem Buch *GEMEINSCHAFT UND GESELLSCHAFT* diese beiden Begriffe benutzt, um unterschiedliche soziale Beziehungsmuster voneinander zu unterscheiden. Auf der einen Seite steht Gemeinschaft für gefühlsbetonte, innige Beziehungen zwischen Menschen wie etwa in der Familie oder unter Freunden. Andererseits steht Gesellschaft für eher lockere Sozialbeziehungen, die sich aus der hauptsächlichen Orientierung der Menschen am Zweck-Mittel-Schema ergeben.

Gemeinschaft und Gesellschaft bei Tönnies

Vertiefende Literatur: Tönnies 1887, S. 106-123.

Diese Gegenüberstellung von Gemeinschaft und Gesellschaft kann auch genutzt werden, um grundlegende Orientierungsmöglichkeiten der Menschen kontrastierend gegenüberzustellen. Zu diesem Zweck entwickelte PARSONS die sogenannten Orientierungsalternativen, die „pattern variables" oder auch Mustervariablen. Die Variablenpaare erlauben die Beschreibung konkreten Handelns einer Person, da sie streng dichotomisch verstanden werden. D. h., eine Person muss sich innerhalb der vier Dichotomien jeweils einem der beiden Pole in der Orientierung seines Handelns zuordnen, sonst ist die Handlungssituation unzureichend definiert. Ein „Aktor in einer Situation ist mit einer Reihe wichtiger Orientierungsdilemmata konfrontiert, (das impliziert) eine Reihe von Selektionen, die der Aktor vollziehen muß, bevor die Situation in ihrem Sinn für ihn bestimmt ist" (Parsons 1951, S. 76. Zitiert nach: Wenzel 1994, S. 53).

Parsons' pattern variables

▶ Die pattern variables von PARSONS rekonstruieren in Form von vier Paaren dichotomer Orientierungen die von TÖNNIES entwickelte Unterscheidung von Gemeinschaft und Gesellschaft im Begriffsrahmen der Handlungstheorie.

Orientierungsalternativen

Gesellschaft	Gemeinschaft
Universalismus	Partikularismus
Leistungsorientierung	Zuschreibung
Spezifizität	Diffusität
affektive Neutralität	Affektivität

Die Paare der Orientierungsalternativen sind: Universalismus versus Partikularismus, Leistungsorientierung versus Zuschreibung, Spezifizität versus Diffusität und affektive Neutralität versus Affektivität (vgl. Parsons 1967, S. 192-219). Diese Paare können durch konkrete Orientierungsweisen in einer Situation beschrieben werden:

Universalismus versus Partikularismus

▶ Universalismus versus Partikularismus: Erfolgt die Beurteilung von Personen oder Situationen nach einem allgemeingültigen Standard oder werden Beurteilungen nach besonderen Kriterien, beispielsweise Freundschaft oder Verwandtschaft, gefällt.

Leistungsorientierung versus Zuschreibung

▶ Leistungsorientierung versus Zuschreibung: Erfolgt die Bewertung eines Produktes, beispielsweise eines Referates, nach der erbrachten Leistung oder weil der Referent aus einer bestimmten Familie oder, so noch im Mittelalter, einem bestimmten Stand kommt.

Spezifizität versus Diffusität

▶ Spezifizität versus Diffusität: Werden Erwartungen situationsspezifisch oder unter Verwendung eines unscharfen allgemeinen Kriteriums ohne Situationsbezug entwickelt.

Affektivität versus Neutralität

▶ Affektive Neutralität versus Affektivität: Schließt die Handlungsorientierung die Möglichkeit zur Äußerung von Emotionen aus oder werden diese in der Handlungsorientierung zugelassen. Beispielsweise ist bürokratisches Handeln auf affektiver Neutralität aufgebaut, während eine Mutter gegenüber ihren Kindern sicherlich nicht mit affektiver Neutralität, sondern emotional reagiert.

Beispiel für pattern variables

Wendet man diese allgemeine Beschreibung auf ein konkretes Beispiel an, so bietet sich im vorliegenden Kontext die Rekonstruktion der Orientierungen eines idealtypischen Studenten und einer idealtypischen Mutter an. So wird sich etwa das Handeln eines „typischen" Studenten im Handlungsbereich der Universität mit hoher Wahrscheinlichkeit an den Polen von Universalität, Leistungsorientierung, Spezifizität und affektiver Neutralität entlang orientieren, während beispielsweise das „typische" Handeln einer Mutter gegenüber ihren Kindern sich an Partikularismus, Zuschreibung, Diffusität und Affektivität orientiert. Beliebige gesellschaftliche Handlungsbereiche lassen sich demnach durch die Angabe der jeweiligen Kombination der Ausprägungen der Orientierungsalternativen innerhalb dieser vier dichotomen Variablenpaare rekonstruieren.

Übung: Stellen Sie vergleichend die pattern variables und Durkheims Unterscheidung zwischen organischer und mechanischer Solidarität gegenüber. Rekonstruieren Sie Durkheims Unterscheidung mit Hilfe der pattern variables.

2.5 Parsons' Zeitdiagnose

Die Arbeiten von PARSONS entwickeln seine Zeitdiagnose im Zusammenhang zweier Diskussionen. Einerseits gibt es ein in der Medientheorie ausgeführtes Problem moderner Gesellschaften – Wie kann die Verständigung zwischen ausdifferenzierten Handlungssystemen gesichert werden? Sodann gibt es andererseits eine Diskussion um Tempo und Richtung des Wandels. In ihr wird vor allem gefragt: Wohin führt die gesellschaftliche Entwicklung, entlang welcher Entwicklungspfade verläuft sie?

Zwei Ebenen der Zeitdiagnose

Die in der Medientheorie geführte Diskussion bezieht sich auf ein Grundproblem moderner Gesellschaften. Lange Zeit, so etwa noch im Denken von HERBERT SPENCER (1820-1903), galt voranschreitende Differenzierung als die Lösung für gesellschaftliche Entwicklungsprobleme. Wenig beachtet wurde dabei allerdings, dass die Ausdifferenzierung von Handlungssystemen auch den Verständigungs- und Koordinationsbedarf zwischen den Handlungssystemen erhöht. Wenn die Koordination misslingt, dann besteht für ein System das Risiko, den eigenen Bestand nicht mehr dauerhaft sichern zu können. Das wirft die Frage auf: Wie verständigen sich Systeme? Die Frage entsteht, wenn man nach dem inneren Zusammenhang der im AGIL-Schema zum Ausdruck kommenden Funktionserfordernisse von Handlungssystemen fragt. D. h., wenn man wissen will, wie die vier Funktionen untereinander abgestimmt und koordiniert werden.

Verständigung von Systemen

Differenzierung: 88, 114f., 208, Gl

AGIL: 194ff., 208

Um eine Antwort auf diese Frage zu finden, muss man nur die Annahme aufgeben, dass sich die vier Funktionen des AGIL-Schemas ergänzen und zueinander passen. Lässt man diese Annahme weg, dann werden vor allem in der Analyse von Handlungssystemen, d. h. zu komplexen Zusammenhängen verbundene Handlungen, zwei Fragen aufgeworfen: (a) Mit welchen Mitteln verständigen sich die Elemente eines bestimmten komplexen Handlungssystems, beispielsweise die Wirtschaftsunternehmen des ökonomischen Systems, unter-

Kommunikationsproblem in und zwischen Systemen

Medien als Sprache

einander? (b) Wie funktioniert diese Verständigung im Rahmen eines modernen sozialen Systems zwischen den vier Funktionssystemen von Ökonomie, Politik, gesellschaftlicher Gemeinschaft und dem Treuhandsystem?

Um hierauf eine Antwort zu geben, entwickelt PARSONS eine Medientheorie. Sie ist eine Theorie darüber, wie innerhalb und zwischen ausdifferenzierten gesellschaftlichen Systemen kommuniziert und Leistungen untereinander zugänglich gemacht werden. Beispielsweise sind in modernen Gesellschaften Politik und Wirtschaft zwei ausdifferenzierte Systeme. In der Politik dreht sich (fast) alles um den Erwerb von Macht, in der Wirtschaft hingegen (fast) alles um Geld. Politiker untereinander verstehen sich, weil sie die „Sprache" der Macht sprechen, Unternehmer untereinander verstehen sich ebenfalls, weil sie die „Sprache" des Geldes verstehen.

Eigenschaften von Medien

Diese „Sprachen" werden als Medien bezeichnet. Das Konzept der Medien wird in Anlehnung an das Beispiel des Geldes entwickelt. Geld, aber auch andere Medien, müssen nach PARSONS vier Merkmale aufweisen: (1) Es muss institutionalisiert, d. h. gesellschaftlich anerkannt und damit auch stabilisiert sein, (2) das Medium muss mit einer gemeinsam geteilten Bedeutung versehen sein, sonst wird es möglicherweise nicht von allen Systemen als Medium erkannt. (3) Das Medium muss zirkulieren können, sonst könnte es nicht getauscht und zur Übermittlung von Informationen benutzt werden und schließlich muss (4) die verfügbare Gesamtmenge des Mediums wachsen oder schrumpfen können.

Beispiele für gestörte Medienkommunikation

Aus den vier Eigenschaften aller Medien kann man ableiten, wann die Kommunikation in Systemen gefährdet und die Bestandserhaltung des Systems bedroht ist. (1) Wenn die gesellschaftliche Anerkennung des Mediums sinkt; beispielsweise ersetzte nach dem zweiten Weltkrieg die sogenannte „Zigarettenwährung" anfänglich die nur langsam Anerkennung findende neue DM. (2) Wenn ein Medium nicht von allen Systemen als Medium anerkannt wird, dann sinkt die Brauchbarkeit des Mediums für Tauschprozesse zwischen Systemen. So kann es etwa in Ländern mit sehr stark ausgeprägter Inflation passieren, dass das landeseigene Geld nicht mehr überall zum Bezahlen eingesetzt werden kann, sondern auf inflationssichere Fremdwährungen zurückgegriffen wird. (3) Wenn ein Medium nicht mehr zirkuliert, dann kann es seine Aufgabe nicht mehr erfüllen. Beispielsweise kann eine Vertrauenskrise gegenüber der Zahlungsfähigkeit einer Bank dazu führen, dass alle ihre Kunden versuchen, ihr Geld noch zu retten, indem sie es abzuheben versuchen. Durch die massenhaften Geldabhebungen wird der Zirkulationskreislauf des Geldes unterbrochen und die Funktionsfähigkeit der Bank ist gefährdet. (4) Wie am Medium Geld besonders gut ersichtlich kann das Medium inflationären und deflationären Tendenzen und damit schwankenden Wertschätzungen ausgesetzt sein.

Geld: 60, 66, 137

Medien: 147, 207f.

Vertiefende Literatur: **Parsons 1980, S. 229-232.**

Übung: Suchen Sie ein historisches Beispiel, an dem Sie die Folgen des Verfalls eines Mediums studieren können. Diskutieren Sie dann, ob Medien über die von Parsons genannten Eigenschaften hinaus auch noch „Vertrauen in das Medium" als Kriterium für die Anerkennung als Medium verlangt.

Parsons' Zeitdiagnose

Für jedes Teilsystem des sozialen Systems gibt es ein Medium. Geld für das Wirtschaftssystem (A), Macht für das politische System (G), Einfluss für das Gemeinschaftssystem (I) und schließlich Wertbindungen (engl.: Commitments) für das Treuhandsystem (L). PARSONS hat alle vier Medien des sozialen Systems in einzelnen Untersuchungen rekonstruiert und ihre Arbeitsweise aufgezeigt. Wichtig ist, dass die vier Medien zusammengehören, sie sind, bildlich ausgedrückt, Teil einer Familie von Medien.

Medien innerhalb des sozialen Systems

„In unseren Überlegungen zur Medientheorie greifen wir vor allem die früher vorfindliche Auffassung an, Phänomene wie Geld, Sprache usw. jeweils für sich zu betrachten ... Unser Ansatz zielt dahin, jedes derartige Phänomen als Mitglied einer umfassenden Familie von Medien zu behandeln. Intensiv erforscht wurde bisher nur die Gruppe, die im Sozialsystem verankert ist – Geld, politische Macht, Einfluß und Commitments" (Parsons 1980, S. 229).

A (Wirtschaft): Geld	G (Politik): Macht
L (Treuhandsystem): Wertbindung	I (Gemeinschaftssystem): Einfluss

> Die Medientheorie hat eine Antwort auf die erste Frage – die Koordination der Elemente von ausdifferenzierten gesellschaftlichen Teilsystemen – entwickelt, indem sie die systeminterne Kommunikation über systemeigene Medien verständlich macht.

Wie aber kann der Leistungsaustausch und die Koordination zwischen verschiedenen Teilsystemen des sozialen Systems mit Hilfe der Medientheorie verstanden werden? Zurückkommend auf das Beispiel der Medien Geld und Macht im ökonomischen und politischen System: Kann die Politik die Wirtschaft verstehen, kann die Wirtschaft die Politik verstehen, denn beide sprechen doch verschiedene „Sprachen"?

Kommunikation zwischen Handlungssystemen

Um eine Antwort auf diese zweite Frage zu finden, bedient sich PARSONS der Idee der horizontalen Differenzierung. Alle Teilsysteme einer Ebene müssen untereinander Leistungen austauschen können, dies geschieht in Form des sogenannten „double interchange". Die double interchanges sind für das Gesellschaftssystem Paare von Austauschbeziehungen zwischen vier Teilsystemen – Wirtschaftssystem, politisches System, gesellschaftlicher Gemeinschaft und dem Treuhandsystem. Jedes der vier Teilsysteme unterhält zu den drei anderen Austauschbeziehungen, so dass insgesamt 12 Austauschbeziehungen existieren. Dabei wird unterstellt, dass die jeweiligen Teilsysteme in sich wiederum in vier Teilsysteme unterteilt sind, damit die einzelnen Teilsysteme untereinander anhand desselben Mediums miteinander Leistungen austauschen können. In diese Austauschprozesse zwischen den untergeordneten Teil-

Double interchanges zwischen gesellschaftlichen Subsystemen

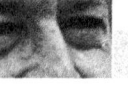

Kritik an der Idee der double interchanges

systemen im Teilsystem ist das Treuhandsystem nicht einbezogen, weil es die Aufgabe hat, die Austauschbeziehungen zu regulieren.

Allerdings ist darauf hinzuweisen, dass diese medientheoretische Lösung des Integrationsproblems ausdifferenzierter Gesellschaften nicht unproblematisch ist, denn die Medientheorie basiert auf der Annahme, dass alle Systeme in ihrer inneren Struktur identisch aufgebaut sind und folglich alle Medien miteinander austauschen können. Das ist eine zwar logisch richtige, aber zweifelhafte Lösung des medientheoretischen Austauschproblems. Denn das Problem der Tauschbarkeit zwischen den unterschiedlichen Medien wird durch die Annahme gleicher interner Strukturen aller Systeme in das „innere" der Systeme verlegt, ohne zu untersuchen, wie dort beispielsweise Geld gegen Macht oder Einfluss ausgetauscht wird.

 Vertiefende Literatur: **Willke 1991, S. 156-161.**

Zeitdiagnostische Entwicklungsanalyse

Wenn man dieses Teilproblem moderner ausdifferenzierter sozialer Systeme als theoretisch gelöst ansieht, so stellt sich die Frage nach Richtung und Tempo des Wandels. PARSONS geht dieser Frage in drei Anläufen nach: einem differenzierungstheoretischen, einem evolutionstheoretischen und einem modernisierungstheoretischen.

Differenzierung als gerichteter Wandel

Die differenzierungstheoretische Analyse sozialen Wandels wird unter Rückgriff auf das bereits skizzierte AGIL-Schema vorgenommen und als gerichteter Wandel spezifiziert (vgl. Parsons 1971b). Der Wandel ist gerichtet, weil jeder Differenzierungsschritt eine bessere Realisierung des im AGIL-Schemas formulierten normativen Musters der Organisation von Gesellschaften darstellt. Er ist aber auch gerichtet, weil Differenzierungsprozesse unumkehrbar sind, d. h. ein einmal erreichtes Niveau der Differenzierung kann nicht mehr rückgängig gemacht werden. So können beispielsweise ein ausdifferenziertes Bildungssystem und die dazugehörenden gesetzlichen Regelungen nicht einfach abgeschafft werden. Differenzierungsprozesse sind aber auch gerichtet, weil PARSONS von der Annahme ausgeht, dass jeder Differenzierungsprozess eine bessere Anpassung an die Umweltbedingungen des Systems leistet. Diese Annahme wird allgemein als „adaptive upgrading" bezeichnet. Damit ist gemeint, dass mit jedem Differenzierungsschritt die Anpassungskapazitäten eines Systems an seine Umwelt verbessert werden. Den Prozess der Verbesserung der Umweltanpassung sozialer Systeme kann man an drei großen Umbrüchen in der Geschichte der modernen Gesellschaft verdeutlichen.

AGIL: 194ff., 205

Differenzierung: 88, 114f., 147, Gl

Anpassung: 87, 195, 209

> „Im allgemeinen ist es üblich, die Anfänge des Systems der modernen Gesellschaft mit der Entwicklung zur „Demokratie" und Industrialisierung im 18. Jahrhundert anzusetzen. Demgegenüber datieren wir die Anfänge auf bestimmte Entwicklungen der gesellschaftlichen Gemeinschaft im 17. Jahrhundert, besonders hinsichtlich der Beziehung von Religion zur Legitimation der Gesellschaft" (Parsons 1971a, S. 68).

Drei Revolutionen in der Entwicklung des Sozialsystems

Nach PARSONS beginnt die Entstehung moderner sozialer Systeme, indem das Religionssystem das Deutungsmonopol für die Welt und die Legitimierung von

Religion: 124f., 176f.

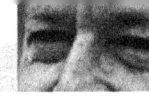

gesellschaftlichen Strukturen verliert. An diese Stelle treten dann schrittweise rationale Erklärungen der Welt und gesellschaftlicher Verhältnisse. Aufbauend auf dieser Grundlage können nun die industrielle Revolution in England und die demokratische Revolution im Gefolge der Französischen Revolution zwei weitreichende soziale Umbrüche einleiten. Dieser Entwicklungsprozess erleichtert dann später einen dritten sozialen Umbruch, die Bildungsrevolution. Jeder dieser Umbrüche verbesserte die Fähigkeit des sozialen Handlungssystems zur Anpassung an die Umwelt – die industrielle Revolution, weil sie die Grundlage für eine Ausbreitung des Marktsystems abgibt, die demokratische Revolution, weil sie den Gedanken der Gleichheit zwischen den Menschen etabliert, und schließlich die Bildungsrevolution, weil sie Bildung und Wissen nun prinzipiell allen Mitgliedern einer Gesellschaft zur Verfügung stellt.

<small>Anpassung: 87, 195, 208</small>

Vertiefende Literatur: Parsons 1971a, S. 68-92.

Dem Prozess des adaptive upgradings laufen noch drei andere Prozesse parallel: Wertgeneralisierung, Inklusion und Integration. Auch diese tragen zur verbesserten Anpassungsfähigkeit eines Systems an seine Umwelt und insgesamt zur Weiterentwicklung von sozialen Systemen bei. Dabei bedeutet Wertgeneralisierung die Verallgemeinerung von Normen und Werten, so dass sie universalistischen Normen immer ähnlicher werden. Inklusion bezeichnet den Prozess, durch den bisher am Rande oder außerhalb eines Systems stehende Elemente in das System einbezogen werden. So wurde beispielsweise in den letzten 200 Jahren der Kreis der Wahlberechtigten in Deutschland immer weiter vergrößert, von einem Dreiklassenwahlrecht ausgehend sind wir heute beim Prinzip des allgemeinen und gleichen Wahlrechts für alle gebürtigen Deutschen angelangt und haben damit immer größere Gruppen in das Wahlrecht einbezogen – und mittlerweile wird ein weiterer Inklusionsschub diskutiert: das Wahlrecht für Ausländer. Integration schließlich bedeutet, dass die Auswirkungen der drei angeführten Prozesse ausbalanciert und in eine relativ stabile Beziehung zueinander gebracht werden müssen. Auch hier ist wieder ersichtlich, dass die durch Differenzierungsprozesse ausgelöste Umweltanpassung und ihre Begleitprozesse erneut in das AGIL-Schema hineinpassen.

Zunehmende Wertverwirklichung

A: Adaptive Höherentwicklung	G: Inklusion
L: Wertgeneralisierung	I: Integration

Die vier Dimensionen des Differenzierungsprozesses – Adaptive Höherentwicklung, Inklusion, Wertgeneralisierung und Integration – führen tendenziell dazu, dass die vier Funktionen des AGIL-Schemas immer besser verwirklicht werden.

Talcott Parsons

Evolutionstheorie

Allerdings lassen diese Überlegungen offen, wer oder was diese Differenzierungsprozesse vorantreibt. PARSONS hat später im Rahmen der Entwicklung einer Evolutionstheorie nachgetragen, welche Mechanismen gesellschaftliche Entwicklungsprozesse steuern. Mit dieser Entwicklung nimmt er unausgesprochen den ersten Satz von THE STRUCTURE OF SOCIAL ACTION – „Who now reads Spencer?" – zurück, denn eine Evolutionstheorie kommt ohne Rückgriff auf SPENCER und die Biologie nicht aus.

Evolutionstheorie: 80f. Spencer: 95

Variation und Selektion

Eine Evolutionstheorie hat den Vorteil, dass sie keine Annahmen darüber benötigt, wer es ist, der den Entwicklungsprozess erzeugt. Einer Evolutionstheorie reicht die Angabe von automatisch wirkenden Mechanismen der Entwicklung vollkommen aus, denn evolutionäre Prozesse verlaufen über Variation und Selektion von Veränderungen. Beide Prozesse können unabhängig von der Annahme formuliert werden, wer denn Variation und Selektion steuert. Der Evolutionsprozess scheint dann aber seine Ausrichtung auf ein bestimmtes Entwicklungsziel zu verlieren, weil die Evolution nicht zwingend auf die Realisierung der Implikationen des AGIL-Schemas hinausläuft, sondern viele verschiedene Lösungen für ein Problem nebeneinander bestehen können. Der Hauptvorteil dieser Evolutionstheorie besteht aber darin, dass sie mit den in der Differenzierungstheorie entwickelten Konzepten vereinbar ist.

Evolution: 82, GI

Definition evolutionärer Universalien

PARSONS hat seine Evolutionstheorie in seinem Aufsatz zu den EVOLUTIONÄREN UNIVERSALIEN konkretisiert. Dort versucht er universelle, d. h. in allen Gesellschaftsentwicklungen auftretende evolutionäre Eigenschaften zu rekonstruieren.

> „Unter einer evolutionären Universalie werde ich folgendes verstehen: jede in sich geordnete Entwicklung oder „Erfindung", die für die weitere Evolution so wichtig ist, daß sie nicht nur an einer Stelle auftritt, sondern daß mit großer Wahrscheinlichkeit mehrere Systeme unter ganz verschiedenen Bedingungen diese „Erfindung" machen" (Parsons 1964, S. 55).

Stadien der Gesellschaftsentwicklung

Diese evolutionären Universalien lassen eine Klassifizierung von Gesellschaften nach ihrem Entwicklungsgrad zu. Die Entwicklung gesellschaftlicher Strukturen wird als Abfolge von vier aufeinanderfolgenden Stufen beschrieben. Jede Stufe erbringt eine Verbesserung der langfristigen Anpassungsfähigkeit eines gesellschaftlichen Systems an die Umwelt, die durch die Ausbildung neuer, die Anpassungsleistung und die Leistungsfähigkeit des Systems steigernder Universalien geleistet wird.

Primitive Gesellschaften

Auf der ersten Entwicklungsstufe in primitiven Gesellschaften muss es in Übereinstimmung mit dem AGIL-Schema zumindest vier Universalien geben: Magische Riten (L) zur Legitimierung gesellschaftlicher Praktiken, sowie eine zumindest rudimentäre Form sprachlicher Verständigung (I), weil ohne Kommunikation ein soziales System nicht existieren kann. Zudem ist eine Form der Organisation sozialer Beziehungen über verwandtschaftliche Zusammenhänge (G) nötig, und schließlich ist ein Mindestmaß an Technologie (A) zur Bewältigung der Reproduktion der materiellen Bestandsvoraussetzungen des Systems und einer gelingenden Umweltanpassung erforderlich.

Parsons' Zeitdiagnose

Frühe Hochkulturen stellen die zweite Entwicklungsstufe dar. Hier kommt es dann zur Entwicklung eines über eine hierarchische Rangordnung gegliederten Schichtungssystems (I), welches seinerseits auf eine Weiterentwicklung des Systems der Legitimierung (L) zur Begründung der durch Schichtung ausgelösten ungleichen Verteilung von Ressourcen angewiesen ist. Aber das System der Legitimierung dient auch dazu, um jenseits der etablierten Unterschiede weiterhin ein gesamtgesellschaftliches „Wir-Gefühl" zu ermöglichen. Dieses System stellt eine frühe Form der Politik dar.

Frühe Hochkulturen

Die dritte Entwicklungsstufe der vormodernen Hochkulturen entwickelt dann bürokratische Herrschaftsformen (G), weil diese die größte Effizienz der Zielerreichung zur Verfügung stellen. Zu diesem Zeitpunkt entwickelt sich auch eine eigenständige Sphäre der Marktorganisation und des Geldtausches (A). Beide evolutionären Universalien beschleunigen die gesamtgesellschaftliche Entwicklung. Es bildet sich die bürokratische Herrschaft heraus, weil mit ihr eine gesteigerte Anpassungsfähigkeit der gesellschaftsinternen Steuerung einhergeht. Die Einführung von Geldtausch steigert die Entwicklungsdynamik des ökonomischen Systems, weil das ökonomische System aus den verwandtschaftlichen Zusammenhängen herauswächst und damit eine Voraussetzung des wirtschaftlichen Wachstums und der Ausweitung der ökonomischen Sphäre der Gesellschaft gegeben ist.

Bürokratie: 171f.

Anpassung: 209

Vormoderne Hochkulturen

Schließlich sind in modernen Gesellschaften als der vierten evolutionären Entwicklungsstufe noch die Entwicklung eines universalistischen Rechts (I) und die demokratische Assoziation (L) zu erwähnen. Die Entstehung eines universalistischen Rechts folgt dabei dem Muster der Wertgeneralisierung, d. h. der schrittweisen Abstraktion und Verallgemeinerung verbindlicher Werte und Urteilskriterien. Die demokratische Assoziation erweitert über den Prozess der Inklusion die Basis gesellschaftlicher Mitgliedschaft (u. a. durch ein allgemeines Wahlrecht) und stabilisiert die Möglichkeit der Beteiligung am Prozess der gesellschaftlichen Entwicklung.

Moderne Gesellschaften

Vertiefende Literatur: **Parsons 1964, S. 55-74.**

	Anpassung (A)	Zielerreichung (G)	Integration (I)	Normerhaltung (L)
Primitive Gesellschaften	Technologie	Verwandtschaft	Sprache	Riten
Frühe Hochkulturen			Schichtung	Legitimation
Vormoderne Gesellschaften	Markt	Bürokratie		
Moderne Gesellschaften			Recht	demokratische Assoziation

Talcott Parsons

▸ Evolutionäre Universalien sind Errungenschaften der gesellschaftlichen Entwicklung und lassen eine Einteilung von Gesellschaften nach dem Ausmaß ihrer Entwicklung zu.

 *Übung: Diskutieren Sie, ob der Zusammenbruch der Sowjetunion eine Bestätigung der Theorie evolutionärer Universalien ist.*

Modernisierungstheorie

Eine andere Form der Thematisierung gesellschaftlichen Wandels findet sich schließlich in der Modernisierungstheorie (vgl. Parsons 1971a). Dabei stellt PARSONS heraus, dass für moderne Gesellschaften der Mittelpunkt der normativen Ordnung in den Solidaritätsbeziehungen der Mitglieder einer „gesellschaftlichen Gemeinschaft" liegt. Die gesellschaftliche Gemeinschaft moderner Gesellschaften fußt auf der Entwicklung einer Bürgergemeinschaft, in der sich die Bürger als gleichberechtigte Personen achten und die Rechte jedes Einzelnen anerkennen. Das wird in dieser Form erst möglich, wenn es parallel hierzu im Bereich des kulturellen Systems zur Durchsetzung universalistischer Wertorientierungen gekommen ist. Zudem ist es erforderlich, dass im Bereich des politischen Systems weitgehende Bürgerbeteiligung, an Stelle ständischer oder traditionaler Herrschaftsausübung, ermöglicht wird und im ökonomischen System die Anpassungsfähigkeit an die Umwelt auf ein Höchstmaß wächst.

Modernisierung: 182, Gl Solidarität:114ff.

Modernisierung als Wertverwirklichung

Die Modernisierungstheorie schließt nochmals unmittelbar an das AGIL-Schema an und geht davon aus, dass gesellschaftliche Modernisierungsprozesse eine schrittweise Annäherung der gesellschaftlichen Strukturen an die Ideen des AGIL-Schemas erzeugen. D. h., es kann davon gesprochen werden, dass Gesellschaften die Anforderungen des AGIL-Schemas umso besser erfüllen, je mehr sie die Prozesse von Inklusion, Integration, Wertgeneralisierung und adaptiver Höherentwicklung verwirklichen. Gesellschaftliche Modernisierung zeigt sich also an der Integration immer größerer Teile der Bevölkerung in die Gesellschaft, einer zunehmend universalistischen Struktur grundlegender gesellschaftlicher Werte, der Ausdifferenzierung weiterer gesellschaftlicher Institutionen und schließlich anwachsendem materiellen Wohlstand der Gesellschaft (vgl. Zapf 1996).

 *Übung: Parsons hat den Zusammenbruch der Sowjetunion vorausgesagt. Diskutieren Sie, ob dieser Zusammenbruch dafür spricht, dass es nur einen Entwicklungspfad für moderne Gesellschaften gibt.*

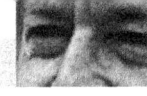

3. Rezeption und Wirkungsgeschichte

Handl.-theorie: 193f., 200
Funktionalismus: 95, 117, GI

Die voluntaristische Handlungstheorie und ihre vielfältigen Interpretationen prägten für lange Zeit die Entwicklung der soziologischen Theorie in der ganzen Welt. In den 50er Jahren setzte eine umfassende Vorherrschaft des Funktionalismus unter Rückgriff vor allem auf Arbeiten von PARSONS ein, der sich allerdings alsbald theoretische Gegenbewegungen entgegenstellten. Erst in den 80er Jahren kam es unter dem Etikett des Neofunktionalismus zu einer Wiederbelebung der theoretischen Überlegungen von PARSONS.

Parsons' Dominanz in den 50er Jahren

Blickt man auf das Werk zurück, so ergeben sich in der Bewertung sehr unterschiedliche Positionen. Einerseits wurde das Werk wegen seiner theoretischen Abstraktion und analytischen Präzision gelobt und andererseits wurde es gerade deswegen auch vehement kritisiert. Aus der Vielzahl der Einwände seien nur einige exemplarisch erwähnt. So wurde ihm seine zuletzt doch idealistische Orientierung, d. h. eine Überbetonung der Bedeutung normativer Elemente des Handelns, die Absolutsetzung kultureller Standards vorgeworfen. Kritisiert wurde eine mangelnde Fähigkeit zur Erklärung gesellschaftlichen Wandels und gesellschaftlicher Konflikte (vgl. Coser 1967; Dahrendorf 1954) sowie eine nur geringe Erklärungskraft in der Analyse von Schichtungs- und Klassenphänomenen in modernen Gesellschaften.

Unterschiedliche Einschätzungen

Darüber hinaus zeigte die Kritik einer marxistisch orientierten wissenssoziologischen Rekonstruktion die idealisierende Einseitigkeit der Theorie auf (vgl. Gouldner 1970). Es konnte gezeigt werden, dass PARSONS das Nordamerika der 50er und 60er Jahre nicht nur als Beispiel, sondern als idealtypische Verkörperung der Grundmerkmale seiner Theorie zu Grunde legt. Diese Schlagseite wird später einer der Gründe für engagierte Kritik an diesem theoretischen Modell werden. Allerdings ist hierzu anzumerken, dass man die soziologische Handlungstheorie von PARSONS auch ohne diese Beispiele beurteilen und verwenden kann, weil sie eine allgemeine Theorie ist und nicht entscheidend durch ihren historischen Entstehungszeitpunkt geprägt ist, wenngleich ein solcher Einfluss immer gegeben ist.

Nordamerika als Modell für Parsons' Theorie

Auch die Grundlegung eines handlungstheoretischen Fundaments für die Soziologie in *THE STRUCTURE OF SOCIAL ACTION* von 1937 ist in vielfacher Hinsicht der Kritik unterworfen worden. Diese richtete sich hauptsächlich auf die inhaltliche Rekonstruktion der Klassiker. Kritische Einwände bezogen sich auf die Auswahl der herangezogenen Autoren, denn PARSONS rekonstruierte ja die Entwicklung der Soziologie als auf einen Konvergenzpunkt zulaufend – aber es stellt sich die Frage, ob die behauptete Konvergenz für die Soziologiegeschichte insgesamt gilt oder aber nur für die ausgewählten Autoren, d. h. also für ALFRED MARSHALL (1842-1924), EMILE DURKHEIM (1858-1917), VILFREDO PARETO (1848-1923) und MAX WEBER (1864-1920). Andere Autoren, etwa KARL MARX (1818-1883) und GEORG SIMMEL (1858-1918), werden nicht berücksichtigt. Was wäre, wenn er sie berücksichtigt hätte? Und schließlich wurde gegen die entwickelte voluntaristische Handlungstheorie eingewendet, dass sie einen idealistischen und normativistischen Einschlag habe, der auf die unausgesprochene Dominanz

Kritik an der Konvergenzthese

soziologischen Denkens von DURKHEIM in der Entfaltung der Handlungstheorie zurückgeführt wird. Aber diese Einwände dürfen nicht darüber hinwegtäuschen, dass PARSONS durch die Rekonstruktion der ausgewählten Autoren hindurch ein anspruchsvoller systematischer Entwurf für eine Soziologie auf handlungstheoretischer Basis gelungen ist. Er verdient auch dann noch eigenständige Aufmerksamkeit, wenn sich die einzelnen Rekonstruktionen als ungenau oder fehlerhaft erweisen oder gar die Konvergenzthese als Ganze verworfen wird.

Handlungstheorie oder Systemtheorie

Für die weitere Entwicklung der soziologischen Theorie bot vor allem die Auseinandersetzung um das „richtige" Verständnis seiner Theorie als eine handlungstheoretische oder als eine systemtheoretische Soziologie weiterführende Anknüpfungspunkte, weil PARSONS hier viel – aufgrund der fortlaufenden Entwicklung seiner Grundideen und der Vielfalt seiner Arbeiten – Interpretationsspielraum ließ. Entweder konnte man PARSONS' Entwurf durchgängig als eine Handlungstheorie oder sie von Anbeginn als eine Systemtheorie verstehen oder schließlich in der Werkentwicklung einen Bruch sehen, der in unterschiedlichen Phasen seiner Werkentwicklung zwei unterschiedliche Theorieverständnisse – Handlungstheorie und Systemtheorie – entwickelt.

So interpretiert NIKLAS LUHMANN (1927-1998) (vgl. 1984) die Arbeiten PARSONS als Beitrag zu einer Systemtheorie. Er stellt die Weiterentwicklung des Systembegriffs in den Mittelpunkt seines Schaffens und ersetzt schließlich den Handlungsbegriff durch den Kommunikationsbegriff. Durch beide Schritte wird eine Weiterentwicklung aber auch Neuentwicklung einer konstruktivistisch aufgebauten Systemtheorie in Angriff genommen. In eine verwandte Richtung weisen auch die von PARSONS ausgehenden Impulse zur Entwicklung einer allgemeinen Systemtheorie bei WALTER BUCKLEY (*1921) (vgl. 1967) und wahlverwandtschaftliche Ähnlichkeiten mit der kybernetisch orientierten Systemtheorie von LUDWIG VON BERTALANFFY (1901-1972) (vgl. 1968). Umgekehrt verfährt die Aneignung des Werks durch RICHARD MÜNCH (*1945) (vgl. 1982). Hier wird unter Rückgriff auf einige Selbstdeutungen von PARSONS die besondere Bedeutung der kantianischen Erkenntnistheorie für seine Theorie hervorgehoben und das Werk durchgängig als handlungstheoretische Grundlegung der Soziologie aufgefasst. Wiederum anders, an einer vermuteten Spannung zwischen einer frühen Handlungstheorie vor allem in *THE STRUCTURE OF SOCIAL ACTION* und einer späteren Wende zur Systemtheorie anknüpfend, rekonstruiert JÜRGEN HABERMAS (*1929) (vgl. 1981) die Entwicklung der Theorie. Er stellt dabei die Annahme in den Mittelpunkt, dass bei PARSONS Handlungs- und Systembegrifflichkeit nicht miteinander kompatibel sind und sucht nun seinerseits auf diesen Befund reagierend nach einer gelingenden Verbindung beider Perspektiven.

Systemtheorie: 92f. System: 86, 92, 195f., GI

Parsons als moderner Klassiker

Wie auch immer man die weitere Theorieentwicklung einschätzen mag, sie zeigt, dass das Werk von PARSONS ein moderner Klassiker geblieben ist. Bis in die jüngste Zeit hinein ist die Auseinandersetzung mit seiner Theorie Ansatzpunkt für die Entwicklung und Weiterentwicklung der soziologischen Theorie geblieben.

   Vertiefende Literatur: Camic 1989, S. 38-107.

4. Zusammenfassung

PARSONS gilt weithin als der Begründer der modernen soziologischen Theorieentwicklung.

- So hebt er die Theoriebildung auf ein bis zu diesem Zeitpunkt unbekanntes Abstraktionsniveau, welches neue und weiterführende Perspektiven für die Soziologie anbot.

- Sein Versuch zur Begründung einer handlungstheoretisch fundierten Soziologie gilt nach wie vor, sofern man nicht einen anderen Grundbegriff wie etwa Kommunikation oder Wissen wählt, als einer der wegweisenden Beiträge in der soziologischen Theorie. Dies nicht nur, weil die voluntaristische Handlungstheorie systematisch alle früheren Versionen von Handlungstheorien als Unterfälle zu integrieren sucht, sondern auch, weil dieser Theorievorschlag unter Rückgriff auf eine Analyse der Arbeiten der Gründungsväter unternommen wurde und damit sowohl ihre Bedeutung für die Soziologie nochmals herausgestrichen wurde wie auch zu ihrer Kanonisierung beigetragen hat.

Auch die weiteren von PARSONS entwickelten Ideen sind zum großen Teil in die soziologische Arbeit, sei es als Gegenstand von theoretischen Auseinandersetzungen oder als Ansatzpunkt für daran anschließende theoretische wie empirische Arbeiten, eingegangen. So seien hier nur einige der im vorliegenden Text erwähnten Elemente herausgegriffen:

- das AGIL-Schema,
- die pattern variables,
- die Differenzierungstheorie und
- die Modernisierungstheorie.

Die Arbeiten von PARSONS bieten auch heute noch Anstöße zur Weiterentwicklung der Soziologie in und durch die Auseinandersetzung mit seinem Werk. Unumstritten ist, dass er wichtige Beiträge und wichtige Anstöße zur Entwicklung einer sich handlungstheoretisch verstehenden Soziologie, einer systemtheoretischen Soziologie und zur Analyse konkreter gesellschaftlicher Subsysteme geleistet hat. Keiner seiner Beiträge ist unstrittig. Aber, dass um seine Beiträge auch heute noch gestritten wird, zeigt, dass sie bahnbrechende Schritte in der Entwicklung der soziologischen Theorie gewesen sind.

5. Kontrollaufgaben

- Welche elementaren Bestandteile enthält eine vollständige voluntaristische Handlungsbeschreibung?
- Erklären Sie mit Hilfe der pattern variables den Unterschied zwischen Gemeinschaft und Gesellschaft.
- Vergleichen Sie die voluntaristische Handlungsbeschreibung mit einer typischen utilitaristischen Handlungsbeschreibung und diskutieren Sie Vor- und Nachteile beider Modelle.
- Beschreiben Sie die einzelnen Funktionen des AGIL-Schemas.
- Was bedeutet Verschachtelungstechnik?
- Beschreiben Sie evolutionäre Universalien, die nur in modernen Gesellschaften auftreten.
- Welche Funktionen erfüllen Medien zwischen ausdifferenzierten Systemen?
- Beschreiben Sie Dimensionen des Differenzierungsprozesses.

6. Literaturverzeichnis

Bertalanffy, Ludwig von (1968): General System Theory. New York.

Buckley, Walter (1967): Sociology and Modern System Theory. Englewood Cliffs. N. J.

Camic, Charles (1989): „Structure" after 50 Years. The Anatomy of a Charter. In: American Journal of Sociology. Vol. 95. No. 1. S. 38-107.

Coser, Lewis A. (1967): Sozialer Konflikt und sozialer Wandel. In: Hans Peter Dreitzel [Hrsg.]: Sozialer Wandel. Zivilisation und Fortschritt als Kategorie der soziologischen Theorie. Neuwied/Berlin. S. 287-294.

Dahrendorf, Ralf (1954): Struktur und Funktion. Talcott Parsons und die Entwicklung der soziologischen Theorie. In: Ders. [Hrsg.]: Gesellschaft und Freiheit. Zur soziologischen Analyse der Gegenwart. Zitiert nach der Ausgabe von 1961. München. S. 49-84.

Gouldner, Alvin W. (1970): The Coming Crisis of Western Sociology. London.

Habermas, Jürgen (1981): Theorie des kommunikativen Handelns. 2 Bde. Frankfurt/M.

Hobbes, Thomas (1651): Leviathan. Zitiert nach der deutschen Ausgabe von 1978. Stuttgart.

Jensen, Stefan [Hrsg.] (1980): Talcott Parsons. Zur Theorie der sozialen Interaktionsmedien. Opladen.

Kant, Immanuel (1781): Kritik der reinen Vernunft. Erster Teil. Zitiert nach der Ausgabe von 1983. Darmstadt.

Luhmann, Niklas (1984): Soziale Systeme. Grundriß einer allgemeinen Theorie. Frankfurt/M.

Münch, Richard (1982): Theorie des Handelns. Zur Rekonstruktion der Beiträge von Talcott Parsons, Emile Durkheim und Max Weber. Frankfurt/M.

Parsons, Talcott (1937): The Structure of Social Action. A Study in Social Theory with special Reference to a Group of Recent European Writers. Vol. I: Marshall, Pareto, Durkheim. Vol. II: Weber. Zitiert nach der Ausgabe von 1968. New York/London.

Parsons, Talcott (1951): The Social System. New York.

Parsons, Talcott (1964): Evolutionäre Universalien der Gesellschaft. In: Wolfgang Zapf [Hrsg.]: Theorien des sozialen Wandels. Zitiert nach der Ausgabe von 1970. Königstein/Ts. S. 55-74.

Parsons, Talcott (1966): Gesellschaften. Evolutionäre und komparative Perspektiven. Zitiert nach der Ausgabe von 1986. Frankfurt/M.

Parsons, Talcott (1967): Pattern Variables Revisted. A Response to Robert Dubin. In: Talcott Parsons [Hrsg.]: Sociological Theory and Modern Society. New York. S. 192-219.

Parsons, Talcott (1971a): Das System moderner Gesellschaften. Zitiert nach der Ausgabe von 2000. Weinheim.

Parsons, Talcott (1971b): Comparative Studies and Evolutionary Change. In: Talcott Parsons [Hrsg.]: Social Systems and the Evolution of Action Theory. Zitiert nach der Ausgabe von 1977. New York. S. 279-320.

Parsons, Talcott (1975): Die Entstehung der Theorie des sozialen Systems. Ein Bericht zur Person. In: Talcott Parsons/Edward A. Shils/Paul F. Lazarsfeld: Soziologie – autobiographisch. Drei kritische Berichte zur Weiterentwicklung einer Wissenschaft. Stuttgart.

Parsons, Talcott (1980): Sozialstruktur und die symbolischen Tauschmedien. In: Stefan Jensen [Hrsg.]: Talcott Parsons. Zur Theorie der sozialen Interaktionsmedien. Opladen. S. 229-259.

Parsons, Talcott (1994): Aktor, Situation und normative Muster. Ein Essay zur Theorie sozialen Handelns. Frankfurt/M.

Parsons, Talcott/Bales, Robert F./Shils, Edward A. (1953): Working Papers in the Theory of Action. Glencoe.

Parsons, Talcott/Shils, Edward A. (with the assistance of James Olds) (1951): Values, Motives, and Systems of Action. In: Talcott Parsons/Edward A. Shils [Hrsg.]: Toward a General Theory of Action. Cambridge/London. S. 47-275.

Parsons, Talcott/Smelser, Neil J. (1956): Economy and Society. New York.

Tönnies, Ferdinand (1887): Gemeinschaft und Gesellschaft. Grundbegriffe der reinen Soziologie. Zitiert nach der Ausgabe von 1991. Darmstadt.

Wenzel, Harald (1991): Die Ordnung des Handelns. Talcott Parsons' Theorie des allgemeinen Handlungssystems. Frankfurt/M.

Wenzel, Harald (1994): Einleitung des Herausgebers. In: Harald Wenzel [Hrsg.]: Talcott Parsons: Aktor, Situation und normative Muster. Ein Essay zur Theorie sozialen Handelns. Frankfurt/M. S. 7-58.

Willke, Helmut (1991): Systemtheorie. Eine Einführung in die Grundprobleme der Theorie sozialer Systeme. 3. überarb. Aufl. Stuttgart/New York.

Zapf, Wolfgang (1996): Die Modernisierungstheorie und unterschiedliche Pfade der gesellschaftlichen Entwicklung. In: Leviathan. H.1. S. 63-77.

Anhang

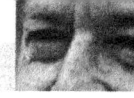

Personenregister

Adorno, Theodor	74
Aquin, Thomas von	11
Aristoteles	11, 13
Augustinus, Aurelius	11
Babeuf, Gracchus	27
Baer, Karl Ernst von	79, 82
Bales, Robert F.	195, 217
Bauman, Zygmunt	155, 157
Bell, David	74, 76
Bellarmin, Roberto	14, 17
Berger, Johannes	73, 76, 184
Berger, Peter L.	125, 155
Bergson, Henri	133
Bertalanffy, Ludwig von	214, 216
Böhm-Bawerk, Eugen von	163
Bonald, Louis Vicomte de	29f., 32, 34
Bourdieu, Pierre	74, 76
Braudel, Fernand	128
Buckley, Walter	214, 216
Burgess, Ernest	154
Campanella, Tommaso	17, 21, 34
Comte, Auguste	1, 7, 23f., 30, 32, 38-54, 58, 63, 81, 89, 92, 99f., 104, 130,141
Condorcet, Antoine Marquis de	40, 52
Coser, Lewis	155, 213, 216
Coulanges, Fustel de	112
D'Alambert, Jean Baptiste de	46
Dahrendorf, Ralf	74, 76, 170, 184, 213, 216
Darwin, Charles	79, 83, 93f.
Diderot, Denis	45
Dilthey, Wilhelm	133
Dreyfus, Alfred	110, 113
Durkheim, Emile	2, 7, 29, 50f., 95, 101, 104f., 108-131, 135, 139, 141, 146, 151, 165, 179, 183, 185-187, 194, 213f., 217
Engels, Friedrich	58, 61-63, 71, 73, 76f.
Etzioni, Amitai	128-130
Feuerbach, Ludwig	59, 61, 77
Frisby, David	154f., 158
Geiger, Theodor	74, 76
Giddens, Anthony	73f., 76
Groot, Hugo de	14, 17, 34
Habermas, Jürgen	35, 74, 76, 179, 181, 184, 214, 216
Hegel, Georg Wilhelm Friedrich	59
Hobbes, Thomas	15-17, 19, 21, 26, 31, 33-35, 87, 146, 201, 216

Personenregister

Homer 11
Horkheimer, Max 74
Hume, David . . . . 101f.
Kant, Immanuel 16, 21f., 35, 39, 101-103, 112, 142, 158, 193, 217
Lamarck, Jean Baptiste de 79, 82f., 90
Le Play, Frederic 120
Levine, Kurt 154f., 158
Levi-Strauss, Claude 128, 130
Lockwood, David . . . . 129f.
Luckmann, Thomas 125, 155
Luhmann, Niklas 181, 184, 214, 217
Machiavelli, Niccoló 18, 21, 34
Malinowski, Bronislaw 95, 128
Malthus, Thomas Robert 84
Mannheim, Karl 124, 155
Mariana, Juan 14, 17
Marx, Karl 1f., 7, 23, 31, 38, 49, 57-77, 87, 89, 92, 99f., 114, 138, 141, 153, 173, 184, 213
Mauss, Marcel 128, 130
Menger, Karl 163
Mill, John Stuart 60, 94
Milne-Edwards, Henri 82
Montesquieu, Charles de 22-24, 26, 31, 33f., 40, 52, 110
Morus, Thomas 27, 32, 34
Münch, Richard 197, 203, 214
Newton, Isaac 18, 21, 34, 84, 103, 136
Nietzsche, Friedrich 133
Pareto, Vilfredo 213, 217
Park, Robert E. 154
Parsons, Talcott 3, 7, 8, 16, 51, 93, 95, 98, 101, 108,
                                                                128, 131, 162, 181f., 185, 187, 191-197, 200-218
Piaget, Jean 128
Platon 11, 13, 34
Proudhon, Pierre Joseph 60, 76
Pufendorf, Samuel 14, 17, 34
Quetelet, Lambert 42
Radcliffe-Brown, Alfred R. 95, 128
Ricardo, David 60
Riehl, Wilhelm Heinrich 120
Robespierre, Maximilien de 26
Rotterdam, Erasmus von 17, 21, 34
Rousseau, Jean-Jacques 17, 28f., 32, 34
Saint-Simon, Claude-Henri, Comte de 23f., 27, 30-35, 40f., 52f., 58, 60
Saussure, Ferdinand de 128
Schütz, Alfred 181, 184
Shils, Robert F. 195f., 217
Simmel, Georg 2, 7, 95, 101, 104f., 108, 133-159, 163, 179, 185-187, 213

Personenregister

Smith, Adam 19f., 21, 31, 34f., 50, 54, 65, 87, 115, 124, 130f., 146
Smith, Robertson 124
Sombart, Werner 134, 192
Spencer, Herbert 1, 7, 23, 38, 49, 52, 58, 63, 79, 99f., 117, 141, 205, 210
Suarez, Franco 14, 17
Tönnies, Ferdinand 16, 134, 203f., 217
Turgot, Anne Robert Jacques 22f., 25, 27, 31, 33f., 40, 58
Vierkandt, Alfred 154
Weber, Max 3, 7, 74, 76f., 101, 104f., 108, 134, 138f.,
141, 143, 151, 153f., 161-187, 192, 194, 213, 217
Wiese, Leopold von 154
Wieser, Friedrich von 163
Wirth, Louis 154

Glossar

Anomie: Ein Zustand, bei dem die soziale Verbindlichkeit von Normen verloren gegangen ist. Nach Durkheim kann ein derartiger Zustand in Zeiten beschleunigten sozialen Wandels auftreten.

Arbeitsteilung: Damit werden alle Formen der funktionalen Spezifizierung und der sozialen Differenzierung gekennzeichnet. Nach Smith ist Arbeitsteilung die Differenzierung von Arbeitsschritten für die Erstellung eines Gesamtproduktes. Bei Durkheim bezeichnet Arbeitsteilung die Differenzierung der Gesellschaft in einzelne Funktionsbereiche.

Aufklärung: Intellektuelle Bewegung (Mitte des 17. bis Anfang des 19. Jhs.) gegen die damaligen politischen und sozialen Zustände (insbesondere den monarchischen Absolutismus und das ständische Feudalsystem) sowie gegen das dogmatische Denken (die christlichen Ordnungs- und Herrschaftsvorstellungen, das mittelalterliche Weltbild). Die Ideen der Aufklärung, die auf die Kraft der menschlichen Vernunft aufbauen, erfassten weite Teile Westeuropas und bildeten den geistigen Boden für gesellschaftliche Umwälzungen, z. B. die Französische Revolution 1789-94.

Differenzierung: Bezeichnet die horizontale, d. h. funktionale, oder die vertikale, d. h. soziale, Aufgliederung eines sozialen Ganzen in Teile gleicher oder ungleicher Art. Der Begriff der sozialen Differenzierung zielt auf die Kennzeichnung sozialer Ungleichheiten. Funktionale Differenzierung meint hingegen die Aufgliederung sozialer Einheiten oder Systeme entlang ihrer Funktion für das Ganze.

Entwicklung, soziale: Eine Veränderung sozialer Strukturen zu anderen oder zu höheren Entwicklungsstufen. Im zweiten Fall fällt der Begriff mit dem Konzept des Fortschritts oder der evolutionären Höherentwicklung zusammen.

Ethik: Ein Spezialgebiet der Philosophie, welches sich mit den normativen Bedingungen des zwischenmenschlichen Zusammenlebens beschäftigt. Von Gesinnungsethik spricht man dann, wenn eine bestimmte Handlung normative Überzeugungen (d. h. Gesinnung eines Akteurs) demonstrieren oder veranschaulichen soll. Verantwortungsethik ist dagegen eine Haltung, welche die erwartbaren Folgen einer Handlung normativ bewertet, z. B. Mülltrennung aus Gründen des Umweltschutzes.

Evolution: Allmählich, langsam und gleichmäßig fortschreitende Entwicklung der biologischen Arten. In der Soziologie (z. B. Spencer und Parsons) wird das Evolutionskonzept verwandt, um die Entwicklung sozialer Strukturen bis hin zu Gesellschaftssystemen zu kennzeichnen. Evolutionsprozesse folgen Eigengesetzlichkeiten und können nicht durch Individuen gesteuert werden.

Glossar

Fließgleichgewicht: Zustand eines sich selbst regulierenden Systems, bei dem die Faktoren, die zum Erhalt notwendig sind, aufeinander abgestimmt sind. Dieser Gleichgewichtszustand kann bei lebenden Organismen oder Gesellschaften nicht statisch sein, da diese veränderlichen Umweltbedingungen ausgesetzt sind.

Funktionalismus: Eine soziologische Denkweise, in der die Gesellschaft als ein Zusammenhang von Funktionen und Strukturen begriffen wird. Diese tragen zur Aufrechterhaltung der Gesellschaft bei.

Handeln, soziales: Jedes Tun oder Unterlassen, welches mit einem subjektiven Sinn verbunden ist und sich auf eine andere Person bezieht.

Herrschaft: Eine sozial geregelte Abhängigkeitsbeziehung, die dem Inhaber einer Position sozial stabilisierte und legitimierte, d. h. als rechtmäßig anerkannte Möglichkeiten einräumt, die Handlungen von Menschen zu beeinflussen bzw. zu bestimmen.

Idealismus: Philosophische Lehre, nach der die empirische Wirklichkeit aus geistigen Prinzipien abgeleitet wird. Das Ziel des deutschen klassischen Idealismus im 18. und 19. Jahrhundert (vor allem Kant, Fichte, Schelling und Hegel) bestand in der Entwicklung geschlossener und systematischer Begriffssysteme.

Individuum: Der Begriff stammt aus dem Lateinischen und bedeutet wörtlich übersetzt das Unteilbare. Damit ist gemeint, dass das Individuum die kleinstmögliche Einheit des Sozialen ist. Im weiteren Sinne bedeutet Individuum ein für sich bestehendes organisches Wesen, im engeren Sinne die menschliche Einzelpersönlichkeit.

Institution: Künstliche Einrichtung innerhalb einer Gesellschaft (z. B. Staat, Familie). Institutionen geben gesellschaftliche Konventionen (Werte und Normen) vor und sorgen für deren Durchsetzung. Insofern sind sie notwendig für die Aufrechterhaltung der gesellschaftlichen Ordnung und für die Verhaltensorientierung der Individuen.

Integration: Die Herstellung eines Ganzen aus Teilen oder durch das funktionale Zusammenwirken von Elementen. In der Soziologie wird Sozial- von Systemintegration unterschieden. Sozialintegration bezeichnet die über Affekte, Normen oder Konsens zwischen Individuen hergestellten Verbindungen. Systemintegration kennzeichnet das Zusammenwirken ausdifferenzierter Funktionssysteme.

Interaktion: Wechselseitiges Einwirken auf Einstellungen, Erwartungen oder Handlungen der Interaktionspartner durch über Gesten, Sprache oder Symbole vermittelte Kommunikation.

Glossar

Klasse: Soziale Großgruppen, die Gemeinsamkeiten in ihrer Stellung und Funktion im Produktionsprozess wie auch bei der Form der Aneignung erzeugter Güter aufweisen.

Kollektivbewusstsein: Der Begriff bezeichnet nach Durkheim die eigenständige Wirkmächtigkeit und Objektivität sozialer Zustände und Prozesse gegenüber dem individuellen Wollen.

Liberalismus: Eine in den Gesellschaftswissenschaften bedeutsame Richtung, die jeglichen Fortschritt, insbesondere in den Bereichen Wirtschaft, Politik und Gesellschaft, auf die freie Entfaltung des menschlichen Geistes und der menschlichen Tatkraft zurückführt. Daher richten sich die politischen Bestrebungen der Liberalen darauf, alle Hindernisse, die der freien Entfaltung des Menschen entgegenstehen, insbesondere vormoderne Traditionen und staatliche Restriktionen, zu beseitigen.

Materialismus: Philosophische Richtung, die die gesamte Wirklichkeit als Wirkung materieller Dinge auffasst und alle Phänomene auf diese Weise zu erklären versucht.

Methoden, empirische: Systematische Vorgehensweisen zur Erforschung der empirischen Gegebenheiten der Gesellschaft.

Methodologie: Auch Wissenschaftstheorie genannt; untersucht die Erkenntnismöglichkeiten und -grenzen wissenschaftlichen Denkens.

Moderne: Historische Epoche, die im Abendland mit der Neuzeit (16. Jh.) einsetzte und durch Reformation, Aufklärung sowie Industrialisierung maßgeblich vorangetrieben wird.

Modernisierung: Beschreibt die Form des sozialen Wandels hin zu leistungsfähigeren und stärker funktional differenzierten Gesellschaften. Zu diesem Prozess gehören unter anderem Rationalisierung, Säkularisierung, ökonomisches Wachstum, Verstädterung, Mobilitätssteigerung, Bürokratisierung und Demokratisierung.

Ordnung, soziale: Kennzeichnet einen stabilen Zusammenhang von sozialen Teilen oder Elementen aufgrund der Geltungskraft sozialer Regelmäßigkeiten oder sozialer Gesetzmäßigkeiten.

Positivismus: Diese Methodologie begrenzt die Möglichkeiten erlaubter wissenschaftlicher Erforschung auf die Erfassung und Erklärung beobachtbarer Sachverhalte.

Protestantismus: Bezeichnung für alle Kirchen und Sekten, die sich infolge der Reformation von der römisch-katholischen Kirche getrennt haben. Obwohl Protestantismus eine Sammelbezeichnung für sehr unterschiedliche religiöse Überzeugungen – Lutheraner, Calvinisten, Täuferische Sekten usw. – ist, trennen die Protestanten zwei Merkmale von den Katholiken: einmal das Bestreben, die kirchliche Lehre und Praxis direkt auf das schriftlich überlieferte Evangelium zurückzuführen und die damit verbundene Individualisierung religiöser Überzeugungen. Zweitens hat im Protestantismus nicht das von Priestern durchgeführte religiöse Ritual, sondern die persönliche Glaubenserfahrung zentrale Bedeutung.

Revolution: Im weiteren Sinne Umwälzung, z. B. industrielle Revolution oder Bildungsrevolution. Im engeren Sinne wird der Begriff auf die gesellschaftlichen oder politischen Herrschaftsverhältnisse bezogen und meint dann den gewaltsamen Umsturz durch eine benachteiligte soziale Schicht oder Klasse mit dem Ziel einer drastischen Veränderung der Rechts-, Eigentums- und Herrschaftsordnung. Zielt ein gewaltsamer Umsturz dagegen auf die Wiederherstellung einer älteren, aber außer Kraft gesetzten gesellschaftlichen Ordnung, dann spricht man von Restauration.

Rolle: Summe der Erwartungen und Ansprüche einer Gruppe an ein Mitglied. Eine Rolle übt eine wichtige soziale Orientierungsfunktion aus, denn durch die Festlegung von Handlungsweisen, Rechten und Pflichten gewinnt jedes Individuum Verhaltenssicherheit in der Interaktion.

Sozialdarwinismus: Theorierichtung innerhalb der Sozialwissenschaft, bei der das Darwinsche Evolutionsprinzip „Überleben des Tauglichsten" auf die Gesellschaft übertragen wird. Die natürliche Auslese und Anpassung an Umweltbedingungen werden hierbei als soziale Grundformen zwischenmenschlicher Beziehungen, Sozialverbände und Gesellschaften definiert.

System: Zusammenhang mehrerer Bestandteile, Elemente oder Teilsysteme, die jeweils eine spezifische Leistung erbringen, sich gegenseitig ergänzen und wechselseitig miteinander verbunden sind. Damit bildet ein System eine Funktionseinheit mit einer inneren strukturellen Ordnung, die durch eine Grenze von der Umwelt abgegrenzt wird. Die Grenze definiert das System und ermöglicht zugleich den lebensnotwendigen Austausch mit der Umwelt, z. B. durch Stoff- und Energieaustausch.

Bildnachweise

Wir haben uns bemüht, sämtliche Rechteinhaber ausfindig zu machen. In Einzelfällen ist es leider nicht gelungen, Rechteinhaber vorab zu kontaktieren. Wir bitten diese, sich ggf. zu melden, um eine rasche und einvernehmliche Klärung herbeizuführen.

Porträt von Auguste Comte aus: Lange, Erhard/Alexander, Dietrich [Hrsg.] (1982): Philosophenlexikon. Berlin: Dietz.

Porträt von Karl Marx aus: Marx, Karl/Engels, Friedrich (1945): Manifest der Kommunistischen Partei. Berlin: Neuer Weg GmbH.

Porträt von Herbert Spencer aus: Schmid, Michael/Weihrich, Margit (1996): Herbert Spencer: Der Klassiker ohne Gemeinde. Göttingen: WiSoMed, Cromm.

Porträt von Emile Durkheim aus: Parkin, Frank (1992): Durkheim. Oxford: Oxford University Press.

Porträt von Georg Simmel aus: Gassen, Kurt/Landmann, Michael [Hrsg.] (1958): Buch des Dankes an Georg Simmel. Briefe, Erinnerungen, Bibliographie. Zu seinem 100. Geburtstag am 1. März 1958. Berlin: Duncker & Humblot.

Porträt von Max Weber aus: Weber, Marianne (1950): Max Weber. Ein Lebensbild. Heidelberg: Lambert Schneider.

Porträt von Talcott Parsons aus: Parsons, Talcott (1968): The Structure of Social Action. New York: Free Press.

Printed and bound by CPI Group (UK) Ltd, Croydon, CR0 4YY
22/04/2026

14866406-0001